소설로
읽는
중국사
2

소설로 읽는 중국사 2
근현대, 아큐정전에서 폐도까지

조관희 지음

2013년 5월 10일 초판 1쇄 발행
2024년 4월 1일 초판 3쇄 발행

펴낸이 한철희 | 펴낸곳 주식회사 돌베개 | 등록 1979년 8월 25일 제406-2003-000018호
주소 경기도 파주시 회동길 77-20(문발동)
전화 (031)955-5020 | 팩스 (031)955-5050
홈페이지 www.dolbegae.co.kr | 전자우편 book@dolbegae.co.kr

편집 이경아
표지 디자인 민진기 | 본문 디자인 이은정·박정영
제작·관리 윤국중·이수민 | 마케팅 심찬식·고운성·조원형
인쇄·제본 한영문화사

ⓒ 조관희, 2013

ISBN 978-89-7199-547-1 04910
ISBN 978-89-7199-545-7 (세트)

책값은 뒤표지에 있습니다.

이 책 31쪽의 시 「담쟁이」는 저작권자인 도종환 시인에게 허락을 받고 수록한 것입니다.
게재를 허락해 주신 도종환 님께 감사를 드립니다.

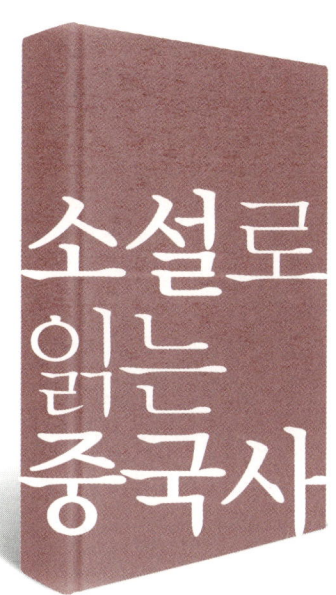

소설로 읽는 중국사

2

근현대, 아큐정전에서 폐도까지

조관희 지음

돌베개

책머리에

새로운 밀레니엄을 여는 21세기의 벽두에 중국은 미국이라는 초강대국에 유일하게 맞서는 대국으로 인정받고 있습니다. 그러나 불과 수십 년 전만 하더라도 중국은 이른바 '죽의 장막'Bamboo Curtain 안에서 인민의 이름으로, '인민을 위해 복무한다'爲人民服務는 명분을 내걸고 광란의 향연을 벌였습니다. 그리고 그보다 앞선 시기에 중국은 이빨 빠진 호랑이 신세로 전락해 서구 제국주의 열강의 침탈에 하릴없이 당하고만 있었습니다. 그 당시 중국은 더 이상 재기가 불가능해 보일 정도로 처참한 상태에 놓여 있었습니다. 그러나 불과 수십 년 사이에 면모를 일신하고 화려했던 예전의 모습을 되찾았습니다. 하지만 그 과정을 되돌아보면 중국 사회와 인민은 그동안 간단치 않은 시간을 보내야 했으니, 그 흔적은 그들이 남긴 문학 작품에 고스란히 남아 있습니다.

흔히 소설은 그 시대를 반영하는 거울이라는 비유를 자주 씁니다. 수사적으로는 진부해 보일지언정 현실을 그대로 보여 주는 적절한 표현이라 할 수 있습니다. 혹자는 소설이 장삼이사張三李四들의 소소한 일상을 그려 내는 가운데 이른바 '전형적인 환경에서의 전형적인 성격'을 드러낸다고도 말했습니다.

내 생각으로 리얼리즘은 세부적 진실 외에도 전형적인 환경하에서 전형적인 인물의 진실된 재현을 의미한다.

엥겔스, 「마거릿 하크니스에게 보낸 편지」

이것을 받아 루카치는 '전형성'의 창조야말로 소설가의 임무라 설파하고, 이때의 전형성이란 예술가가 구체적인 인간의 운명 속에 그들이 속해 있는 특정 시대와 국가와 계급을 가장 잘 표출하는 어떤 역사적 상황의 중요한 특징들을 구현시키는 것이라고 주장했습니다. 과연 소설 속 인물들은 그저 일회적으로 스쳐 지나가는 개별적인 존재에 그치지 않고 그 시대를 대표하고 대변하는 하나의 아이콘이 될 수도 있습니다. 그렇기에 루쉰이 그려 낸 '아큐'라는 인물과 라오서의 작품 속에 등장하는 '뤄퉈샹쯔'라는 인물은 단순히 소설 속의 인물로만 머물지 않고 그 시대의 범용한 민중이 그들을 자기 자신의 모습과 동일시했던 것입니다. 나아가 현대의 독자들 역시 그들에게 감정 이입을 해서 그들과 함께 희비의 감정을 나누었습니다.

오히려 우리는 그의 결점 때문에 마음 아파하고 그의 못난 행실 때문에 마음 졸인다. 우리는 기본적으로 그를 동정하는 것이다. 왜 이와 같은 모순된 상황이 발생하는가? 그것은 바로 아큐가 하나의 생생하게 살아 있는 예술 전형이기 때문이다. 그의 모든 결점·모든 사상에 있어서의 결함은 모두 그의 이와 같은 구체적인 인간, 구체적인 사상과 감정, 구체적인 생활 환경과 운명 등과 함께 결합되어 있다. ……그런 까닭에 우리는 매우 자연스럽게 그의 결점에 대한 염증을 그의 불행에 대한 동정으로 바꾸고, 그의 못난 행실에 대한 견책을 그를 압박하고 그를 착취한 사회 역량에 대한 분노로 바꾼다.

장쿵양蔣孔陽, 「아큐의 전형성 문제에 관하여」, 『형상과 전형』, 사계절, 1987

그런 의미에서 보자면 한 편의 소설은 그 시대를 이해하고 인식할 뿐 아니라 그 시대를 공감할 수 있는 훌륭한 매개체라 할 수 있습니다. 이 책에 실린 소설들은 중국 현대사의 각 장면들을 적실하게 그려 내고 있습니다.

중국의 현대를 어느 시점부터 잡는가 하는 것은 논란의 여지가 많은 문제입니다. 이에 대해 상세하게 따지는 것은 필자의 능력상 애당초 가능한 일이 아닐 뿐더러 이 책의 집필 의도와도 동떨어진 일이기에 여기서는 잠시 논의를 유보합니다. 다만 막연하게나마 20세기 초반 그 언저리부터 이야기를 풀어 갈 것입니다. 흔히 1840년에 일어난 '아편전쟁'은 서구 제국주의 세력이 중국 침략의 서막을 연 사건으로 치부됩니다만, 그 후 전개된 중국 역사는 중국인이라면 누구도 되돌아보고 싶지 않은 참담한 것이었습니다. 비록 1911년에 일어난 신해혁명으로 2천 년 넘게 이어 오던 봉건 왕조는 타도되었지만, 중국의 민중들 앞에 펼쳐진 현실은 장밋빛 미래가 아니라 군벌들끼리 각축을 벌이는 약육강식의 진흙 밭 개싸움 현장이었습니다.

흔히 중국 현대사가 안고 있는 두 가지 큰 과제로 '반제'反帝와 '반봉건'反封建을 듭니다. 유명한 '우공이산'愚公移山의 비유로 들고 있는 중국 혁명의 과정 역시 이 두 과제를 극복하는 데 그 초점이

맞추어져 있는지도 모릅니다. 호시탐탐 중국을 노리는 제국주의 세력에 맞서 싸우고, 중국인의 의식 속에 깊게 뿌리를 내린 봉건 잔재를 일소하는 일이야말로 현대 중국이 안고 있는 두 가지 커다란 화두였던 것입니다. 그래서 루쉰은 그런 숨 막히는 현실을 '쇠로 만든 방'으로 비유하면서 봉건 예교를 타파하지 않으면 그 안에서 질식해 죽을 것이라고 절규했고, 마오쩌둥은 사회주의라는 새로운 이데올로기를 앞세워 제국주의 세력과 싸워 나갔습니다.

그런 어려움을 극복하고 투쟁한 끝에 중국의 민중들은 새로운 중국新中國의 역사를 열었고, 그들만의 나라를 세울 수 있었습니다. 그러나 그것은 혁명의 끝이 아니었습니다. 비록 외부의 적들은 물리쳤지만, 그들 내부에는 봉건 잔재가 여전히 남아 있었던 것입니다. 그렇게 잠재해 있는 봉건적 요소를 깨끗하게 쓸어 버리고 진정한 인민의 나라를 만들기 위해 중국인들은 다시 한 번 혁명의 깃발을 앞세우고 투쟁에 나섰지만, 그 뒤에 남은 것은 오랫동안 지워지지 않는 상처의 흔적뿐이었습니다. 그리고 마주한 21세기 새로운 밀레니엄의 시대에 중국은 또 다른 역사를 모색하고 있습니다. 결국 아편전쟁 이래 현재까지 끝없이 새로운 자기 혁신을 이어 가고 있다는 의미에서 중국의 현대사는 끝없는 자기 부정의 역사라 규정할 수 있습니다. 과연 그다음엔 어떤 역사가 펼쳐질지 아무도 예단할 수 없는 가운데 오늘도 중국 민중은 그들 나름의 일상을 이어 가고 있습니다. 그리고 그 일상 하나하나가 오늘의 역사를 만들어 가는 것입니다.

참고로 이 책에서 중국 현대사 부분에 대한 서술은 기본적으로 필자의 또 다른 저서인 『중국현대사강의』(궁리, 2013)를 바탕으로 했다는 사실을 밝혀 둡니다. 아울러 소설 작품을 통해 중국의 고대사 부분과 함께 현대사 부분까지 개괄하는 기획을 마련해 주고, 부실한 원고를 꼼꼼하게 지적하고 수정해 준 돌베개 이경아 팀장에게도 고마운 뜻 전합니다.

2013년 봄
조관희

차 례

책머리에 5
일러두기 14

현대 중국인의 슬픈 자화상 —아큐정전 15

전진하는 역사 | 잠수함 속의 토끼, 쇠로 만든 방에서의 외침 | 아큐, 전형적인 환경에서의 전형적 인물 | 위대한 정신 승리법 | 청년들이여, 나를 딛고 오르라 | 자기 부정으로서의 근대

하류 인생의 분투기 —뤄퉈샹쯔 39

군벌의 시대 | 베이징의 아들 | 낙타는 죽어서 가마를 탄다 | 현실주의 문학의 위대한 승리

중국 자본주의의 형성과 민족자본의 몰락
— 새벽이 오는 깊은 밤 61

국민정부의 수립과 남북대전 | 상하이, 중국 사회가 안고 있는 모순의 축도縮圖 | 마오둔, 1930년 대의 화가 | 어둠이 짙게 깔린 캄캄한 한밤중

제국주의 침략에 맞서 싸우는 지식 청년들의 고난과 분투 —청춘의 노래 86

'9·18 사건'에서 '대장정'까지 | 일본군의 북부 중국 장악과 '12·9 사건' | 작가의 경험은 창작의 원천 | 혁명의 꽃으로 다시 피어나다

일본 제국주의 침략에 맞서 싸우는 민중의 힘
—이가장의 변천   **109**

'루거우차오 사건'과 중일전쟁 I 마오쩌둥의 옌안 문예강화 I 「문예강화」의 창작 실천 I 어느 농촌 마을에서 일어난 일련의 변화들

신중국의 수립과 '토지개혁' 운동의 어려움
—태양은 쌍간허에 비친다   **134**

일본의 패망과 항일 전쟁의 승리 I 최후의 결전과 신중국 수립 I 지식 여성에서 마르크스주의자로 I '경자유전'耕者有田으로의 길

새로운 사회 건설의 지난한 여정 **—산향거변**   **160**

신중국의 수립과 주변 환경들 I 제1차 5개년 계획과 '대약진운동' I 정책을 작품으로 I 토지개혁의 험난한 여정

문화대혁명, 광기와 파괴의 역사 **—부용진**   **184**

주자파의 대두와 마오쩌둥의 권토중래捲土重來 I 프롤레타리아 문화대혁명 I 무엇을 위한 혁명이고 개혁인가? I 역사의 흐름에 유린된 개인의 삶

반복되는 역사의 아이러니 **—상흔**   **208**

사인방의 부상과 제1차 톈안먼 사건 I 문혁의 종결과 '4개 현대화'의 제기 I 문혁이 남긴 상처의 흔적들 I 화궈펑 체제에서 덩샤오핑 체제로의 전환

먼 길 에둘러 돌아온 그 자리엔
―사람아 아, 사람아, 중년에 들어섰건만　　　　　　　　　　　229

새로운 도약으로의 길 | 새로운 시기의 문학 | 지식인들이 걸어온 고난의 길에 대한 반추 | 중년이 되어 돌아본 세월들에 대한 회한의 기록

전통으로의 회귀와 문학의 상업화
―장기왕, 사회주의적 범죄는 즐겁다　　　　　　　　　　　254

변화의 기로에서 | 머나먼 민주화의 길, 그리고 '사회주의 시장경제'의 표방 | 또 하나의 모색, 뿌리찾기 | 1980년대의 아이콘, 왕쉬 현상

한 시대의 종언을 알리는 조종 ―폐도　　　　　　　　　　　280

1990년대 인문정신 논쟁 | 황폐해 가는 도시 | 지식인의 파멸 | 진정한 혁명으로의 길, 계몽啓蒙인가 구망救亡인가?

중국의 역사 (근현대)

1911년	신해혁명.
1912년	중화민국 난징 임시정부 수립. 군벌軍閥이 득세하기 시작함.
1914년	제1차 세계대전.
1918년	루쉰, 『광인일기』 발표. 제1차 세계대전 종결.
1919년	5·4운동.
1921년	7월, 중국공산당 창당. 루쉰, 『아큐정전』 연재 시작.
1924년	1월, 국민당 제1회 전국대표대회 개최(광저우). 제1차 국공합작.
1925년	5·30사건.
1927년	4·12사건.
1928년	10월, 쟝졔스, 국민정부 주석 취임.
1931년	9·18사건(만주사변 혹은 류탸오거우 사건).
1932년	1·28사건(상하이사변). 만주국 건국 선언(푸이 집정).
1933년	7월, 쟝졔스, 공산당군에 대한 '제5차 포위 공격'.
1934년	10월, 대장정 개시(~1935. 11.).
1935년	11월, 대장정이 끝났음을 선언. 12·9사건.
1937년	7월, 중일전쟁. 12월, 난징대학살.
1939년	9월, 제2차 세계대전.
1942년	5월, 마오쩌둥, '옌안 문예좌담회에서의 강화' 발표.
1945년	자오수리, 『이가장의 변천』 집필.
1946년	5월, 중국공산당, '5·4지시' 발동. 토지개혁에 착수.
1949년	10월, 중화인민공화국 수립.
1950년	6월, 토지개혁법 공포. 10월, 한국전쟁에 참여(항미원조).
1957년	5월, 반우파 투쟁과 정풍운동 시작.
1966년	8월, 문화대혁명.
1974년	1월 비린비쿵 운동.
1975년	4월, 쟝졔스 사망.
1976년	1월, 저우언라이 사망. 4월, 제1차 톈안먼 사건. 9월, 마오쩌둥 사망.
1989년	5월, 제2차 톈안먼 사건.
1992년	덩샤오핑, 남순강화.

일러두기

1. 이 책에 나오는 중국의 인명과 지명은 고대와 현대를 불문하고 모두 원음으로 쓰되, 이로 인한 다소간의 혼란을 막기 위해 잠정적으로 다음과 같이 절충해서 표기했다. 이를테면 '마오쩌둥毛澤東(모택동)' 같은 경우다. 아울러 중국어의 한글 표기는 문화체육부 고시 제1995-8호 '외래어 표기법'에 의거하되, 여기에 부가되어 있는 표기 세칙은 일부 적용하지 않았다.
2. 본문에서 인용한 글의 맥락을 독자가 쉽게 파악할 수 있도록 필요한 경우 필자가 덧붙인 부분이 있으며, 이것은 〔 〕로 묶어 인용문과 구별했다.

현대 중국인의 슬픈 자화상

아큐정전 阿Q正傳

1911년	신해혁명
1912년	중화민국 난징 임시정부 수립. 쑨원, 중화민국 임시 대총통 취임. 위안스카이, 베이징에서 임시 대총통 취임. 군벌이 득세하기 시작함.
1914년	일본, 칭다오靑島 점령. 제1차 세계대전 발발.
1917년	후쓰胡適, 「문학개량추의」文學改良芻議 발표. 천두슈陳獨秀, 「문학혁명론」 발표.
1918년	루쉰, 「광인일기」 발표. 제1차 세계대전 종결.
1919년	5·4운동 발발.
1921년	루쉰, 「아큐정전」 연재 시작.

전진하는 역사

1911년에 일어난 신해혁명으로 청나라가 망하고 쑨원孫文(손문)을 총통으로 추대한 '중화민국'中華民國이 출범했습니다. 청의 멸망은 단지 하나의 왕조가 문을 닫았다는 것을 넘어서 2천 년 넘게 명맥을 이어 온 황제를 정점으로 한 중앙집권적 전제 왕조가 역사의 뒤안길로 사라졌다는 것을 의미합니다. 사태는 이렇듯 급박하게 돌아갔지만, 어이없게도 이를 대신할 대체 세력이 없는 가운데 천하는 또다시 혼란에 빠져들었습니다.

임시 대총통에 추대되긴 했지만, 오랜 기간 해외를 떠돌며 혁명을 이끌었던 쑨원에게는 국내에 지지 세력이 많지 않았습니다. 쑨원은 고심 끝에 대승적인 견지에서 총통의 자리를 야심가인 위안스카이袁世凱(원세개)에게 넘김으로써 분열로 인한 사태 악화를 막고자 했습니다. 그러나 위안스카이는 엉뚱하게도 역사의 바퀴를 되돌려 자신이 황제가 되고자 했습니다. 아무리 막강한 권력을 휘두르던 위안스카이라 해도 그가 황제의 자리에 오르는 데는 풀어야 할 문제가 산적해 있었습니다. 다른 무엇보다 이미 망해 버린 봉건 왕조를 재건한다는 것은 당시 공화정에 대한 기대에 부풀어 있던 민심을 거스르는 일이었습니다. 그리고 현실적인 측면에서 가장 시급했던 것은 재정적인 압박이었습니다.

황제가 되기 위해서는 국내외의 여러 세력을 장악해야 했는데, 여기에는 많은 자금이 필요했던 것입니다. 그러나 당시에는 아편전쟁 이후 이어지는 제국주의 세력의 침탈로 국가 재정이 고갈 상태에 놓여 있었습니다. 결국 이러한 상황을 타개하기 위해서는 외국의 차관에 의지해야 했는데, 이 같은 사정을 꿰뚫고 있던 일본과 영국, 프랑스, 독일, 러시아 등 5개국의 은행단이 위안스카이에게 약 1억 달러에 이르는 거액의 차관을 제공하기로 결정했습니다. 1913년 위안스카이는 어쩔 수 없이 이들이 제공하는 차관을 받아들였는데, 이것은 비록 허울뿐인 존재지만 엄연히 거쳐야 하는 과정이었던 국회의 승인도 얻지 않은 채 내린 결정이었습니다. 이른바 중국을 돕기 위한 선의에서 제공한 것이라는 명목 아래 '선후차관'善後借款으로 불리는 이 자금은 중국의 염세와 관세를 담보로 한 것이었습니다.

징세권을 빼앗긴 정부의 위상이라는 것은 길게 설명할 필요가 없습니다. 재정적으로 외세에 예속된 중국 정부가 할 수 있는 것은 거의 없었습니다. 대외적인 문제는 차치하고라도 중국 내에서 일어나는 반정부 시위나 쿠데타와 같은 국내 문제들마저 베이징에 주재하는 열강들의 공사관 승인을 얻어야 할 정도였습니다. 그런 의미에서 보자면 '1913년 선후차관 협상은 중국의 식민지화 과정에서 새로운 단계'라고 할 수 있습니다.

하지만 1914년 유럽에서 제1차 세계대전이 일어나자 상황은 사뭇 달라졌습니다. 자기 코가 석 자인 서구 열강으로부터 자금과 무기 원조가 끊어지자 다급해진 위안스카이는 그들을 대신해 일본에 손을 내밀 수밖에 없었습니다. 사실 위안스카이 개인으로서는 일본에 대한 감정이 썩 좋지 않았습니다. 1882년 조선에서 임오군란이 일어나자 우창칭吳長慶(오장경)을 수행해 조선에 들어왔던 위안스카이는 2년 뒤에 일어난 갑신정변 때 일본군과 전투를 벌여 승리하

---

* 장 셰노 외, 신영준 역, 『중국현대사 1911~1949』, 까치, 1982, 33쪽.

조르주 페르디낭 비고(1860~1927)의 풍자화 〈낚시놀이〉

고, 개화파에게 구금되었던 고종을 구출하는 등 공을 세운 바 있었습니다. 그 뒤로도 위안스카이는 조선 주재 총리교섭통상대신總理交涉通商大臣에 취임해 서울에 주재하면서 조선의 내정과 외교에 간섭하는 와중에 일본, 러시아 등과 경쟁했던 것입니다.

이제 곤궁에 빠진 위안스카이는 과거지사를 돌아볼 겨를이 없었습니다. 그 무렵 일본은 전 세계 자본주의 국가들 가운데 가장 빠른 성장을 이룬 나라였으며, 유럽에서 전쟁이 일어나자 이를 계기로 적극적인 대륙 진출을 꾀했던 것입니다. 당면한 현실 문제로 인해 몸이 달아 있던 위안스카이에게 일본 측은 이른바 '대중국 21개조 요구'('21개조 요구'로 약칭)라 불리는 5개 항으로 이루어진 요구 사항을 제시했습니다. 이 가운데 제5호의 조항들은 중국의 주권을 무시하고 중국의 정치와 재정·군사 부문을 일본이 오로지하겠다는 것으로, 중국은 물론이고 전쟁 중이던 서구 열강의 강력한 저항을 불러일으켰습니다.

그럼에도 위안스카이는 일본 측의 요구를 받아들였고, 약간의 수정을 거쳐 1915년 정식으로 조약이 체결되었습니다. 위안스카이가 이렇듯 말도 안 되는 일본 측의 요구 사항을 받아들였던 것은 당시 일본 공사가 직접 위안스카이를 찾아가 그가 '높은 지위에 오를 수'高升 있기를 바란다는 말을 해, 은근히 위안스카이가 황제에 오르는 것을 일본이 지지하는 듯한 암시를 주었기 때문입니다. 위안스카이 개인의 욕심을 채우기 위해 나라의 문호를 이리 떼와 같은 제국주의 세력에게 활짝 열어 주었으니, 중국 인민들로서는 얼마나 통탄할 일이었겠습니까?

굴욕적인 '21개조 요구'로 전 중국에 반일 감정이 넘쳐 나는 가운데, 우여곡절 끝에 1916년 1월 1일 위안스카이는 결국 황제의 자리에 올랐습니다. 하지만 이후의 상황은 결코 위안스카이에게 우호적이지 않았으니, 시대착오적인 제제帝制 복원에 그때까지 위안스카이를 암묵적으로 지지하던 서구 열강 세력이 등을 돌렸습니다. 심지어 위안스카이의 심복이던 군벌들마저 그를 배반하고 저마다 독립을 선언하니, 궁지에 몰린 위안스카이는 불과 두 달 만인 1916년 3월 제제를 취소하고 그 분을 이기지 못하다가 같은 해 6월 병사하고 말았습니다.

위안스카이의 죽음으로 전 중국은 각지의 군벌들이 할거하는 무정부 상태에 빠져 버렸습니다. 군벌들은 서로 합종연횡하며 여러 형태로 연합하는 한편, 천하를 참외 자르듯 과점瓜占해 사리사욕을 채우기에 바빴습니다. 하지만 어리석은 민중들은 그 와중에도 사태를 파악하지 못하고 제 몸 하나 추스르지 못한 채 우왕좌왕 어찌할 바를 몰랐습니다.

잠수함 속의 토끼, 쇠로 만든 방에서의 외침

중국 고대에 한 재상이 있었습니다. 그 재상은 젊은 시절 '경세제민'經世濟民의 큰 포부를 안고 관상을 잘 보는 이를 찾아가 과연 자신이 그 뜻을 이룰 수 있을지 물었습니다. 젊은이의 관상을 찬찬히 살펴본 관상쟁이는 고개를 가로저으며 어렵겠다고 대답했습니다. 그러자 젊은이는 이번에는 자기가 훌륭한 의원이 될 수 있겠는지 물었습니다. 의원이 중인 신분이었던 우리네와 마찬가지로 중국에서도 그리 지위가 높지 않았던 터라, 관상쟁이는 의아하게 생각하며 한 나라의 재상이 되겠다는 사람이 급전직하急轉直下 왜 그렇게 미천한 신분의 의원이 되려고 하는가 하고 되물었습니다. 젊은이는 자신이 재상이 되겠다는 포부를 품었던 것은 백성들의 삶을 돌보기 위함인데, 재상이 될 상이 아니라니 그렇다면 의원이라도 되어 그들의 고통을 덜어 줄까 한다고 대답했습니다. 그러자 관상쟁이는 탄복을 하며 다음과 같이 말했습니다.

젊은이는 훌륭한 재상이 될 수 있을 것입니다. 본래 젊은이의 관상은 재상이 될 만한 상은 아니지만, '족상足相은 수상手相만 못하고, 수상은 관상觀相만 못하고, 관상은 심상心相만 못하다 했으되, 이 심상을 만드는 것이 마음 씀씀이用心인지라 젊은이의 그런 마음 씀씀이라면 천하의 관상 좋은 누구보다 낫다고 할 것이니 앞으로 그 초심을 잃지 않고 정진하면 훌륭한 재상이 될 것입니다.

건전한 상식을 가진 젊은이라면 누구라도 나보다 못한 사람들에 대한 연민의 마음을 품는 것은 지극히 상식적인 일일 것입니다. 문제는 그 해법의 제시인데, 공교로운 것은 그 해결책으로 사람의 병을 고치는 의사가 되겠다고 나선 이들이 제법 많았다는 사실입니다. 우리의 역사를 돌아보더라도 서재필이 그러했고, 흔히 중국의 국부國父라 일컬어지는 쑨원도 그 시작은 의학 공부였습니다. 마찬가지 생각을 가지고 의학 공부를 하기 위해 일본으로 건너간 젊은 청년이 있었습니다. 제대로 치료도 받아 보지 못하고 돌아가신 아버지에 대한 한스러움이 이 젊은 청년에게 꿈을 가지게 했습니다.

"졸업하고 귀국하면 나의 아버지처럼 변변한 치료조차 받지 못하는 환자들의 고통을 덜어 주리라. 또 전쟁이 일어나면 군의관이 되고, 한편으로는 국민들에게 유신維新의 신앙을 촉진시켜 주리라."

그러던 중 환등기를 이용해 미생물의 형태를 보여 주는 세균학 수업 시간에 우연히 본 사진 몇 장이 그의 진로를 완전히 바꿔 놓았습니다.

어떤 때는 한 시간 강의가 끝나고 시간이 아직 남았을 경우 선생은 풍경이나 시사에 관한 필름을 보여 주는 것으로 시간을 때우곤 했다. 때는 바야흐로 러일전쟁이 한창일 때였으니 자연히 전쟁에 관한 필름이 비교적 많았다. 이 교실에서 나는 언제나 내 학우들의 박수와 환호에 동조하지 않으면 안 되었다. 한번은 화면상에서 오래전에 헤어진 중국인 군상을 모처럼 상면했다. 한 사람이 가운데 묶여 있고 무수한 사람이 주변에 서 있었다. 하나같이 건장한 체격이었지만 몽매한 기색이 역력했다. 해설에 의하면 묶여 있는 사람은 러시아를 위해 군사 기밀을 정탐한 자로 일본군이 본보기 삼아 목을 칠 참이라고 했다. 구름같이 에워싸고 있는 자들은 이를 구경하기 위해 모인 구경꾼이었다.

젊은이는 그길로 의학 공부를 때려치우고 학교를 떠나 도쿄東京로 나와 버렸습니다. 그것은 "그 필름을 한번 본 뒤로는 의학이란 것이 그다지 중요하지 않은 것이라고 여겨졌기 때문이었다. 무릇 어리석고 약한 국민은 체격이 제아무리 건장하고 튼튼하다 하더라도 하잘것없는 본보기의 재료나 관객밖에는 될 수 없었"던 것입니다. 고민 끝에 그가 도달한 결론은 "그들의 정신 상태를 뜯어고치는 것"이었고, "정신 상태를 뜯어고치는 데 가장 좋은 것은 당시에는 당연히 문예文藝를 들어야 한다"는 데 생각이 미쳤습니다.

하지만 그럼에도 그는 한동안 돌파구를 찾지 못하고 무료한 가운데 적막한 시간을 죽이고 있었습니다. 그런 그를 찾아온 친구가 그에게 글쓰기를 권하자 그는 다음과 같이 말했습니다.

가령 말일세, 쇠로 만든 방이 하나 있다고 하세. 창문이라곤 없고 절대 부술 수도 없어. 그 안엔 수많은 사람이 깊은 잠에 빠져 있어. 머지않아 숨이 막혀 죽겠지. 하나 혼수상태에서 죽는 것이니 죽음의 비애 같은 건 느끼지 못할 거야. 그런데 지금 자네가 고래고래 소리를 질러 의식이 붙어 있는 몇몇이라도 깨운다고 하세. 그러면 이 불행한 몇몇에게 가망 없는 임종의 고통을 주게 되는데, 자넨 그들에게 미안하지 않겠나?

그 친구의 대답은 단호했습니다.

현대 중국인의 슬픈 자화상 『아큐정전』

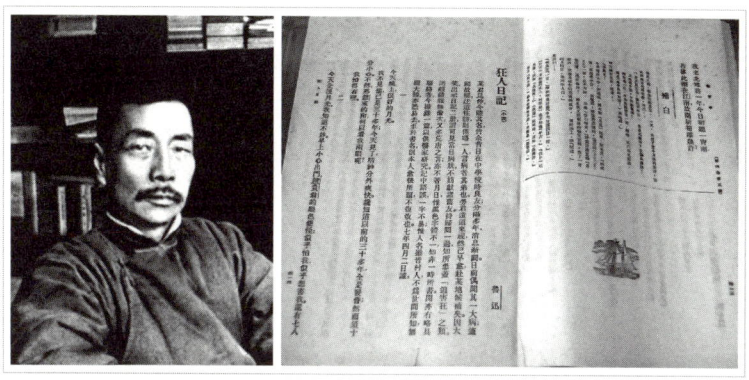
루쉰과 《신청년》에 수록된 『광인일기』

그래도 기왕에 몇몇이라도 깨어났다면 그 쇠로 만든 방을 부술 희망이 전혀 없다고야 할 수 없겠지.

결국 그는 친구에게 글을 쓰겠노라고 응답할 수밖에 없었습니다. 그렇게 해서 나온 소설이 그의 처녀작이라 할 수 있는 『광인일기』狂人日記이고, 이것을 시작으로 젊은 청년은 현대 중국의 대표적인 작가의 반열에 오릅니다. 결국 애당초의 꿈대로 사람들의 육체의 병은 치료할 수 없었지만, 정신을 깨우기 위해 '크게 소리치며'吶喊 작가의 길로 들어섰던 그는 본명이 저우수런周樹人인 루쉰魯迅(노신, 1881~1936)입니다.

아큐, 전형적인 환경에서의 전형적 인물

의학 공부를 때려치우고 고향인 사오싱紹興(소흥)으로 돌아온 루쉰은 밥벌이를 위해 잠시 초급사범학교 교장이 되었습니다. 당시 그 학교 학생이었던 쑨푸위안孫伏園(손복원)은 다음과 같이 그를 기억했습니다.

> 그때 학생들이 새로운 교장을 환영하던 태도는 새로운 나라를 환영하는 태도와 완전히 똑같았다. 그 뜨거운 감정은 내 기억 속에 아직도 또렷하게 남아 있다. 루쉰 선생은 때로 교사를 대신해 당신이 직접 강의하기도 했는데, 국어 교사를 대신해서 문장을 수정하고 평가해 주기도 했다. 학생들은 루쉰 선생에게서 어느 정도 사상적인 가르침을 받고 있었으므로, 선생의 문장은 자연스럽게 널리 퍼져 나갔다. 선생의 목적은 대략 젊은이들의 용기를 북돋워 일으키는 데 있었다고 할 수 있다.

그러나 사오싱에 주둔한 군벌과 사이가 좋지 않았던 루쉰은 어쩔 수 없이 사오싱을 떠나야 했는데, 당시 난징南京(남경)에 세워졌던 중화민국 임시정부에서 교육총장(곧 교육부 장관)을 맡고 있던 차이위안페이蔡元培(채원배)가 루쉰을 불러 난징으로 갔습니다. 난징은 그가 좀 더 젊었을 때 고향을 떠나 처음으로 유학했던 곳으로, 당시 그곳은 국내외의 자유로운 사상 흐름에 대해 열려 있는 도시였습니다. 하물며 이제 막 봉건 왕조가 와해되고 새롭게 중화민국이 세워진 당시임에랴. 하지만 현실은 그리 녹록지만은 않았습니다. 비록 새로운 희망이 보이는 듯했지만, 그 희망은 이내 절망이 되었습니다.

신해혁명의 성공으로 쑨원이 임시 총통의 자리에 올랐지만, 자신만의 군사력이 없었던 쑨원은 어쩔 수 없이 당시 최고 권력자였던 위안스카이에게 총통의 자리를 양보했고, 이에 위안스카이는 자신의 근거지인 베이징에서 정부를 조직했습니다. 이에 따라 난징 정부에서 일을 보던 관원들 역시 베이징으로 옮겨 갔고, 루쉰 또한 1912년 5월에 베이징으로 가서 계속 교육부 일을 보았습니다. 그러다 총통 자리에 만족하지 않고 황제가 되기 위해 온갖 무리수를 쓰던 위안스카이가 병사한 뒤, 군벌들은 때를 만났다는 듯 끊임없이 정치 투쟁과 전투를 이어 나갔습니다. 중국 인민들은 자연재해와 전쟁의 재앙, 그리고 가혹한 정치 상황 속에서 고통으로 신음할 수밖에 없었습니다.

이런 현실에서 방황하던 루쉰이 하나의 돌파구로 삼았던 것이 글쓰기였고, 그 첫 번째 작품이 앞서 말한 『광인일기』였습니다. 이 소설은 나오자마자 아주 커다란 반향을 불러일으켰고, 이에 고무된 루쉰은 잇따라 작품을 발표합니다.

루쉰의 제자였던 쑨푸위안은 이때쯤 베이징에서 발간되는 《신보》晨報의 편집을 맡았습니다. 쑨푸위안은 스승인 루쉰에게 정기적으로 연재할 수 있는 글을 부탁했고, 그의 제안을 받아들여 루쉰은 1921년 12월 4일자 신문에 소설 『아큐정전』阿Q正傳의 첫째 장을 실었습니다. 루쉰의 대표작이자 중국 현대문학사에서 중요한 위치를 차지하는 이 소설은 이렇게 시작되었습니다. 하지만 실제로 루쉰이 이 소설을 구상한 것은 그 전으로 거슬러 올라가는데, 이 점에 대해서 루쉰은 "아큐의 형상은 이미 내 마음 깊은 곳에서 몇 년 동안 자리 잡고 있었던 것 같다"고 말했습니다. 그런 까닭에 "아큐를 위해 정전正傳을 써야겠다고 생각한 것" 역시 "그저 겨우 한두 해가 된 것은 아니었다"고 했습니다.

루쉰이 이 작품을 쓴 것은 이 소설을 통해 "우리 국민의 대체적인 약점을 폭로하고 싶었기" 때문이었습니다. 대국에 의해 유린당하는 약소국의 지식인들은 늘 약육강식의 냉혹한 현실을 마주하고, '뛰어난 자는 이기고 그렇지 못한 자는 패할 수밖에 없는' 優勝劣敗 현실 인식을 갖게 마련입니다. 이것은 흔히 사회진화론자라 불리는 이들이 내세우는 역사 발전의 법칙으로, 루쉰 역시 초기에는 이러한 생각을 갖고 있었습니다.

문제는 이런 사회에 살고 있는 일반 민중은 그런 현실 속에 살면서도 문제가 무엇인지조차 알지 못했고, 알려고 하지도 않았다는 사실입니다. 그런 사실을 잘 알았던 루쉰은 그 이름조차 분명하게 알 수 없는 시골 농촌의 무지렁이를 내세워 작품을 연재했습니다.

> 아큐는 이름과 본관이 분명치 않을 뿐 아니라 이전의 '행장'조차 분명치 않다. 웨이좡 未莊 사람들에게 아큐는 일을 부리거나 놀려먹는 대상이었을 뿐 지금껏 그의 '행장' 따위엔 마음을 두지 않았다. 그리고 아큐 자신도 그런 말을 내비치지 않았다.

아큐는 집도 일정한 직업도 없이 "다만 날품팔이를 하면서, 보리를 베라면 보리를 베고, 쌀을 찧으라면 쌀을 찧고, 배를 저으라면 배를 젓기도 했"습니다. 한마디로 그 당시 중국 농촌에서 흔히 볼 수 있는 인물상이었던 것입니다. 하지만 바로 그 이유 때문에 『아큐정전』이 《신보》에 연재되는 동안 많은 사람의 마음을 불편하게 만들었습니다. 『아큐정전』을 읽은 이들은 마치 아큐가 자신의 이야기인 양 전율했습니다. 그런데 루쉰의 전기를 쓴 수많은 작가

가운데 한 사람인 왕스징王士菁(왕사청)은 아큐의 모델에 대해 다음과 같이 말한 적이 있습니다.

> 신해혁명이 일어나기 전 해에 루쉰이 사오싱부 중학당에서 교편을 잡고 있을 때였다. 어느 날 루쉰이 집에 있는데 갑자기 옆집 량梁 씨네 허물어진 담장으로 웬 사람이 기어 들어오는 소리가 들렸다. 얼른 창문을 열고 보니 그 사람은 신 대문 동쪽 다이戴 씨 집 대문 안에 사는 셰아구이謝阿桂(사아계)였다. 아구이와 그의 동생 아유阿有(아유)는 다이 씨 집 대문 안에서 살았는데, 둘 다 방탕아였다. 생활이 구차하다 보니 아구이는 좀도둑이 되었다. 후에 집세를 물지 못하자 주인집에서 쫓겨난 그는 갈 곳이 없어 헤매다가 창방구에서 북으로 얼마 멀지 않은 장경사 맞은편에 있는 토지 사당에서 살았다. 신해혁명이 발발해 항저우가 먼저 광복되고 사오싱에서도 봉기를 준비하고 있을 때, 그는 신이 나서 토지 사당에서 거리로 뛰어나와 큰 소리로 외쳤다.
> "때가 왔소! 내일이면 우리에게는 집도 생기고 여편네도 생기게 되었소!" 왕스징, 「루쉰전」

물론 루쉰이 그 '아구이'阿桂를 단순하게 작품 속에 그려 내지는 않았을 것입니다. 루쉰 자신의 말대로 아큐는 "갖가지 인물을 다양하게 취해 한데 모아 놓은 것"입니다.(『이심집』二心集, 「북두 잡지사의 질문에 답함」) 그런 과정을 통해 탄생한 아큐라는 인물 형상은 분명 한 알의 모래와 같은 하찮은 존재임에 틀림없지만, 그런 하찮은 존재도 전체 세계와의 연관 속에서는 그 본질이 분명하게 드러날 수 있었던 것입니다. 그래서 누군가는 말했습니다. "한 알의 모래로부터 하나의 세계를 바라볼 수 있다." 이것이 이른바 '전형적인 환경에서의 전형적 인물'인 것입니다.

위대한 정신 승리법

어디서나 찾아볼 수 있는 지극히 평범한 기층 민중이라 할 아큐라는 인물 형상을 통해 루쉰이 말하고자 했던 것은 무엇이었을까요? 지배 계층으로부터 온갖 핍박을 받으면서도 아둔하게 살아가는 당시 민중들을 루쉰이 일방적으로 긍정하고 옹호했던 것은 아니었습니다. 아큐와 같은 무지한 민중들에게 세계는 정확하게 양분되었습니다. 자기보다 센 놈들, 그렇지 않으면 약한 놈들. 그리고 이런 세계에서 살아 나가는 방법은 센 놈에게는 비굴하게 빌붙고 약한 놈은 괴롭히는 것이었습니다.

아큐 주변의 사람들은 한시도 아큐를 가만 내버려 두지 않았습니다. 끊임없이 놀려 대며 무시하고, 심지어 완력까지 행사해 가며 그를 괴롭혔습니다.

> 건달들은 이에 그치지 않고 더 짓궂게 굴었다. 끝내 주먹다짐이 오가기에 이르렀다. 형식적으로 보면 아큐는 패배했다. 놈이 아큐의 변발을 휘어잡고 네댓 번 벽에다 머리를 쾅쾅 찧고 나서 만족스러운 듯 의기양양하게 가 버렸으니 말이다.

자오옌니안趙涎年의 목판화 〈아큐정전〉 중 1번(19×13.5cm)

약이 오른 아큐는 그저 '내가 자식 놈에게 얻어맞은 걸로 치지. 요즘 세상은 돼먹지 않았어'라고 생각하고는 오히려 의기양양해했습니다. '네까짓 것들이 다 뭐냐?' 그렇게 생각하고 나면 마음이 유쾌해져, 술집에 가서 술 몇 잔 마시고 자신이 거처하는 사당으로 돌아와 머리를 처박고 자면 그뿐인 것입니다.

'정신 승리법'. 아큐가 주위 사람들로부터 끝없이 박해를 받으면서도 꿋꿋하게 살아갈 수 있었던 것은 바로 그만의 '정신 승리법'이 있었기 때문입니다.

> 그래도 그는 이내 패배를 승리로 전환시켰다. 그는 오른손을 들어 두세 번 자기 뺨을 힘껏 때렸다. 제법 얼얼하니 통증이 왔다. 그러고 나니 마음이 평안해지기 시작했다. 마치 자기가 때리고 다른 자기가 맞은 듯했다. 이윽고 자기가 남을 때린 것처럼 ─아직 얼얼했지만─ 흡족해져 의기양양한 기분으로 드러누웠다.
> 이내 잠이 들고 말았다.

하지만 어찌 아큐의 인생에 항상 그늘만 드리우겠는가? 세상은 공평한 것이니 나보다 잘난 사람이 있으면 반대로 나보다 못난 사람도 있게 마련입니다.

그런데 맞은편에서 징슈안靜修庵(정수암)의 젊은 비구니가 걸어오고 있었다. 평소 아큐는 그녀만 보면 침을 뱉으며 욕을 퍼부어 주고 싶었다. 하물며 굴욕을 당한 뒤가 아닌가? 갑자기 그 기억이 되살아나면서 적개심이 불타올랐다.
'오늘 왜 이리 재수가 없나 했더니 네년을 만나려고 그랬나봐.'
속으로 그는 이렇게 생각했다.
"캬! 퉤!"
비구니는 거들떠보지도 않고 고개를 숙인 채 걷고만 있었다. 그 곁에 다가선 아큐는 갑자기 손을 뻗어 파르스름한 머리를 쓰다듬으며 헤헤거리는 것이었다.
"까까머리야, 얼른 돌아가. 중놈이 널 기다리고 있어……"
"왜 나한테 집적거리는 거야?"
비구니는 얼굴이 새빨개져서 그렇게 말하고는 잽싸게 걸어갔다.
술집에 있던 사람들이 배를 잡았다. 아큐는 자기의 공로가 인정되는 것을 보고는 더욱 흥이 나서 의기양양해졌다.
"중놈은 집적거려도 되고, 나는 안 된단 말이냐?"
그는 비구니의 볼을 꼬집었다.
술집에 있던 사람들은 [다시 한 번] 배를 잡았다. 아큐는 더욱 신이 나서 이 구경꾼들이 만족할 수 있도록 다시 한 번 힘주어 꼬집었다. 그러고 나서야 풀어 주었다.

문제를 해결하기 위해서는 문제를 문제로 인식하는 것이 필요합니다. 자신이 끌어안고 있는 문제를 외면하면 당장은 편할지 모르지만 자신을 괴롭히는 문제로부터 영원히 벗어날 수 없습니다. 문제를 문제로 바라보는 인식의 전환, 이것은 일견 쉬워 보이지만 두려운 것임에 틀림없습니다.

> 저것은 벽
> 어쩔 수 없는 벽이라고 우리가 느낄 때
> 그때
> 담쟁이는 말없이 그 벽을 오른다
> 물 한 방울 없고
> 씨앗 한 톨 살아남을 수 없는
> 저것은 절망의 벽이라고 말할 때
> 담쟁이는 서두르지 않고 앞으로 나아간다
> 한 뼘이라도 꼭 여럿이 함께 손을 잡고 올라간다
> 푸르게 절망을 다 덮을 때까지
> 바로 그 절망을 잡고 놓지 않는다
> 저것은 넘을 수 없는 벽이라고 고개를 떨구고 있을 때
> 담쟁이 잎 하나는
> 담쟁이 잎 수천 개를 이끌고
> 결국 그 벽을 넘는다.
>
> 도종환, 「담쟁이」

누군가는 말했습니다. 사람과 개의 차이는 길을 가다 벽을 마주

했을 때, 사람은 그것을 어떻게든 타고 넘지만 개는 피해 간다고. 하지만 또 누군가는 말했습니다. 그 벽은 애당초 존재하지 않는 각자의 마음이 만들어 낸 미망의 벽이라고. ……그러나 루쉰이 살았던 시대는 엄중했습니다. 이런 언어의 유희를 농할 만큼 한가롭지 않았다는 것입니다. '정신 승리법' 외에 달리 현실을 타개할 아무런 수단도 능력도 갖지 못한 이들을 위해 그가 할 수 있었던 것은 무엇이었을까요?

청년들이여, 나를 딛고 오르라

그는 낡은 세대에 대한 희망을 거두고 일찍부터 젊은이들에게 시선을 돌렸습니다. 당시 중국 사회가 당면한 문제의 근원은 '사람이 사람을 잡아먹는' 봉건 예교에 있다고 주장하면서, 루쉰은 피를 토하는 심정으로 아직 그런 낡은 사상에 물들지 않은 젊은이를 구해야 한다고 외쳤습니다.

> 사람을 잡아먹어 본 적이 없는 아이들이 혹 아직도 있을는지? 아이들을 구해야 할 텐데……. 『광인일기』

젊은이들이야말로 중국을 병들게 한 봉건 예교에 물들지 않은 마지막 보루였던 셈입니다.

그는 새로운 생명의 성장을 방해하는 사람을 잡아먹는 낡은 사회

> 와 낡은 예의 도덕을 반대했다. 그는 '묵은 장부를 말끔히 지워 버려라'라고 호소했다. 어떻게 없애 버릴 것인가? 당시 루쉰은 반드시 '우리의 아이들을 완전히 해방시켜야 한다'(『열풍』熱風, 「수감록」隨感錄 40)고 인식했다. 루쉰은 자신의 잡문에서 봉건 가족 제도와 매매 혼인과 강제 혼인 제도를 완강하게 반대하고, 새롭고 합리적인 가정과 혼인과 연애의 자유를 주장했다. 미신을 반대하고 과학을 제창했으며, 낡은 문화를 반대하고 새 문화를 제창했다. 왕스징, 「루쉰전」

하지만 현실은 언제나 녹록지 않은 법입니다. 오랜만에 고향을 찾은 루쉰은 어릴 적에 친구처럼 어울려 지냈던 룬투閏土(윤토)를 만나지만, 그는 예전과 달리 그를 공손하게 대하며 '나으리'라고 불렀습니다. "나는 오싹 소름이 돋는 듯했다. 우리 둘 사이가 슬프게도 두터운 장벽으로 막혀 있다는 것을 알고 나는 말도 나오지 않았다." (루쉰, 『고향』)

룬투는 어색함을 깨려고 데리고 온 자신의 아들 수이성水生(수생)을 소개하고 루쉰의 조카인 훙얼宏兒(굉아)과 함께 나가 놀라고 말합니다. "훙얼이 이 말을 듣고 수이성에게 손짓을 하자, 수이성은 가벼운 걸음으로 훙얼과 함께 바깥으로 나갔다." 하지만 루쉰과 룬투 사이에는 맥 빠진 대화가 이어지다 다음 날이 되어 룬투는 가 버렸고, 루쉰 역시 가산을 정리한 뒤 모든 식솔을 이끌고 고향을 떠납니다. 루쉰의 가족을 실은 배가 떠나자 조카 훙얼은 갑자기 이렇게 물었습니다.

"큰아버지! 우리 언제 돌아오지요?"
"돌아와? 너는 어째서 가기도 전에 돌아올 생각부터 하니?"
"하지만 수이성이 자기 집으로 놀러 오라고 했는걸요……."
루쉰, 「고향」

루쉰 자신과 룬투의 어린 시절 기억은 이렇게 대물림되는 것일까요? 홍얼 역시 수이성을 먼 훗날 다시 만났을 때 큰아버지인 루쉰과 같은 감회에 젖을까요?

하지만 우리 어린애들의 마음은 아직 하나로 이어져 있다. 홍얼은 바로 수이성을 생각하고 있지 않은가? 난 그 애들이 또다시 나나 다른 사람들처럼 단절이 생겨나지 않기를 바란다. 「고향」

과연 당면한 현실에 절망하는 것만큼이나 미래에 대한 희망을 갖는다는 것 역시 얼마나 두렵고 부질없는 일인가? 그럼에도 루쉰은 청년들에 대한 기대를 접지 않고 온몸으로 그들을 사랑했습니다. 아울러 자기 자신을 미래로 나아가는 디딤돌로 자임하고 기꺼이 그 소임을 다하고자 했습니다.

……나를 사닥다리라고 한 말은 극히 지당합니다. 여기에 대해서 나도 심사숙고해 보았습니다. 만일 젊은 후진들이 정말 사닥다리를 밟고 더 높이 오를 수만 있다면 우리들이야 밟힌들 원한이 있겠습니까. 중국에서 사닥다리가 될 사람은 나를 제외하고는 사실 몇 명 없는 것 같습니다. 루쉰, 「청년들아, 나를 딛고 오르거라」

하지만 그 일마저도 뜻대로 되지 않아 루쉰은 이내 실망하고 맙니다. 세상 모든 일이 쉬운 일이 어디 있으랴마는 거듭된 좌절에도 루쉰은 희망을 버리지는 않았습니다. 오히려 그럴수록 더 전투적인 자세로 자기에게 쏟아지는 온갖 비난과 인신공격에 맞서 싸웠습니다.

……회의장에 나가서 빼곡히 모여 앉은 상하이의 혁명 작가들을 둘러보니 모두 다 '볼품없는' 사람들이었습니다. 그리하여 소인은 어쩔 수 없이 젊은이들을 위해 사닥다리가 될 각오를 했으나 그들이 사닥다리를 밟고 오를 것 같지 않습니다. 『청년들아, 나를 딛고 오르거라』

문제는 오히려 다른 데 있었던 것입니다. 루쉰이 자신의 건강을 갉아먹으면서까지 옹호하고 지켜 주려 했던 수많은 아큐는 여전히 몽매한 가운데 오히려 루쉰의 발목을 잡고 있는 형국이라니. 결국 문제의 해결책은 다른 데 있는 것일까요? '쇠로 만든 방'에서 질식해 죽어 가는 사람들이 사실은 의식이 없는 게 아니라 교활하게 서로의 눈치만 살피면서 자기에게 유리한 때를 기다리고 있었던 것은 아니었을까요? 아니, 아예 '쇠로 만든 방'이라는 것 자체가 잘못된 전제는 아니었을까요?

자기 부정으로서의 근대

이런 식으로 애당초 전제가 잘못된 것이었다면, 루쉰이 잠들어 죽어 가는 이들을 깨우기 위해 기울였던 수많은 노력들 역시 어쩌면 헛수고였는지도 모릅니다. '몽매한 이들을 깨우치려'啓蒙 한 사람들의 문제는 말에게 물을 먹이기 위해 말을 물가로 끌고 갈 수는 있지만, 결국 물을 마시는 것은 말이라는 사실을 잊는다는 것입니다. 결국 변화를 이끌어 내는 것은 외부의 힘보다도 자기 자신의 각성일 터, '나를 둘러싼 세계를 변화시키려면 나부터 변해야 한다'는 자각이야말로 모든 변화의 시작입니다.

쑨원을 비롯한 몇몇 사람에 의해 2천 년 넘게 지속되어 온 봉건 왕조가 타파되었지만, 그렇다고 당장 새로운 무엇이 그것을 대체한 것도 아니었습니다. 신해혁명 후 여러 우여곡절을 겪으면서 그러한 사실을 간파한 쑨원 역시 눈을 감을 때 "혁명은 아직 완성되지 않았다"革命尙未完고 말했습니다. 많은 중국인이 아큐처럼 아무런 준비 없이 혁명을 마주하고 그 소용돌이 속으로 휩쓸려 갔습니다.

아큐의 귀에도 혁명당이라는 말은 벌써부터 들려오던 터였다. 금년에는 혁명당원이 살해되는 걸 제 눈으로 보기도 했다. 그러나 그는 어디서 얻은 생각인지는 몰라도 혁명당이란 바로 반란을 일삼는 무리들이며 반란은 그에게 고난을 가져온다고 여겼으므로, 그렇기 때문에 그는 줄곧 이를 '몹시 증오'했다. 한데 뜻밖에도 백 리 사방에 그 이름을 떨치는 거인 나으리까지도 그토록 두려워한다니, 그로서는 '신명'이 나지 않을 수 없었다. 게다가 웨이좡未莊(미장)의 어중이떠중이가 당황해하는 모습을 보노라면 아큐는 더욱더 유쾌해지는 것이었다. 아큐는 생각했다.

'혁명이란 것도 괜찮구나.' 『아큐정전』

이것이 신해혁명 당시 일반 민중의 혁명에 대한 생각일지도 모릅니다. 그렇기 때문에 혹자는 "우리가 읽어 온 『아큐정전』은 바로 신해혁명의 씁쓸한 풍자화"라 주장하기도 했습니다.(이상수, 『아큐를 위한 변명』) 결국 잠시 혁명의 들뜬 분위기에 도취되었던 아큐는 오히려 혁명군의 손에 처형됩니다.

그렇다면 『아큐정전』에서 루쉰이 말하고자 했던 것은 무엇이었을까요? 낡은 사회 제도를 타파하고 새로운 사회를 건설해야 한다는 당위적인 명제보다 앞서는 것은 실제로 사회를 변화시키는 동력으로서 민중들의 각성이 필요하다는 것, 그렇기 때문에 '사람을 각성시킬 수 없는 모든 혁명은 가짜'일 수밖에 없고, '진정한 혁명의 목적은 어떤 전제 정권의 타도에 있는 게 아니라 사람의 각성에 있다'는 사실이 아니었을까요?

모든 새로운 시작은 과거와의 결연한 단절로부터 시작합니다. 이런 과감한 자기 부정의 노력 없이는 그 어떤 것도 새롭게 시작할 수 없습니다.

> ……한편으로 발전은 자본주의적인 세계 시장의 등장으로 박차를 가하게 된 사회의 거대한 객관적 변화들을 의미한다. 즉, 꼭 경제적인 것만은 아니지만 본질적으로 경제적인 발전을 의미한다. 그러나 다른 한편으로 발전은 이런 거대한 충격으로 인해 개인적인 삶과 인격에 발생하는 중요한 주체상의 변화를 지칭한다. 즉 인간 능력의 고양이나 인간 경험의 확장으로서의, 자아 발전self-development이라는 관념 속에 내포된 모든 것을 지칭한다. 페리 앤더슨, 「근대성과 혁명」, 《창비》, 1993 여름

변화의 주체는 결국 관념적인 자아가 아니라 일상의 삶 속에서 살아가는 개별적인 존재들이고, 발전이라는 것은 그들 한 사람 한 사람의 '개인적인 삶과 인격에 발생하는 주체상의 변화'라는 것입니다. 그렇기 때문에 혁명은 어려운 것입니다. 혁명은 올림픽에서 금메달을 딸 만한 자질과 능력을 갖춘 몇몇 소수를 집중적으로 육성해서 금메달을 따는 것을 의미하는 게 아니라, 조금 더디긴 하지만 함께 살아가는 모든 사람이 다 같이 내딛는 한 걸음 한 걸음에서 완성되는 것이기 때문입니다. 그래서 이제는 먼 과거의 인물이 되어 버린 루쉰의 고민이 현재적 의미를 갖는 것입니다.

하류 인생의
분투기

뤄퉈샹쯔 駱駝祥子

1921년　7월, 중국공산당 창당, 제1차 전국대표대회 개최(상하이).
1924년　1월, 국민당 제1회 전국대표대회 개최(광저우). 제1차 국공합작.
1925년　1월, 중국공산당 제4차 대회 개최. 3월, 쑨원 사망. 상하이에서 5·30사건 발발.
1927년　4월, 4·12사건 발발. 4월 18일에 장제스가 난징 정부 수립. 4월 27일에 중국공산당 제5차 전국대표대회 개최. 홍군紅軍 탄생.
1928년　10월, 장제스, 국민정부 주석 취임.

군벌의 시대

군벌軍閥은 지방의 실력자가 자신의 사병으로 키운 군대를 가리키는데, 당연한 얘기지만 청 왕조가 제대로 힘을 발휘할 때는 애당초 이런 사병 조직이 있을 수 없었습니다. 결국 청나라가 제대로 나라 구실을 하지 못하고 정규군이 제 역할을 못할 때 군벌이 등장한 셈인데, 그 시작은 '태평천국의 난'을 진압하기 위해 지방의 향신鄕紳들이 독자적으로 조직한 의용군에서 비롯되었습니다. 당시 욱일승천旭日昇天의 기세로 중국의 남방 지역을 휩쓸던 태평천국군에 대해 청 조정은 제대로 대처하지 못했고, 급기야 정규군인 강남대영江南大營이 궤멸적인 패배를 당하자 보다 못한 지역의 유력자들이 나섰던 것입니다.

이들 가운데 가장 두드러졌던 이가 후난湖南(호남) 출신의 쩡궈판曾國藩(증국번)과 안후이安徽(안휘)를 기반으로 한 리훙장李鴻章(이홍장)이었습니다. 쩡궈판의 군대는 샹군湘軍(상군)이라 불렸고, 리훙장의 군대는 화이군淮軍(회군)이라 불렸는데, 태평천국의 난이 진압된 뒤 샹군은 실질적으로 해산되었으나 화이군은 청 왕조의 주력군이 되어 청일전쟁에서 패배할 때까지 존속했습니다. 청일전쟁 후에는 위안스카이가 그 뒤를 이어 신식 군대를 양성해 북양군벌北洋軍閥을 만들었으니, 캉유웨이康有爲(강유위) 등이 주동이 되었던 무술변법戊戌變法을 좌절시키고 신해혁명을 전후로 위안스카이의 사욕을 채우기 위한 일련의 활동을 군사적으로 뒷받침한 사병 노릇을 했습니다.

위안스카이가 죽은 뒤에는 그의 부하들이 돤치루이段祺瑞(단기서)를 중심으로 한 안후이파安徽派(안휘파)와 펑궈장馮國璋(풍국장)·우페

이푸吳佩孚(오패부)·차오쿤曹錕(조곤) 등의 즈리파直隷派(직예파)로 분열했고, 여기에 장쭤린張作霖(장작림)의 펑톈파奉天派(봉천파)와 옌시산閻錫山(염석산)의 산시파山西派(산서파)가 가세해 격렬하게 대립했습니다. 1920년에는 안후이파와 즈리파 사이에 벌어진 안즈安直 전쟁으로 차오쿤이 실권을 잡았고, 1922년부터 1924년까지는 펑톈파와 즈리파 간의 전쟁으로 장쭤린과 돤치루이가 실권을 장악했습니다.

그러는 사이 전 중국은 혼란에 빠졌고, 인민들은 하루 앞을 내다볼 수 없을 정도로 불안한 삶을 이어 갈 수밖에 없었습니다. 군벌들 간의 대립으로 전쟁이 이어지면서 전쟁을 수행하는 데 필요한 군대와 그것을 유지하기 위한 재정적 부담이 그대로 인민들에게 전가되었습니다. 당시 군벌들의 재정 기반은 토지세와 염세, 이금세釐金稅(국내의 각 성 간에 오가는 물품에 붙였던 일종의 국내 관세)가 있었는데, 토지세의 경우 군벌들의 재원이 고갈될 때는 심하면 10년 이상 분分을 앞당겨 징수할 정도였습니다. 염세 또한 중앙 정부가 징수해야 할 몫까지 지방 군벌들이 수탈했으며, 이금세는 군벌의 수익 창출을 위한 주요 수단으로 전락했습니다. 군벌들의 착취에 토지를 잃은 농민들은 살길을 찾아 어쩔 수 없이 군벌의 군대에 입대하는 악순환이 벌어졌습니다. 결국 군벌들끼리의 전쟁에서 승리한 쪽은 그 여세를 타고 세력을 넓힐 수 있었지만, 그렇게 확대된 세력을 유지하기 위해서는 인민들을 수탈할 수밖에 없어 그로 인해 인민의 지지를 잃어 가는 아이러니한 상황이 전개되었습니다.

그리하여 1926년 장제스蔣介石(장개석)는 이들 군벌들을 진압하고 통일 중국을 수립하기 위해 북벌北伐에 나섰습니다. 군벌들과의 싸움에서 승리한 장제스는 1928년 7월 6일 베이징 북쪽 샹산香山(향

장제스

산)의 비윈쓰碧雲寺(벽운사)에 있는 쑨원 영전에 북벌을 완료했다고 보고했습니다. 같은 해 10월 10일 쌍십절에 난징에서 국민정부가 수립되었습니다. 이때 쟝제스는 난징이야말로 중국의 유일한 수도라는 사실을 분명히 해 두기 위해 '베이징'北京(북경)이라는 지명에서 수도를 의미하는 '경'京을 빼고, 그 대신 '북쪽의 평화'를 의미하는 '베이핑'北平(북평)으로 개명했습니다. 하지만 그 뒤로도 군벌들의 세력은 제2차 세계대전이 끝나고 국민당과 공산당의 최후 결전인 국공내전國共內戰이 끝날 때까지도 온존했습니다. 한마디로 1912년 중화민국의 수립부터 1949년 신중국의 수립까지 중국 전역은 거대한 전장으로 변해 민중의 삶은 하루하루를 장담할 수 없는 지경에 이르렀던 것입니다.

전쟁 소식과 풍문은 거의 해마다 봄보리와 함께 위로 솟아난다. 보리 이삭과 총검은 북방 사람들의 희망과 두려움의 상징이라 할 수 있다. …… 봄비는 농민들이 고대하는 대로 꼭 맞추어 내려 주지는 않는다. 그러나 전쟁은 바라는 사람이 있건 없건 결국은 다 가오게 마련이다. 『뤄퉈샹쯔』駱駝祥子

베이징의 아들

중국은 나라가 크기 때문에 지역간의 격차가 크고 언어 역시 서로 다릅니다. 그래서 표준말의 제정은 상대적으로 방언의 차이가 크지 않은 우리나라에 비해 그 절박성이 훨씬 크다고 할 수 있습니다. 근대 이전의 봉건 왕조에서도 각 지역별로 '관화'官話라는 이름의 표준말이 있었습니다. '관화'는 말 그대로 관청에서 쓰는 말인데, '공식적인 용어' 곧 '공용어'라는 뜻을 담고 있습니다. 흔히 '관화'의 대표 격은 '베이징 관화'라 할 수 있지만, 이것 말고도 '난징 관화'라든지 청두成都를 중심으로 한 '시난西南 관화' 등의 명칭도 있습니다. 하지만 역시 '관화'라면 명과 청 두 왕조의 수도였던 베이징 관화를 가리킨다고 볼 수 있습니다.

봉건 왕조가 끝나고 중화민국이 수립되었을 때도 표준말 제정에 대한 논의가 있었는데, 이때 베이징 말과 광둥廣東 말 가운데 어느 것을 표준말로 제정할 것인가를 두고 격론이 벌어지다 결국 근소한 차이로 베이징 말이 표준말로 정해졌다고 합니다. 중국어를 외국어로 공부하는 사람들에게는 이 결정이 참으로 다행스러운 것이, 중국어를 배울 때의 어려움이 바로 각각의 글자마다 성조를 따로 익혀야 하는 것인데, 베이징 말은 고작(?) 네 개의 성조밖에 없는 반면 광둥 말은 무려 여덟 개의 성조가 있기 때문입니다.

각설하고, 표준말로 제정된 베이징 말의 가장 큰 특징은 '권설음'捲舌音과 '얼화'兒化입니다. '권설음'은 글자대로라면 혀를 말아서 내는 음인데, 인간이 어찌 도마뱀처럼 혀를 자유자재로 말 수 있겠습니까. 다만 혀를 목구멍 쪽으로 날개를 펴듯 들어 올려 내는 소리를 이리 표현한 것이니, 그래서 요즘은 '권설음'이라는 용어 대신 '교설음'翹舌音이라는 말을 쓰기도 합니다. '얼화'라는 것은 단어의 끝에 '얼'兒 자를 붙여 바로 앞 모음이 권설음화되는 것을 말합니다. 요컨대 베이징 말의 발음은 흔히 비유하듯 양쪽 볼에 왕사탕을 하나씩 물고 말하는 것과 흡사합니다.

당연하게도 '권설음'과 '얼화'는 베이징 이외 지역의 중국 사람들도 발음하기 어려워 요즘은 상당히 완화된 발음으로 말하는 경향이 있습니다. 하지만 베이징 토박이라면 자신의 심하게 웅얼대는 베이징 토박이 발음에 자부심을 느낄 것입니다. 베이징 사람들의 이런 자부심은 베이징이 오랜 세월 제국의 수도였다는 데서 나온 것으로 보아도 무방한데, 베이징을 여행하는 사람들은 이런 베이징 사람들의 약간은 오만한 듯한 눈빛에 까닭 모를 반감을 느낄 수도 있습니다.

이런 베이징 사람들의 일상을 베이징 토박이말로 풀어낸 일련의 소설 작품들을 일컬어 '경미소설'京味小說이라고 하는데, '경미소설'은 단순히 그 제재와 범위라는 측면에서 베이징에 대해 쓴 것에만 머물지 않습니다. 곧, 이른바 '경미소설'은 "베이징의 독특한 도시 경관과 베이징 사람 특유의 생활 방식 등에 대한 묘사를 통해, 그들의 문화적 심리 구조와 베이징 사회의 역사 발전 과정을 탐색"한 것을 가리킵니다.(홍경태,「경미소설의 예술적 특징」)

중국 현대문학사에 큰 발자취를 남긴 라오서老舍(노사, 1899~1966)는 경미소설의 대표적인 작가로 추앙받고 있습니다. 본명이 수칭춘舒慶春(서경춘)인 라오서는 만주 팔기八旗의 정홍기正紅旗 출신으로 베이징에서 태어나 평생 베이징에 대해 썼고, 베이징에서 생을 마감했습니다. 베이징은 라오서의 고향이자 소설 창작의 끝없는 원천이었습니다.

나는 정말 베이핑北平(장제스 국민당 정부 시절의 베이징)을 사랑한다. 이 사랑은 말하려 해도 잘 되지 않는다. 나는 어머니를 사랑한다. 어떻게 사랑하는가? 난 말할 수 없다. 내가 어머니에게 귀여움

라오서

을 받았던 것을 생각할 때면 혼자서 미소 짓고, 어머니의 건강에 마음이 놓이지 않는 것을 생각할 때면 나는 눈물이 나려 한다. 언어로 내 심정을 표현하기엔 불충분하고, 다만 혼자서 미소 짓거나 눈물을 떨구든지 해야 나의 마음을 밖으로 드러내는 것이 된다. 나의 베이핑에 대한 사랑도 이와 비슷하다. 이 오래된 도시의 어떤 점을 찬양하는 것은 쉽지만, 그것은 베이핑을 너무 작게 보는 것이다. 내가 사랑하는 베이핑은 지엽적인 무엇이 아니고 전체와 내 정신이 융합된 역사·장소·명승지·풍경·비가 내린 뒤 스차하이什刹海(십찰해)의 왕잠자리가 곧장 내 꿈속의 위취안산玉泉山(옥천산) 탑 그림자로 와 축적되어 모인 한 덩어리로, 각각의 작은 일들 속에 내가 있고 나의 각각의 사념 속에 베이핑이 있는, 말로는 다할 수 없는 것이다. 최초의 나의 지식과 인상은 모두 베이핑으로부터 획득한 것이고, 베이핑은 내 핏속에 존재하며, 나의 성

격과 기질의 많은 부분이 이 오래된 도시가 나에게 준 것이다. 내 마음속에 베이핑이 있기 때문에 나는 상하이와 톈진을 사랑할 수 없다. 라오서, 「베이핑을 생각하며」

이런 베이징을 라오서는 항상 자랑스러워했습니다. 이 같은 생각은 그의 대표작 가운데 하나인 『사세동당』四世同堂이라는 소설의 등장인물 치루이쉬안祁瑞宣(기서선)에 대한 묘사에서도 찾아볼 수 있습니다.

그는 베이징에서 태어난 것을 자랑스러워한다. 전국에서 존경받는 베이징 말로 이야기할 수 있고, 황제가 만든 정원을 자신의 공원으로 삼을 수 있으며, 진귀한 책을 읽을 수 있고, 언론을 들을 수 있기 때문이다.

낙타는 죽어서 가마를 탄다

라오서의 소설 『뤄퉈샹쯔』駱駝祥子(낙타상자)는 바로 이런 군벌 시대 베이징의 한 인력거꾼에 대한 이야기입니다.

샹쯔祥子(상자)는 시골에서 태어나 자랐으며 부모를 여의고 몇 떼기 안 되는 밭도 다 떼이고는 열여덟 살 나던 해에 베이핑 성으로 뛰쳐나왔다. 시골 청년의 우람하고 실팍한 몸집에 성실한 그는 힘을 팔아 밥 벌어 먹는 일이란 일은 안 해 본 것 없이 다 해 보았다. 그리고 오래지 않아 인력거 끄는 것이 그래도 돈벌이가 좀 수월하다는 사실을 알아차렸다.

천성적으로 성실한 샹쯔는 인력거를 끌기 시작한 지 3년 만에 돈을 모아 자기 인력거를 하나 삽니다. 하지만 자기 인력거를 끌게 되었다는 기쁨도 잠시뿐, 당시 불안했던 정정政情 탓에 어느 군벌인지 모를 한 무리의 군인들에게 잡혀가 인력거를 빼앗기고 억류되었다가 낙타 세 마리를 훔쳐 겨우 탈출에 성공합니다. 낙타 세 마리를 고작 35원에 팔아넘긴 샹쯔는 다시 인력거 회사에 들어가 인력거를 끕니다. 그새 낙타 이야기는 삽시간에 퍼져 그의 이름 앞에는 '뤄튀駱駝(낙타)'라는 말이 덧붙었습니다.

인력거를 빼앗긴 뒤 샹쯔는 다시 인력거를 사려고 하지만 뜻대로 돈이 모이지 않아 이 일 저 일 닥치는 대로 했습니다. 샹쯔는 어쩌다 인력거 회사 사장 딸인 후뉴虎妞와 하룻밤을 보내는데, 그만 후뉴가 덜컥 임신을 합니다. 후뉴는 결혼을 보채지만 샹쯔는 결혼을 하면 인력거를 살 수 없게 될까봐 난감해하며 마음을 정하지 못합니다. 그러던 어느 날 밤 인력거꾼들이 모이는 작은 찻집에서 한 사람의 늙은 인력거꾼을 만납니다.

이미 쉰댓은 되어 보이고 어중간한 길이의 벌집 모양으로 다 떨어진 솜저고리를 입고 있었는데, 깃과 팔꿈치는 다 해어져서 솜이 삐져나왔다. 얼굴은 얼마나 오랫동안 세수를 안 했는지 살색을 찾아볼 수 없었으며, 두 쪽 귀만 익어서 곧 떨어지려는 홍시처럼 새빨갛게 얼어 있었다. 떨어진 작은 모자 밑으로 푸석푸석한

흰머리가 헝클어져 뻗쳐 있었고, 눈썹과 짧은 수염 끝에 모두 얼음 구슬들이 매달려 있었다.

어디를 얼마나 돌아다니다 왔는지 주문한 차를 기다리던 늙은 인력거꾼은 기진해서 바닥에 넘어지고, 놀란 사람들은 설탕물을 늙은 인력거꾼의 입에 흘려 넣어 줍니다.

됐어요. 괜찮아요. 춥고 배가 고파서 잠시 머리가 핑 돌았던 게요. 아무것도 아니에요.

간신히 기력을 차린 노인이 뱃속이 비었다는 말을 하자 샹쯔는 재빨리 양고기로 속을 넣은 왕만두 열 개를 배추 잎에 받쳐 들고 왔습니다. 노인은 밖에서 기다리는 손자를 불러 같이 먹었습니다. 노인은 신세타령을 한 뒤 그래도 자기 인력거를 끌기 때문에 그럭저럭 돈이 벌리는 대로 먹고살아간다고 말하고 찻집 밖으로 나섰습니다.

샹쯔는 그 인력거를 보려고 첫 번째로 따라 나왔다.
무척 헐어 빠진 인력거로 널판의 칠이 좍좍 갈라졌고, 인력거 채는 닳아서 나무 무늬가 그대로 드러났다. 거기에 덜렁덜렁 소리 나는 깨진 등 하나가 달려 있었고, 지붕 천막을 받치는 막대는 노끈으로 칭칭 동여매져 있었다. 샤오마얼小馬兒(소마아. 노인의 손자)은 귀마개 속에서 성냥 한 개비를 찾아내어 신발 바닥에 대고 휙 그어서는 까마귀 같은 두 손으로 가려 받쳐 들고 등에 불을 붙였다. 노인은 손바닥에 침을 탁 뱉고 어업 기합 소리를 내면서 인력거 채를 들어 올렸다.

순간 샹쯔는 어떤 깨달음이 뇌리를 스치는 것을 느꼈습니다.

샹쯔는 문밖에 멍청하게 서서 이 노인과 소년, 그리고 그 헐어 빠진 인력거가 멀어져 가는 것을 바라보고 있었다. ……샹쯔는 점점 작아지는 말소리를 듣고 그림자를 보며, 여태까지 느껴 보지 못했던 괴로움이 엄습해 옴을 감지했다. 샤오마얼의 몸에서 자신의 과거를 보는 듯, 노인의 몸에서 자신의 미래를 바라보는 듯했다.

샹쯔는 갑자기 될 대로 되라는 심정으로 만사가 귀찮아지기 시작했습니다. 도대체 인력거 따위를 끌어서 무슨 대단한 미래를 기대할 수 있단 말입니까?

샹쯔는 극장 문밖에 잠시 서 있으려니 추워서 몸이 떨려 왔으나 다시 찻집으로 돌아가기는 싫었다. 그는 혼자서 조용히 생각해 보고 싶었기 때문이다. 그 노인과 소년은 자기의 최대 희망을 여지없이 깨뜨려 버리는 것 같았다. 그 노인은 자기 인력거를 갖고 있지 않느냔 말이야! 인력거를 끌기 시작한 날부터 자기 인력거를 사려고 작정했고, 지금도 그 목표를 향해 종일 이리 뛰고 저리 뛰는데, 자기 인력거만 있으면 모든 게 다 해결되리라고 믿고. 흥, 그런데 그 노인을 봐라! 어떤가?
후뉴를 아내로 얻으려 하지 않는 것은 내가 인력거를 사려는 소망이 있어서가 아닌가? 인력거를 사고 돈을 절약해서 깨끗하고 당당하게 마누라를 얻으려고 말이다. 그런데, 홍! 샤오마얼을 봐라! 나한테 자식이 있다고 해 봐야 그렇게밖에 더 될 성싶나!

그러나 일은 급박하게 돌아갔습니다. 샹쯔가 인력거를 끌어 주던 차오(曺) 선생의 뒤를 밟아 온 정보원에게 그때까지 꿍쳐 두었던 낙타 판 돈을 모두 빼앗기고 쫓겨난 뒤, 결국 후뉴에게로 가서 그녀와 결혼할 수밖에 없었습니다. 하지만 결혼하는 날 샹쯔는 후뉴가 자기와 결혼하기 위해 임신했다고 거짓말을 한 거라는 사실을 알게 됩니다. 하지만 어쩌겠습니까? 이미 엎질러진 물이니 샹쯔는 후뉴와 같이 살 수밖에 없었습니다. 두 사람이 세를 얻어 살고 있는 집은 여러 가구가 한데 어울려 사는 곳인데, 이곳은 당시 서민들의 고단한 삶의 현장이었습니다.

……단칸방에서 어떤 집은 아이, 늙은이 합쳐 일고여덟 식구가 산다. 이 사람들 중에는 인력거꾼도 있고 행상, 순경, 부잣집 하인 노릇 하는 사람도 있었다. 누구나 자기 일이 있었고 한가할 틈이 없었다.
…….
가장 가엾은 것은 노인과 부녀자들이다. 늙은이들은 입을 것도 먹을 것도 없이 얼음같이 차디찬 온돌에 누워서 젊은이가 몇 푼이라도 벌어 와 죽 한 그릇이라도 얻어먹기를 눈이 빠지도록 기다리는 것이 고작이다. 막노동하는 젊은이가 돈을 벌어 올 때도 있지만 빈손으로 돌아올 때도 있는데, 돌아와서는 화를 벌컥 내고 공연히 트집을 잡아 투덜거리고 신경질을 부린다. 그러면 늙은이들은 뱃속을 텅 비운 채로 눈물을 물 삼아 뱃속으로 꿀꺽 삼켜 버려야만 한다. 한편 부인네들은 늙은이도 돌봐야 하고, 어린 것들도 돌봐야 하며, 또 돈벌이하는 젊은 남편 눈치를 살피며 구슬려야 한다. 그들은 애를 배고도 먹는 것이라고는 옥수수빵과 고구마죽뿐으로 하루하루의 집안일을 여느 때와 똑같이 해야 한다.

그런 가운데 샹쯔는 인력거를 열심히 끌지만 좀처럼 사정은 나아지지 않고, 그 와중에 후뉴는 정말 임신을 하고 맙니다. 옆집의 늙은 인력거꾼 얼챵쯔二强子(이강자)의 딸 샤오푸쯔小福子(소복자)는 군인에게 팔려 갔다 버림받고 돌아와 식구들을 먹여 살리기 위해 후뉴의 도움으로 몸을 파는 일에 나섭니다. 샹쯔는 어느 더운 여름날 무리해서 인력거를 끌다가 소나기를 흠뻑 맞고 자리에 누워 한바탕 병치레를 합니다. 겨우 몸을 추스르고 나니 앞으로 살아갈 길이 막막합니다.

……그는 마음속으로 계산을 해 보았다. 자기가 끌면 매일 그럭저럭 평균해서 5, 60전 정도의 수입은 꼭 들어온다. 우선 옷값은 제쳐 놓고 방세, 식비, 연료비, 등잔 기름 값, 찻값 해서 두 사람이 사는 데는 그런대로 되지만, 그것도 매사에 절약을 해야 하며, 후뉴처럼 그렇게 규모 없이 낭비할 수는 없다. 지금 들어오는 임대료는 하루에 10 몇 전밖에 안 되므로, 약값을 빼고도 4, 50전은 앉아서 고스란히 까먹고 있는 셈이다. 만약에 병이 계속 낫지 않는다면 어떻게 해야 할 것인가?

겨우 몸을 추스르고 일어난 샹쯔는 거울에 비친 자신의 몰골을 보고 깜짝 놀랍니다.

온 얼굴에 수염이 제멋대로 뻗쳤고, 관골과 뺨은 움푹 패고, 두 눈은 쑥 꺼져 들어갔고, 그 홈집에는 주름 천지였다. 방 안은 덥고 답답했으나 마당으로 나갈 엄두가 안 났다.

이렇게 한바탕 홍역을 치르고 나자 한때 자신감에 차 있던 샹쯔도 느끼는 바가 있었습니다. "이제 20여 세밖에 안 된 내가 벌써 이렇게 웃음거리가 되면 3, 40세에 가서는 어떻게 될 것인가? 이런 생각이 들자 머릿속이 웅- 하며 진땀이 났다." 결국 후뉴가 애를 낳다 죽어 버리자 샹쯔는 뒷일을 처리하느라 인력거를 팔고 다시 빈털터리가 되었습니다.

그는 나가서 황스쯔黃獅子(황사자) 담배를 한 갑 사왔다. 온돌가에 앉아서 한 개비 불을 붙여 물었으나 피우고 싶은 생각이 없었다. 담배 끝에서 피어오르는 파아란 연기를 물끄러미 바라보고 있으려니 갑자기 눈물이 걷잡을 수 없이 뚝뚝 떨어져 내리는 것이었다. ……베이핑 성으로 나온 이래 몇 년 동안 직사하게 고생한 결과가 바로 이것이었다. 바로 이 모양, 이 꼴이었던 것이다. 울어도 울음소리가 나오지 않았다. 인력거, 인력거, 인력거는 자신의 밥그릇이었다. 샀다가 빼앗기고, 다시 샀다가 팔아 버렸다. 귀신 그림자처럼 계속 나타났다가 사라지므로 영원히 손에 꽉 쥐고 있을 수가 없는 것이다. 헛되이 그 고생과 억울함을 다 당하면서.

근대의 인력거 모습

없어졌다. 아무것도 없어졌다.

샹쯔는 사람이 달라졌습니다. 이전처럼 악착을 떨고 살지 않았고 주위 사람들과도 가급적 잘 지내려고 했습니다. 돈을 벌어 다시 인력거를 살 생각도 없었고, 미래에 대한 어떤 희망도 갖고 싶지 않았습니다. 그러다 예전에 찻집에서 만난 적이 있던 샤오마얼의 할아버지를 우연히 다시 만납니다. 샤오마얼은 이미 반년 전에 죽었고, 자기는 낡은 인력거를 팔아 매일 차와 과일 등속을 떼다가 정거장에 나와서 팔고 있다고 했습니다. 노인은 샹쯔에게서 그간의 일을 듣더니 다음과 같이 말했습니다.

……나만 해도 왕년에 체격 좋고 맘씨도 좋았지. 지금까지 그렇게 살아왔어야 요 모양 요 꼴밖에 더 됐나? 몸이 좋다고? 무쇠로 두드려 만든 사람이라도 우리가 뒤집어쓴 운명의 그물은 벗어날 수가 없지. 맘씨가 좋다고? 좋으면 뭐 하나! 좋은 일 하면 복받고 나쁜 일 하면 벌받는다고? 그런 일은 절대로 없어, 없고 말고!

노인의 말을 듣고 보니 샹쯔의 생각은 더욱 분명해졌습니다. 애당초 희망이란 그에게 당치 않은 것이었습니다.

노력해야 무슨 소용이 있느냐? 이렇게 지금처럼 구애받지 않고 거들먹거리며 되는 대로 살아가는 것이다. 먹을 것이 없으면 인력거를 끌고 나가고, 하루 먹을 양식 있으면 하루 쉬는 것이다. 내일 일은 내일 다시 보는 거다. 이렇게 사는 것이 한 방법이다. 이 방법밖에는 없다. 돈을 모아 인력거를 사 봤자 모두 남에게 빼앗아 가라고 준비해 놓는 셈밖에는 안 되는데, 뭣 하러 그 고생해 가며 살겠는가? 그날그날 되는 대로 즐기며 살아가는 거지, 뭐.

그의 생각에 결정타를 날린 것은 최악의 사창굴에 떨어졌다가 목을 맨 샤오푸쯔의 소식을 들은 것이었습니다. 이제 아무런 희망도 갖지 않게 된 샹쯔는 점차 영락零落해 인력거도 끌 수 없는 몸이 되었고, 신용도 잃어 인력거를 빌릴 수도 없는 신세가 되었습니다. 결국 샹쯔 역시 자신에게 들씌워진 운명의 굴레를 벗어날 수 없었던 것입니다.

현실주의 문학의 위대한 승리

라오서는 「나는 어떻게 『뤄퉈샹쯔』를 쓰게 되었는가」라는 글에서, 이 책의 중요한 모티프가 되는 두 사람의 인력거꾼에 대한 이야기를 언급한 바 있습니다. 한 사람은 인력거를 사고팔기를 세 번이나 되풀이했으나 결국 가난에 시달렸고, 다른 한 사람은 군대에 잡혀 갔다가 몰래 낙타 세 마리를 끌고 돌아왔다는 것입니다. 이 두 사람의 이야기를 골자로 낙타의 습성과 인력거꾼에 대한 조사를 통해 주인공인 샹쯔의 인물 형상을 빚어낸 것입니다.

구상이 끝나자 라오서는 1937년 1년 동안 이 작품을 《우주풍》宇宙風이라는 잡지에 매달 두 꼭지씩 연재해, 1년 만에 24장을 모두 발표했습니다. 연재가 끝난 뒤 라오서는 이 소설에 대해 만족감을 표했는데, 그 이유는 다음과 같습니다.

> 첫째, 이야기 줄거리가 내 마음속에서 상당히 오랜 기간에 걸쳐 숙성되어 왔으며, 수집한 자료도 상당히 많았으므로 펜을 들어 쓰기만 하면 쓸데없는 군더더기는 쏙 빠지고, 영락없이 그대로 깨끗하게 정확히 과녁을 꿰맞추는 것이다. 둘째, 저술만 업으로 삼았으므로 종일 마음속으로 생각하는 것이라고는 이 저술이라는 일밖에 없었고, 따라서 매일 원고지에 긁어 대는 것은 1, 2천 자밖에 안 되었다 해도 펜을 놓고 있을 때도 마음속으로는 쉬지 않고 사색을 계속했다. 사색하는 시간이 길었기 때문에, 펜촉에서는 눈물과 핏방울이 흘러나올 수 있었던 것이다.
>
> 라오서, 「나는 어떻게 『뤄퉈샹쯔』를 쓰게 되었는가」

그래서 라오서는 이미 발표한 이 소설에 절대 손을 댈 생각이 없었습니다. 하지만 세상일은 그의 뜻대로 돌아가지 않았습니다.

『뤄퉈샹쯔』는 중국의 현대문학 작품 가운데 외국 독자들에게 가장 잘 알려진 소설로, 1945년 '릭쇼 보이'Rickshaw Boy라는 제목으로 영역되어 그해에 미국의 '이달의 책 클럽'Book of the Month Club 에 의해 올해의 책으로 선정되었습니다. 그다음 해인 1946년 라오서는 미 국무부 초청으로 미국으로 건너가 이 사실을 알고 놀랐는데, 그를 더욱 놀라게 한 것은 결말 부분이 해피엔딩으로 개작되었다는 사실이었습니다. 그만큼 『뭐뭐샹쯔』의 결말은 사람들의 마음을 불편하게 했던 것입니다. 하물며 사회주의의 기치를 내걸고 새롭게 땅띔을 한 이른바 '신중국'에서야 더 말할 게 없었습니다.

  라오서는 이 소설을 탈고하고 자신이 쓴 가장 훌륭한 소설이라 자부했지만, 나중에 그는 몇 차례에 걸쳐 이 소설을 수정했습니다. 첫 번째로 문제가 된 것은 작품 가운데 나오는 기회주의적인 면모를 보이는 롼밍阮明(완명)이라는 공산주의자에 대한 묘사였습니다. 단순히 게으름 때문에 학점을 못 따고 샹쯔가 모시는 차오曹 선생을 고발한 그는 나중에 샹쯔의 밀고로 처형됩니다. 그는 자신의 사상을 자기 행동을 합리화하는 수단으로 이용할 뿐인 애당초 철저한 혁명가와는 거리가 먼 인물이었습니다.

> 그러나 롼밍의 생각은 달랐다. 이런 형편없는 세상에서 뜻 있는 청년이라면 응당 무엇인가 혁명 사업을 해야 하며, 학교 성적 같은 것은 잠시 내팽개쳐 두어도 괜찮다는 생각이었다. 그가 차오 선생을 잘 찾아가는 이유는 첫째는 피차에 그래도 이야기가 통하고, 둘째는 감정을 빌미로 자기가 시험을 얼마나 형편없이 치든 간에 유급은 면할 수 있는 성적을 받기 바라는 계산에서였다.
>
> 그러나 시험 때 차오 선생은 롼밍에게 그대로 낙제 점수를 주었다. ……그는 다른 일에 열중한 나머지 학문을 경시했다. 그렇기

때문에 어느덧 나태 벽이 붙었고, 노력하지 않고 사람들의 존경과 지지를 얻는 일만 생각했다. 자신의 사상은 진보적이다, 그러므로 그 이상 더 말할 것이 없지 않느냐는 것이었다. 그런데도 차오 선생이 점수를 안 준 것은 뜻 있는 한 청년을 잘못 본 것이라는 훌륭한 증거가 된다.

결국 롼밍은 차오 선생을 증오해 "평소에 그가 잡담할 때 한 이야기 중에서 정치와 사회 문제에 관한 말만 추려 초록을 만들어 가지고 국민당 정부에 고발"했습니다. 이 때문에 차오 선생은 일시 피신을 합니다. 나중에 롼밍은 공무원이 되어 "자기가 전에는 타도해야 마땅하다고 보았던 여러 일을 한껏 즐기고 있었"습니다. "그는 멋진 양복을 입고 기생을 사고 도박에 손을 대고 아편을 피우는 데까지 이르렀"던 것입니다.

언필칭 사회주의 중국에서 공산주의자에 대한 이러한 묘사는 그 사실의 진위와 무관하게 허용되기 어려운 것이었습니다. 결국 라오서는 1955년에 나온 이 소설의 수정본에서 자아비판 비슷한 후기를 덧붙입니다.

이 책은 이미 상당수의 중판을 거듭했다. 이번에 나온 새 판에서는 그리 정결하지 못한 말들과 지루한 서술들을 모두 빼 버렸다. 이것은 내가 19년 전 옛날에 쓴 옛 작품이다. 이 책 속에서 나는 비록 고통에 헤매는 인민들을 동정하고 그들의 좋은 품성을 사랑하기는 했지만, 그들이 삶을 헤쳐 나갈 수 있는 출로를 터 주지 않았다. 그들은 고통스럽게 살아갔으며 억울하게 죽어 갔을 뿐이다. 이것은 모두 내가 당시 사회의 캄캄한 절망의 단면만을 보았을 뿐, 혁명의 광명을 보지 못하고 혁명의 진리를 깨닫지 못한 데서 온 것이었다. 당시의 도서 검열이 하도 심해서 나로 하여금 조심할 수밖에 없게 만들었고, 인간이 반란을 일으켜야 한다는 이야기를 감히 철저하게 할 수 없었다. 책이 나오고 얼마 안 되어 노동 인민들은 나에게 다음과 같은 반응을 보여 주었다. "이 책대로라면 우리는 너무 괴로워요. 너무 희망이 없어요." 이러한 반응은 나에게 심한 죄책감을 불러일으켰다. 1955년본 『뤄퉈샹쯔』, '후기'

두 번째 문제는 역시 비극으로 끝나는 결말 부분이었습니다. 흔히 '리얼리즘'이라고도 부르는 '현실주의'는 구체적인 사실에 대한 묘사를 통해 그 시대의 총체적인 모습을 조망해 볼 수 있는 문학적 원리라 할 수 있습니다. 라오서가 원하든 원하지 않았든 그가 『뤄퉈샹쯔』를 쓰기 위한 구상을 하고 실제로 집필에 들어간 과정은 모두 '현실주의' 문학 원리에 부합하는 것으로 이해할 수 있습니다. 그래서 뒤에 이 소설을 두고 벌어지는 논쟁들은 모두 현실주의 미학에 입각한 것이었습니다.

……그러면서 사건은 보다 복잡하게 보다 빠른 템포를 가지고 얽혀 들어온다. 그러면서 샹쯔는 점점 자기 자신을 감당할 수 없게 된다. 자기의 비극이 자기만의 비극이 아니라 사회의 비극이라는 엄청난 사실을 깨닫는다. 나 혼자의 발버둥이 결국 이 거대한 사회의 부조리 속에 삼켜지고 마는 무의미한 것임을 깨닫는다. 그러나 이러한 깨달음 속에서 그가 배우는 것은 타협이 아니다. 만

> 약 이 작품이 그러한 '타협'으로 끝났다면, 이 작품은 하나의 통속 작품에 지나지 않았을 것이다. ……그러나 『뤄퉈샹쯔』의 위대성은 그러한 타협이 아니라 '처절하도록 가슴 아픈 좌절과 타락'의 길만으로 샹쯔의 삶을 관철시켰다는 데 있다. ……샹쯔를 이렇게 만든 병든 중국 사회를 라오서는 철저히 증오하는 것이다. 여기에 바로 라오서 리얼리즘 문학의 고도의 예술성이 있는 것이다. 김용옥, 「잔잔한 미소, 울다 울다 깨져버린 그 종소리」, 『루어투어 시앙쯔』

1942년 4월 마오쩌둥毛澤東(모택동)은 「옌안 문예좌담회에서의 강화」在延安文藝座談會上的講話를 발표하는데, 여기서 마오쩌둥은 5·4운동 이래 이어져 온 혁명문학에 대한 논쟁을 종결짓고 이후 중국 문학이 나아가야 할 방향을 제시했습니다. 이른바 '문예강화'의 요점은 '문학과 예술은 누구에게 어떻게 봉사해야 하는가'라는 것이었습니다. 이에 대해 마오쩌둥은 모든 문학 작품은 정치 기준이 예술 기준에 앞서며, 노동자와 농민, 병사를 위해 봉사해야 한다고 결론지었습니다.

사회주의 신중국 수립 이후 교조적인 입장에 선 비평가들은 "라오서의 비극성을 단순한 혁명적 주체 의식이 없는 수동성 내지는 사회악의 개혁 의지가 없는 체념성으로 휘몰아쳤고, 라오서는 자아비판의 대상이 되었"습니다.(김용옥, 「잔잔한 미소, 울다 울다 깨져버린 그 종소리」, 『루어투어 시앙쯔』) 결국 1966년 문화대혁명이 일어나자 라오서는 그 광풍을 피하지 못하고 어린 홍위병들에게 심한 모욕을 당했습니다.

1966년 8월 24일, 67세의 라오서는 가족들에게 외출한다며 집을 나섰습니다. 그리고 하루 종일 돌아오지 않았습니다. 다음 날 아침 라오서의 부인에게 베이징사범대학 남쪽에 있던(현재는 매립되었음) 타이핑후太平湖(태평호)에 가 보라는 전화가 왔습니다. 급히 달려간 가족들은 그곳에서 라오서의 시신을 발견했습니다. 사인은 익사라고 했으나 유체에는 물이 묻어 있지 않았으며, 복부에도 물이 고여 있지 않았다고 합니다. 20세기 중국 현대문학사에서 가장 빛나는 별 가운데 하나인 라오서는 이렇게 생을 마감했습니다.

중국 자본주의의 형성과
민족자본의 몰락

새벽이 오는 깊은 밤 子夜

1928년   10월, 장제스가 국민정부 주석으로 취임.
1930년   3월, 좌익작가연맹 결성(루쉰, 마오둔 등 문인 50여 명이 모여 결성). 5월에서 10월까지 군벌들의 중원대전中原大戰.
1931년   9월, 9·18사건(만주사변 혹은 류탸오거우 사건) 발발. 11월, 중국공산당, 중화소비에트공화국 임시 중앙정부 수립.
1932년   1월, 1·28사건(상하이사변). 만주국 건국 선언(푸이 집정).
1933년   7월, 장제스, 공산당군에 대한 '제5차 포위 공격'. 마오둔, 『새벽이 오는 깊은 밤』 발표.

국민정부의 수립과 남북대전

1928년 10월 국민정부를 수립한 쟝졔스는 북벌의 완수를 선언했지만, 그 후에도 쟝졔스의 난징 정부 앞에는 여전히 많은 과제가 산적해 있었습니다. 사실상 북벌의 완수는 명목적인 것이었을 뿐, 전국 각지에는 크고 작은 군벌들이 여전히 할거하고 있었습니다. 쟝졔스에게 가장 시급한 과제는 각 군벌들 간의 이해관계를 조정하면서 중앙 정부의 통일적인 권력체계를 확립하는 것이었습니다. 아울러 방대한 군사력을 유지하는 데도 막대한 자금이 필요했으나 세금 징수 등에 필요한 행정체계가 무너진 상태에서 이를 조달하는 데 큰 어려움이 있었습니다. 이런 난제들을 해결하기 위해 국민정부는 몇 가지 조치를 단행했습니다.

우선 국민당은 1928년 난징에서 열린 제2기 5차 중앙위원회 전체회의(5중전회)에서 첫째 '훈정개시訓政開始·오원입안五院立案'과 둘째 '군사정리안'軍事整理案을 제기했습니다. 일찍이 쑨원은 중국 혁명의 과정을 군정기軍政期와 훈정기訓政期, 헌정기憲政期의 3단계로 나누어 수행해야 한다고 주장한 바 있습니다. 비록 신해혁명의 성공으로 청 왕조가 역사에서 사라졌으나, 그것이 곧바로 민주공화정으로 이어지지 않았던 현실이 쑨원으로 하여금 이런 생각에 이르게 했다고 볼 수 있습니다. 무력에 의한 혁명 완수는 반쪽뿐인 성공이고, 각성한 인민이 있어야 제대로 된 혁명을 수행할 수 있다는 것입니다. 쟝졔스는 국민정부의 수립으로 무력을 통한 중국 통일 기간인 '군정기'가 끝나고, 이제 바야흐로 인민을 교육시켜 자치로 이끌 수 있는 '훈정기'가 도래했다고 선언했습니다.

국민혁명군 병사들의 허베이 진군

국민정부는 이른바 '훈정 강령 6조'를 반포했으니, 이것은 국민당 훈정 지배의 기본법이 되었습니다. 이와 동시에 반포된 '국민정부조직법'에서는 중화민국의 통치권을 국민정부가 총람하고, 입법·사법·행정·고시·감찰의 오원五院을 두어 정부 권력을 분할 집행했습니다. 이것은 사실상 서구의 '삼권 분립'에 관리 선발 시험인 '고시'와 관리의 탄핵과 재정 감사를 맡아보는 '감찰'을 추가한 것입니다. 이러한 아이디어 역시 쑨원에게서 나온 것인데, 쑨원은 중국의 전통적인 과거 제도를 통한 인재 등용과 그에 대한 관리 감독 제도의 중요성을 인식하고 외래적인 것과 전통적인 것을 적절하게 잘 조화시키려 했습니다. 따라서 외양만 놓고 보자면 이 제도는 균형이 잘 잡혀 있어 별로 나무랄 데 없어 보이지만, 실질적으로는 국민당이라는 유능한 현인이 우매한 민중의 정치적 권리를 대행하는 것으로, 사실상 국민당 일당 독재에 지나지 않는다고 해도 과언이 아니었습니다.

아울러 '훈정기'의 3대 역점 사업으로는 '정치 건설', '경제 건설',

'교육 건설'이 제시되었는데, 이 가운데서도 국가의 모든 사업을 물질적으로 뒷받침하기 위해 '경제 발전 계획'이 가장 시급하게 추진되었습니다. 여기서 한 걸음 더 나아가 경제 발전의 가장 중요한 목표는 사회의 안정이며, 이를 위한 선결 과제로 '군비 절감'과 '재정 안정화'가 공표되었습니다. 사실상 '군비 절감'은 당시 각지에서 여전히 할거하던 군벌들 모두에게 절실한 문제였습니다. 당시 전국에 흩어져 있는 군대의 숫자는 약 200만 정도로 추산되었는데, 이 정도 규모의 병력을 유지하기 위해 1928년 기준으로 정부 재정의 약 48퍼센트에 이르는 비용이 소요되었습니다. 이 비용은 당시 군벌들 모두에게 엄청난 부담이었으므로, '군비의 삭감'을 의미하는 '재병'裁兵 문제는 누구도 이의를 제기할 수 없는 현안 가운데 하나였습니다. 그러나 딜레마는 이러한 문제를 공통적으로 인식하고 있었음에도 누군가 먼저 나서서 그것을 실행에 옮기기 어렵다는 데 있었습니다.

그럼에도 1929년 군비 삭감을 위한 제1차 편견회의編遣會議가 소집되어 군벌들이 한자리에 모였습니다. 여기에서 '편'은 '편성'을 의미하고 '견'은 '흩어 버린다'遣散는 뜻으로, 결국 기왕의 군대를 정리하고 새롭게 중앙군으로 재편한다는 것을 의미합니다. 회의 결과 총 200만에 이르는 병력을 80만으로 대폭 줄이고 병기와 군비는 모두 중앙 정부에서 지급받으며, 무기의 제조 및 사유를 금하는 등의 사항들이 결정되었습니다. 문제는 그것을 실행으로 옮기는 것이었습니다. 나아가 이러한 조치는 지방 군벌의 세력을 약화시키고 쟝제스의 권력을 강화하는 것으로 이해되었습니다. 결국 몇몇 군벌이 회의 도중 자리를 박차고 나가는 일이 벌어졌습니다.

이제 군벌들 사이의 일전은 피할 수 없는 일이 되었습니다. 제1차 회의가 끝난 지 한 달 뒤인 1929년 2월에 광시廣西(광서) 군벌의 선공에 이어 11월에는 펑위샹馮玉祥(풍옥상)이 쟝졔스의 토벌을 선언했습니다. 하지만 이것은 모두 개별 군벌들이 우발적으로 일으킨 소요 사태에 지나지 않아 금방 진압되었습니다. 군벌들 사이의 최대 결전은 1930년 5월부터 10월 사이에 치러진 이른바 '중원대전'中原大戰이었습니다. 이것은 난징에 있는 쟝졔스군과 베이핑을 중심으로 한 반反쟝졔스군의 대치로 '남북대전'이라고도 불리는데, 초기에는 병력 등에서 열세였던 쟝졔스군이 불리한 상황이었습니다. 그러나 9월이 되자 엄청난 반전이 일어났습니다. 그때까지 사태를 관망하던 동북 군벌 장쉐량張學良(장학량)이 돌연 쟝졔스 지지를 선언하고 연합군의 배후를 공격한 것입니다.

남진한 장쉐량의 군대가 톈진과 베이핑을 점령하니 연합군 세력은 순식간에 소멸되고 말았습니다. 그러나 장쉐량의 군대 역시 쟝졔스에게 맞서기에는 아직 힘이 부족했습니다. 결국 '남북대전'으로 쟝졔스의 군대는 비로소 다른 군벌들에 대한 군사적 우위를 확보할 수 있었습니다. 그러나 이것으로 끝이 아니었습니다. 비록 군벌들의 준동蠢動을 진압하긴 했지만, 난징의 국민정부가 나아갈 길은 아직 멀기만 했습니다. 무엇보다 오랜 기간 혼란에 빠져 있던 중국 사회를 안정시키기 위해 가장 시급한 것은 재정 적자의 보전이었습니다. 결국 쟝졔스가 군벌들과의 마찰을 불사하면서까지 '군사정리안'을 내놓은 것은 엄청난 규모의 군사비를 줄이기 위한 것이었습니다. 이에 비하면 지방 군벌 세력을 약화시키는 것은 오히려 부차적인 이유에 불과했는지도 모릅니다.

상하이, 중국 사회가 안고 있는 모순의 축도縮圖

태양이 막 지평선 아래로 떨어졌다. 부드러운 바람이 살랑살랑 사람들의 얼굴을 간질였다. 혼탁한 쑤저우허蘇州河(소주하) 강물은 황록색으로 변해서 고요히 서쪽으로 흐르고 있었다. 어느새 밀려왔는지 저녁 밀물이 황푸 강黃浦江(황포강)까지 차올라, 쑤저우허 양안에 줄지어 매어 있는 각양각색의 배들의 갑판이 부두보다 약 반 자 정도 높게 떠올라 있었다. 강 언덕 공원에서 음악 소리가 바람결에 실려 왔다. 콩을 볶는 듯한 꽹과리 소리가 가장 선명했고, 또한 사람들을 흥분시켰다. 쑤저우허를 가로지르는 공원 철교의 높이 솟은 아치형 난간은 저녁노을과 옅은 안개에 둘러싸여 어렴풋하게 자태를 드러내고 있었다. 전차가 지나가자 난간 아래쪽에 가로걸린 전깃줄에서 새파란 불꽃이 튀었다. 다리 위에서 동쪽을 바라보면 포구의 창고 건물이 마치 거대한 괴수처럼 황혼 속에 웅크리고 있었고, 그 건너로 수백 개의 등불이 눈동자처럼 반짝이고 있었다. 서쪽에는 서구식 빌딩의 옥상 위에 설치된 높다란 네온사인 광고판에서 'Light, Heat, Power!'(전력회사의 광고판 문구임)라는 글자가 붉고 푸르게 명멸하고 있어서, 사람들을 무척 놀라게 했다. 『새벽이 오는 깊은 밤』

상하이上海가 주요한 도시로 떠오른 것은 근대 이후입니다. 비록 도시의 역사는 춘추전국시대까지 거슬러 올라가지만, 아편전쟁 이전의 상하이는 비교적 규모가 작은 항구 도시에 지나지 않았습니다. 아편전쟁에서 승리한 영국은 대륙 침공의 교두보를 확보하기

1920년대의 상하이 모습

위해 광저우廣州(광주)와 샤먼廈門(하문), 푸저우福州(복주), 닝보寧波(영파), 상하이, 이렇게 다섯 항구 도시의 문호 개방을 요구했습니다. 상하이의 개항이 선언된 뒤 1845년 영국은 토지장정土地章程을 반포해 토지를 영국 상인이 영구히 차지하는 권리를 확보했는데, 이것이 영국 조계租界의 시작입니다. 이것을 빙계로 프랑스, 미국 등의 국가들 역시 상하이에 조계를 두어 조계의 영역이 점차 확대되었습니다.

그러나 태평천국과 같은 민란이 거듭 일어나 피신처를 찾는 난민들이 이들 조계지로 흘러 들어오면서 서구 열강은 자신들의 조계지를 수비하기 위한 의용군을 조직하는 한편 자국 군대를 주둔시켰습니다. 그리하여 조계지 안의 입법·사법·경찰권 역시 이들 서구 열강의 손에 좌지우지되는 지경에 이르러, 조계는 중국의 주권 행사가 가능하지 않은 일종의 섬처럼 고립되었습니다. 황푸 강 연안의 거리에는 서구식 건축물이 즐비하게 늘어서고, 대형 화물선들이 황푸 강을 드나들어 성황을 이루었습니다. 그리하여 상하이는 일찍이

'동양의 파리'라는 명성을 얻었으니, 당시 중국의 어느 도시보다 서구의 문물들로 넘쳐 난 첨단 도시였습니다.

> 자동차(1930년식 시트로엥 석 대), 전등과 선풍기, 라디오, 양옥집, 소파, 총(브라우닝 권총 한 정), 시가, 향수, 하이힐, 미용실, 하이알라이jai alai 경기장, 그래프턴 실크 실, 플란넬 슈트, 1930년 파리 사람의 여름옷, 일본과 스위스 제 성냥, 은제 재떨이, 맥주병과 사이다병, 그리고 춤(폭스트롯과 탱고), '룰렛, 매음굴, 경견競犬, 낭만적인 터키탕, 무희와 영화배우들 같은 온갖 오락거리'. …… 이것들은 마오둔이 자신의 소설 경관 속에 집어넣음으로써 묘사하고 이해하고자 했던 새로운 리얼리티 중 일부다. 간단히 말해 이것들은 중국의 근대화 과정을 상징하는 것이자, 또한 마오둔과 같은 한 시대를 대표하는 도시 작가가 그러한 번영 앞에서 갖는 초조함과 모순된 심리를 상징하는 것이다. 리어우판,『상하이 모던』

중국 최초로 가스 공급이 이루어지고 발전소와 상수도가 건설되었으며, 전화가 보급되었습니다. 부두와 창고가 속속 들어서고, 서양식 주택과 근대적인 공장, 그리고 학교가 들어섰습니다. 1872년에는 중국 최초의 중국어 신문인 《신보》申報가 발행되었고, 상무인서관商務印書館과 중화서국中華書局, 세계서국世界書局 등 유명한 출판사들이 세워져 명실공히 중국 출판문화의 중심지가 되었습니다. "1840년에서 1911년 사이에 간행된 서양 서적 561종 가운데 434종이 상하이에서 출판되었고, 1899년에서 1911년 사이에 간행된 정기 간행물 중 40퍼센트 이상이 상하이에서 나왔습니다. 상하이는 근대문학의 중심지이기도 했고, 영화 제작의 중심이기도 했습니다."(이일영,「제1장 상하이 개관」,『현대도시 상하이의 발전과 상하이인의 삶』)

하지만 조계의 발달로 중국 정부의 사법권이 제대로 미치지 못했던 상하이는 다른 도시에 비해 치안이 허술해 여러 다양한 범죄의 온상이기도 했습니다. 청방靑幇과 홍방紅幇 같은 비밀 결사가 성행했고, 남의사藍衣社 같은 국민당 특무 조직이 공산당 세력을 분쇄하기 위해 암약暗躍하고 있었습니다. 여기에 일확천금을 노리고 몰려든 마약 밀매상과 건달, 매춘부 등 사회의 독버섯 같은 존재들이 거리의 뒷골목을 주름잡고 있었습니다. 이들뿐 아니라 새로운 사회를 건설하려는 희망을 품은 혁명가들 역시 그들과 고락을 함께 했습니다.

하지만 무엇보다 상하이는 신해혁명 이후 막 태동한 자본주의의 첨병으로서 근대 공업의 중심지였습니다. 중국의 자본주의는 비교적 짧은 기간에 비약적으로 발전해 도시 및 일부 농촌 지역에서는 빠른 속도로 단순 상품 생산에서 자본주의적인 생산으로 전환했습니다. 하지만 이에 못지않게 제국주의 세력의 경제 침탈 역시 가속화되어 외국 자본이 투자한 중국 내 현지 공장 또한 급격하게 늘어갔습니다. 그러나 그 내용을 보면 중국의 공업은 경공업 위주로 발달한 반면 중공업 분야는 제국주의 세력에 의해 지배되고, 금융은 산업과 동떨어진 공채 투기에 의존하는 등 기형적인 형태로 발전하고 있었습니다.

그러나 이러한 상황이 중국 사회를 근본적으로 변화시키지는 못했습니다. 그것은 여전히 중국 사회를 옥죄고 있는 봉건적인 요소와 제국주의 세력의 압박 때문이었는데, 그로 인해 자본의 원시적

축적을 통해 막 태동한 민족공업은 국민경제에서 주도적인 지위를 차지하거나 주도적인 역할을 하지 못했습니다. 당시 중국 공업의 중심지였던 상하이 역시 상황은 다르지 않았습니다. 일찍이 1925년 5월 30일에 상하이에서 일어난 대규모 노동자 시위(이른바 '5·30 사건')가 제국주의 군대에 의해 분쇄된 것은 바로 이러한 사실을 웅변으로 보여 주는 하나의 사례라 하겠습니다. 중국에서의 자본주의 발전이 이러한 한계를 갖고 있었다 해도 사회 발전 자체에 대해서는 커다란 의의가 있었습니다. 어찌 되었든 중국 내에서 자본주의적인 생산 양식이 자리 잡고, 이를 통해 대규모의 생산 발전이 가능해졌다는 점은 중국에서 민족 민주 경제가 수립될 수 있는 물적 토대가 마련되었다는 사실을 의미합니다. 이러한 물적 기초야말로 새로운 민주주의 사회를 수립하고 혁명을 지속할 수 있는 중요한 계기인 것입니다.

무엇보다 자본주의의 발전은 필연적으로 도시의 산업 노동자를 증가시켰고, 이렇게 성숙한 노동자층은 하나의 사회적 역량으로 발전해 민중 운동을 확산시키는 데 큰 역할을 했습니다. 다른 한편으로 공업과 금융은 이들에 맞서 집중화 현상을 보이면서 매판자본주의가 중국 내에서 서서히 그 존재를 드러냈습니다. 이들은 관료들과의 결탁을 통해 이른바 관료 자본가라 부르는 독특한 형태의 사회 계층을 형성하고, 국민당 정부는 이들의 손에 좌지우지되는 상황이 벌어졌습니다. 그런 와중에 1929년 경제 공황이 세계를 휩쓸었습니다. 제국주의 국가들은 이 위기를 벗어나기 위해 중국에 대한 정치적·경제적·군사적 침탈을 더욱 가속화했습니다. 경제 공황으로 어려움에 처한 각국은 자국 내의 근로 대중에 대한 착취를 강화하는 한편, 대외적으로는 본격적으로 식민지에 대한 수탈에 나섰습니다. 그리하여 이들 제국주의 세력의 식민지와 반(半)식민지 국가들은 경제 공황의 전가로 인한 '무거운 짐'을 대신 질 수밖에 없었습니다.

'남북대전'이 일어난 것은 바로 세계 대공황과 맞아떨어진 시기였으니, 비록 내전의 승리로 군벌들의 준동을 저지하고 진압하긴 했지만 난징의 국민정부가 나아갈 길은 아직 멀기만 했습니다. 이렇듯 '내우외환'이라는 말에 걸맞게 쟝졔스 정권을 둘러싼 국내외의 여건은 결코 녹록지 않았는데, 이런 상황을 타개하기 위해 쟝졔스 정권이 내세운 정치 이념은 '국내의 안정을 도모하고 외부의 적을 몰아낸다'安內攘外는 것이었습니다. 앞서 말한 대로 국내를 안정시키는 데 가장 급선무는 재정 적자를 보전하는 것이었는데, 신해혁명 직후 쑨원을 몰아내고 총통의 자리에 올랐던 위안스카이를 괴롭혔던 것도 바로 그의 존립 근거였던 군사력을 유지하기 위한 자금 조달 문제였습니다. 결국 위안스카이는 외국의 차관으로 이 문제를 해결하려다 오히려 외세에 발목이 잡혀 몰락했던 것이니, 난징 정부는 이러한 전례를 거울삼아 외세에 의존하지 않고 스스로 세수 증가에 전력을 기울였습니다.

이를 위해 난징 정부는 불평등 조약에 의해 제국주의 세력의 손에 넘어간 관세 자주권을 회복하는 한편, 공채를 발행해 재정 문제를 해결하려 했습니다. 그러나 상황은 그리 호락호락하지 않았습니다. 서구 열강들 역시 자신들의 이익을 실현하기 위해서는 중국이 통일될 필요가 있었기 때문에 난징 정부의 요구대로 관세 자주권을 승인하긴 했지만, 관세는 외국에 지고 있는 채무 상환을 위한 유일한 보증이었기 때문에 완벽한 의미에서의 자주권 회복이라 부르기에는 무리가 있었습니다. 아울러 '남북대전' 등으로 혼란상이 이어지자 기업가와 대지주, 자본가들은 자신들이 갖고 있는 재산을 모두 공채 투기에 쏟아부었습니다.

당시의 상하이는 이런 모든 상황이 중첩된 하나의 축도縮圖라 할 수 있습니다. 한편으로는 열강들의 조계지를 중심으로 서구의 문물이 들어와 번성했던 국제도시로, 외국 기업과 매판자본가들이 활발하게 기업 활동을 벌이는 중국 자본주의의 첨병이었고, 다른 한편으로는 이들 외세 기업가들의 가혹한 착취와 열악한 노동 조건으로 인해 노동 쟁의가 끊이지 않았던 중국 노동 운동의 중심지였습니다. 그리고 군벌들 간의 잦은 전쟁과 그로 인한 기아와 질병 등을 피해 몰려든 이농민들이 거대한 빈민층을 이루는 아수라장이었습니다.

마오둔, 1930년대의 화가

중국 현대문학계의 태두인 마오둔茅盾(모순, 1896~1981)의 『새벽이 오는 깊은 밤』子夜은 바로 이러한 시대 배경 아래 상하이를 무대로 벌어졌던 갖가지 사건을 토대로 한 작품입니다. 마오둔의 본명은 선더훙沈德鴻(심덕홍)으로, 저쟝 성 퉁샹 현桐鄕縣(동향현)에서 당시로서는 상당히 개명한 집안에서 태어났습니다. 1913년에 중학교를 졸업하고 베이징대학 예과에 입학했지만, 넉넉지 못한 가정 형편 때문에 예과를 수료한 뒤 이내 학업을 중단하고 1916년 21세 때 상하이 상무인서관의 편역소編譯所에 취직했습니다. 마오둔은 출판사에서 일하면서 독학으로 많은 책을 읽고 영어를 공부하는 한편, 상무인서관에서 펴내는 《학생잡지》에도 꾸준하게 글을 투고했습니다.

그 당시는 신해혁명이 실패로 돌아가고 위안스카이가 황제의 자리에 오르기 위해 갖은 무리수를 다 동원하던 때로 지식인과 학생들이 일종의 패배

마오둔

의식에 사로잡혔던 시기였습니다. 그렇게 가라앉은 분위기를 일신하기 위해 일군의 젊은 지식인들은 천두슈陳獨秀(진독수)가 펴내는 《신청년》잡지를 중심으로 '문학혁명' 운동을 일으켰습니다. 이것이 하나의 기폭제가 되어 1919년의 5·4운동으로 이어졌으나 결국 외세의 힘에 의해 진압되었고, 중국의 미래는 한 치 앞도 내다볼 수 없는 '깊은 한밤중'子夜 같은 어둠 속에 빠져들었습니다. 그럼에도 젊은이들은 희망을 잃지 않았습니다. 오히려 어둠이 깊을수록 저 멀리에서 한 가닥 희미한 여명의 불빛이 자신들을 비추고 있다는 사실을 깨달았습니다.

1921년 1월 마오둔은 정전둬鄭振鐸(정진탁), 저우쬐런周作人(주작인) 등과 함께 중국 신문학 운동 최초의 문학 단체인 '문학연구회' 결성에 참여했습니다. '문학연구회'는 '사실주의 문학'과 '인생을 위한 문학'을 모토로 하는 문학 단체로, 마오둔은 당시 자신이 편집을 맡고 있던 《소설월보》를 '문학연구회'의 기관지로 변모시켰습니다.

당시만 해도 마오둔은 아직 창작을 시작하지 않았고, 주로 외국 문학을 번역하고 소개하는 데 치중했습니다. 그때까지 마오둔은 여타의 지식인들과 마찬가지로 사회진화론에 빠져 있었고, 에밀 졸라의 자연주의와 이폴리트 텐트의 문학사회학의 영향을 많이 받았습니다. 그러나 이 시기에 마오둔은 마르크스주의와 접촉하면서 점차 사상적인 전변轉變을 겪습니다.

1925년 5월 30일 상하이에서는 노동자들의 대규모 파업이 일어나 많은 노동자가 사망하고 중상을 입는 대참사가 일어났습니다. 이것이 중국에서 일어난 최초의 반제국주의 운동이라 평가받는 '5·30운동'으로, 마오둔은 그 이듬해에 상하이를 떠나 광저우로 가서 국민당 선전부의 비서가 되었습니다. 원래 선전부장은 왕자오밍汪兆明(왕조명)이었으나 쟝졔스와의 알력으로 프랑스로 떠나 버리고, 그때는 마오쩌둥이 대리직을 맡고 있었습니다. 그러나 국민당이 우파와 좌파로 나뉘어 갈등을 빚자 1927년 1월 다시 광저우를 떠나 우한武漢(무한)으로 가서 《민국일보》 주필을 맡아보며 '국민대혁명'을 적극적으로 선전했습니다.

그러나 1927년 '4·12쿠데타'로 '국공합작'이 결렬되고 국민당이 공산당원들을 무차별적으로 체포하고 나서자 마오둔 역시 구링牯嶺(고령)으로 피신했습니다. 그곳에서도 신변의 위협을 느낀 마오둔은 다시 상하이로 돌아갔습니다. 이때 신해혁명 이후 그 당시까지의 상황을 반추하고 분석하는 시간적인 여유를 얻는데, 아무런 수입이 없었던 마오둔은 내친김에 생활비를 벌기 위한 방편으로 소설 창작에 나섭니다. 그리하여 최초의 소설 『환멸』을 자신이 관여했던 《소설월보》에 연재하는데, 이것을 계기로 마오둔은 본격적으로 전업 작가의 길에 들어섭니다. 마오둔은 당시의 심경을 다음과 같이 토로한 바 있습니다.

> 나는 진실로 생활 속에 들어가 격동기 중국의 가장 복잡했던 인생의 1막을 경험했다. 그러나 끝내는 환멸의 비애와 인생의 모순을 느꼈다. 이런 침울한 심정과 고독한 생활 속에서도 나는 여전히 삶에 대한 집착을 버리지 못했다. 이 혼란스러운 잿빛 인생 속에서 다른 방법으로 남은 생명력을 가지고 희미한 빛이나마 발해 보려는 생각을 했고, 그래서 창작을 시도했다. 「구링에서 도쿄까지」從牯嶺到東京

이때까지 선더훙이라는 본명을 썼던 마오둔은 원고를 넘기면서 체포령이 내려진 자신의 신분을 감추기 위해 마오둔이란 필명을 처음으로 사용합니다. 처음에는 문자 그대로 '마오둔'矛盾이라는 이름을 출판사에 보냈으나 당시 편집장이던 예사오쥔葉紹鈞(엽소균)이 '모'矛 자는 성이 될 수 없다며 초艹를 더해 '모'茅로 고쳤습니다. 이후 소설이 성공을 거두자 '마오둔'茅盾이라는 필명이 굳어졌던 것입니다.

마오둔은 『환멸』의 연재를 끝낸 뒤 불과 10개월 만에 『동요』와 『추구』를 연이어 발표해 문단을 놀라게 했습니다. 그것은 당시만 해도 장편소설을 쓰는 작가가 희소했던 데다 '북벌'이라는 이름으로 수행되었던 '국민혁명'의 전 과정을 3부작 형식으로 묘사한 것 역시 최초였기 때문입니다. 국민혁명은 천하를 분점하고 있던 군벌을 타도하고 중국을 하나로 통일하는 것을 목표로 내걸었습니다.

여기에 큰 기대를 걸었던 젊은이들이 상하이를 떠나 혁명의 근거지인 광저우로 향하는데, 현실은 녹록지 않아 이들은 이내 자신들의 기대와 다른 현실에 환멸을 느끼고 좌절합니다. 그로 인해 이들은 흔들리고 동요하지만, 결국 다시금 광명과 희망을 추구한다는 것이 소설의 주요 뼈대를 이루고 있습니다.

나중에 마오둔은 이 세 작품을 묶어 『식』蝕 3부작이라는 이름으로 출판해 많은 사람으로부터 찬사를 받았습니다. 그러나 좌익 작가들은 "청년들에게 혁명의 희망을 안겨 주지 못하고 좌절과 절망을 안겨 준 프티 부르주아의 근성을 드러낸 작품"이라 혹평했습니다. 마오둔 자신도 뒤에 다음과 같이 회고했습니다.

> 1925~1927년 사이에 나는 당시 혁명 운동의 지도 핵심과 상당히 많은 접촉을 했으며, 동시에 나의 공작 지위도 항상 기층 조직 및 군중과 관계를 가질 수 있었다. 그러므로 이치대로라면 나는 〔혁명과 군중에 대해〕 전면적으로 이해하고 좀 더 깊이 있게 관찰하고 분석할 수 있어야 했다. 그러나 『환멸』과 『동요』 속에 표현된, 당시 혁명 정세에 대한 관찰과 분석은 잘못되었고 혁명 전도에 대한 전망은 비관적이었다. 또한 『추구』 속에 표현된, 대혁명 실패 후의 프티 부르주아 지식인의 사상 동태에 대해서도 강력히 비판하지 못했다. 이 세 편의 소설을 쓸 때 나의 사상과 정서는 비관과 실망이 주요한 측면이었다. 「자서」, 『마오둔 선집』茅盾選集

그래서였을까? 마오둔은 한동안의 잠행을 통해 돌아볼 시간을 갖지만, 이미 그의 내면을 사로잡은 창작열을 어쩌지 못하고 많은 작품을 쏟아 냈습니다. 1930년, 그때까지 분열되어 서로를 비판하기만 하던 작가들이 한데 모여 하나의 통일 조직을 이루어 내니, 이것이 '좌익작가연맹'('좌련'으로 약칭)입니다. 마오둔은 좌련에서 행정서기를 맡아보면서 문예 활동을 계속하는 한편 우파 작가들과도 많은 논전을 벌였습니다. 그러나 동시에 당시 좌익 작가를 대표하는 창조사創造社나 태양사太陽社 출신의 문인들처럼 구호적인 차원에서 이념을 논하는 것 역시 철저하게 반대했습니다. 그래서 이후에도 사상적으로는 사회주의에 경도되었으나 실제로는 좌익 작가들과 일정한 거리를 두었습니다.

> 창작을 위해서가 아니라 인생을 위해서, 사회를 위해서, 대중을 위해서 창작한다. 생활은 창작의 원천이므로 생활에 충실해야 한다. 그러나 생활의 소재는 많이 곱씹어 보아야 하고, 그것을 소화해야만 한다. 되는 대로 해치워서는 안 된다. 작품이 정확하게 현실을 반영하고 현실을 지도하게 하려면 작가는 선진적 세계관, 즉 프롤레타리아 계급의 세계관을 장악하는 것이 결정적인 의의를 갖는다. 명철함으로 자신을 알아야 하되, 자신의 부족한 점을 똑바로 보고 진보의 동력으로 삼아야 한다. 그러나 또한 함부로 자신을 낮추어 말하지 않아야 한다. 「『봄누에』春蠶, 『린씨네 가게』林家鋪子 및 농촌 제재 작품」

현실에서 출발해 현실로 돌아가되 프롤레타리아의 세계관에 의해 올바른 방향성을 갖는다는 것이 마오둔의 창작 태도였습니다. 여기서 한 걸음 더 나아가 마오둔은 "변혁기의 작가는 시대의 진두에 서서 시대가 그들에게 부여한 사명을 짊어지고 생활을 반영해야 할 뿐 아니라 창조하는 것을 그 임무로 삼아야 한다"고 주장했습니다.*

> 문예가의 임무는 현실을 분석하고 현실을 묘사하는 데 있을 뿐 아니라, 좀 더 중요하게는 현실을 분석하고 현실을 묘사하는 가운데 미래의 길을 지시하는 것이다. 그러므로 문예 작품은 생활을 반영하는 거울일 뿐 아니라 생활을 창조하는 도끼다. 이러한 점은 알기는 쉽지만 제대로 성취하는 것은 쉽지 않다. 왜냐하면 사회 상황은 이미 번잡해진 데다가 이러한 상황에 이른 원인 또한 단순하지 않기 때문이다. 또한 작가 개인의 의식과 인생관 및 감성도 역사의 영향 및 시속의 천견에 의해 구속되기 때문이다.
>
> 「우리가 창조해야 할 문예 작품」

이러한 마오둔의 창작 태도가 하나로 집약된 것이 그의 대표작이라 할 『새벽이 오는 깊은 밤』입니다.

어둠이 짙게 깔린 캄캄한 한밤중

『새벽이 오는 깊은 밤』은 마오둔을 중국 최고의 작가 반열에 올려놓은 소설로, 루쉰의 『아큐정전』 이후 최고의 걸작으로 떠받들어지고

---

* 임춘성, 『소설로 보는 현대중국』, 종로서적, 1995, 47쪽.

있습니다. 이 작품은 마오둔이 신병으로 요양 중이던 1931년 10월에서 1932년 12월 사이에 집필한 것으로, 애당초 1932년 1월과 2월에 《소설월보》에 '석양'이라는 제목으로 연재될 예정이었으나 '상하이사변'으로 출판사가 불타는 바람에 원고가 소실되었습니다. 하지만 다행히도 작가가 한 부 더 베껴 놓은 원고가 남아 있어 우여곡절 끝에 1933년 1월 개명서점開明書店에서 출판되었습니다.

초판본에는 영어로 'The Twilight: A Romance of China in 1930'이라는 부제가 붙어 있었습니다. 본래 'Twilight'은 저녁 어둠이 짙어지기 전의 '박명'薄明을 가리키는데, 초판본의 서평을 썼던 주쯔칭朱自淸(주자청)은 이것을 '여명 직전의 캄캄한 어둠 상태'를 가리킨다고 해석했습니다. 제목 그대로 이 작품은 한 치 앞도 내다볼 수 없는 암담한 중국의 현실을 묘사하고 있습니다. 작품이 나오고 한참 뒤인 1939년에 마오둔은 「'새벽이 오는 깊은 밤'은 어떻게 창작되었는가」라는 글에서 다음과 같이 자신의 창작 동기를 밝힌 바 있습니다.

> 내가 병이 나았을 때는 바로 중국 혁명이 새로운 단계로 전향하고 있었고, 중국 사회 성질 논쟁이 격렬하게 진행되던 시기였다. 나는 그때 소설의 형식으로 다음 세 가지 면을 쓰고자 했다. 첫째, 민족공업이 제국주의 경제 침략의 압박하에서, 세계 경제공황의 영향하에서, 농촌 파산의 환경하에서 스스로를 보존하고자 더욱 가혹한 수단을 가해 노동자 계급을 착취하고 있다는 사실, 둘째, 이런 까닭에 노동자 계급이 경제적·정치적 투쟁을 일으키고 있다는 사실, 셋째, 당시의 남북대전으로 농촌 경제가 파산하

고 농민 폭동이 민족공업의 공황을 더더욱 심화시켰던 사실 등이다.

작품의 제목이 뜻하는 '깊은 밤'이란 바로 이와 같이 미래를 전혀 예측할 수 없는 중국의 현실을 의미합니다. 그것은 곧 진시황 이래 2천 년간 이어 온 중국의 전통적인 봉건 사회가 종언을 고하고 서구 제국주의 세력에 의해 자본주의 사회로 재편되는 과정에서 필연적으로 찾아온 일시적인 과도기적 혼란상에 대한 이야기이기도 합니다. 그 혼란 속에서 많은 인물이 부침을 겪는데, 작가는 자연주의적인 수법으로 그 양상을 하나하나 세밀하게 그려 나가고 있습니다.

소설의 시간적 배경은 1930년 5월부터 7월까지 이른바 '남북대전'이 한창이던 때로, 전국이 전쟁터로 변해 혼란이 극에 달해 있었습니다. 상하이의 사업가 우쑨푸吳蓀甫(오손보)는 공산당이 세력을 넓혀 가는 데 위협을 느껴 시골에 있는 자신의 아버지를 상하이로 모셔 옵니다. 그의 아버지는 젊은 시절 "패기만만한 '유신당'이었"습니다. "당시 우 나리〔우쑨푸의 아버지〕의 가슴에는 '혁명' 사상이 가득 차 있었다." "만약 25년 전 무술 수련을 할 때 말에서 떨어져 다리를 다치지 않았더라면, 또한 그것이 불행스럽게도 점차 반신불수의 중풍으로 악화되지 않았더라면, 더욱이 뒤이어서 부인과 사별하지 않았더라면, 지금의 우 나리도 매일 『태상감응편』을 경건히 받들고 있지 않았을 것이다." 『태상감응편』은 도교의 경전 가운데 하나로, 우 나리가 25년 전 낙마 사고로 육체뿐 아니라 정신적으로도 변법 유신에 머물러 있다는 것을 은유합니다. 그런 우 나리가 상하이에 와서 목도한 것은 목불인견의 추악한 현실이었습니다.

그의 시선은 본능적으로 둘째 딸 푸팡芙芳(부방)의 몸에 쏠렸다. 우 나리는 처음으로 둘째 딸의 옷차림새를 의식적으로 유심히 바라보았다. 아직 이른 5월이었으나 오늘은 좀 무더워서인지 둘째 딸은 완전히 여름옷 차림이었다. 엷은 하늘색 얇은 비단이 그녀의 건강한 신체를 꽉 죄고 있었다. 매우 풍만한 가슴이 돌출해 있었고, 옷소매는 팔꿈치 이상 올라가 새하얀 팔뚝을 반절이나 드러내고 있었다. 일종의 말할 수 없는 혐오감이 갑자기 우 나리의 가슴에 가득 차올라 그는 황급히 얼굴을 돌렸다.
불쑥 그의 시야에 거의 반라의 소매 없이 속이 훤히 드러나는 밝은 비단옷을 입은 젊은 여인이, 인력거에 높이 앉아 적나라하게 새하얀 종아리를 드러내 놓고 있는 모습이 들어왔다. '온갖 악행 중 음란이 으뜸이다'라는 말이 북채처럼 우 나리를 두들겨 온몸이 떨려 왔다.

결국 갑자기 뒤바뀐 상황을 받아들이지 못하고 우 나리는 상하이에 도착한 날 사망합니다. 그가 죽자 그 자리에 있던 시인 판보원范博文(범박문)은 다음과 같이 말합니다.

……우 나리는 시골에서도 이미 '늙은 시체'였어. 사실상 시골은 어둠침침한 무덤이나 똑같지. 그 무덤 속에서 시체는 썩지 않을 뿐, 지금은 현대의 대도시인 상하이에 왔으니 자연히 즉시 '풍화'된 거야. 가라지! 늙어 빠진 사회의 시체여! 가거라! 나는 5천

년이나 묵은 시체인 구 중국이 신시대의 폭풍우 속에서 재빠르게 풍화되는 것을 보았노라!

봉건적인 우 나리의 돌연한 죽음은 곧 구시대의 종말을 의미하며, 중국의 전통적인 봉건 사회는 자본주의의 첨병이라 할 상하이의 현란한 조명 아래 '풍화'되어 버리고 맙니다. 이제 구 사회를 대신하는 것은 우쑨푸로 대표되는 민족자본과 자오보타오趙伯韜(조백도)를 중심으로 한 금융매판자본 간의 한판 대결입니다.

우쑨푸는 민족공업을 발전시키겠다는 야심과 모험 정신으로 무장하고 있으면서 뛰어난 사업 수완으로 상하이 재계에서 명성을 떨칩니다. 그는 자오보타오의 압력과 경제 위기, 군벌간의 내전 등으로 위기에 몰리자 공장의 노동자들에게 거침없이 폭력을 행사하기도 하고, 동시에 공채 투기를 통해 자신의 자본을 축적하고자 하는 등 냉혹하게 현실에 대처합니다. 그러면서도 민족공업 육성에 모든 것을 바쳐 나라를 발전시키겠다는 '산업 구국'의 포부를 갖고 있기도 한데, 이런 측면에서 보자면 외국 자본과 은밀하게 손을 잡고 국내 시장을 조종하는 자오보타오의 무리와는 일정한 차별성을 보입니다. 곧 당시와 같은 반半식민지 상황하에서 민족자본가 계급은 제국주의 세력에도 반대하고, 혁명적 상황이나 혁명도 두려워하는 이중성을 지닌 극히 취약하고 동요하는 계급이었던 것입니다. 그러나 결국 우쑨푸를 주축으로 한 중국의 민족자본가 계급은 외세를 등에 업은 매판자본가 세력에 의해 패배한 뒤 몰락하고 맙니다.

우쑨푸의 몰락은 사실상 한 개인의 사업 실패만을 의미하지 않습니다. 자본주의 발전의 역사가 산업자본주의로부터 금융자본주의로, 다시 국가 금융자본주의의 길로 나아가는 것을 의미한다면, 당시 중국의 상황은 산업자본주의에서 금융자본주의로 넘어가는 과도기였다고 할 수 있습니다. 이러한 상황은 작품 안에서 경제학자인 리위팅李玉亭(이옥정)의 입을 통해서도 설명됩니다.

> 그들이 성공할지 어떨지는 모르지만, 듣자니 확실히 그런 야심은 있어요. 간단히 말해서 금융자본가가 산업 쪽으로 세력을 확장하겠다는 속셈인 거죠. 그들은 금융자본이 산업자본을 지배하는 미국의 경우를 배우려고 합니다.

우쑨푸가 그의 말에 코웃음을 치며 경멸조로 응수하자, 리위팅 역시 그의 말에 승복할 수 없다는 듯이 말을 이어 갔습니다.

> 쑨푸 씨, 그들을 너무 얕보고 있어요. 그들은 이런 야심이 있으나 실제적인 기초는 아직 완전히 잡히지 않은 것 같아요. 하나 계획이 구체화되는 것은 주의할 필요가 있어요. 더욱이 배후에 미국 금융자본의 지원이 있기 때문입니다. 듣자니 저들의 최초의 계획은 정부로부터 실업자 구제 명목으로 거액의 사업 공채 발행을 따내는 거라더군요. 이게 바로 금융자본이 산업자본을 지배하는 첫걸음이지요. 실제로 가능성이 무척 높아요.

항상 그렇듯이 일개 사업가의 안목으로 그런 거대한 흐름을 읽어 낸다는 것은 애당초 무망한 일이었습니다. 우쑨푸는 알지 못했지만, 이미 대세는 기울어 제국주의 세력과 국가 권력이 한 몸이 되어 매판자본가의 손을 들어주는 형국이 조성되어 있었습니다. 서구 자본주의 국가들은 자오보타오 같은 매판자본가들을 통해 중국을 자신들과 같은 자본주의 체제로 편입시키려 하고 있었고, 중국 정부 또한 암묵적으로 그러한 상황을 방조했습니다.

우쑨푸의 숙적인 매판자본가 자오보타오는 미국의 자본을 가지고 자금난을 겪고 있는 공장들을 인수하고 어느 정도 자본이 축적된 기업들은 합병해 트러스트를 조직합니다. 물신주의의 화신으로 오직 돈밖에 모르는 자오보타오에게 '산업 입국'이니 뭐니 하는 말을 늘어놓으며 산업자본가들을 선동하던 우쑨푸는 제거해야 할 대상일 뿐이었습니다. 자오보타오는 우쑨푸를 파멸의 길로 들어서게 하기 위해 공채 투기에 뛰어들도록 유인합니다. 자신만만했던 우쑨푸는 자오보타오가 쳐 놓은 그물 속으로 점점 빠져들어 모든 것을 다 잃고 자살 직전에 이르렀다가 결국 도피 행각에 나섭니다. 우쑨푸로 대표되는 민족자본가 계급은 자오보타오를 중심으로 한 금융 매판자본가들에 의해 처절한 패배를 맛보는 것입니다.

내가 이 소설을 쓴 것은 형상적 표현으로 트로츠키파와 부르주아 학자에게 다음의 내용으로 화답하려는 것이었다. 중국에는 자본주의로 발전할 길이 없다. 중국은 제국주의와 봉건 세력, 그리고 관료 매판 계급의 압박 아래서 더욱더 반半봉건화, 반半식민지화 되었다. 중국의 민족자본가 계급 중에는 프랑스 자본가 계급과 같은 성격을 갖는 사람이 있지만, 1930년의 반식민지 반봉건의 중국은 18세기의 프랑스와 다르며, 중국의 민족자본가 계급의 전도前途는 대단히 암담했다. 그들은 연약할 뿐 아니라 동요했다.

당시 그들이 나아갈 수 있었던 길은 제국주의에 투항해 매판화의 길로 나아가거나 봉건 세력과 타협하는 두 길만이 있을 뿐이었다. 『내가 걸었던 길』

그런 의미에서 이후 중국의 미래는 아무것도 기대할 수 없는 '어둠이 짙게 깔린 캄캄한 한밤중'이라 할 수 있습니다. 하지만 깊은 어둠은 동시에 새 아침을 예비하는 것이기도 한데, 이것은 작품 안에서 수많은 좌절과 실패 속에서도 꺾이지 않고 살아나는 광범위한 노동자 대중의 역량에 대한 긍정적인 묘사로 표출됩니다. 비록 이들은 수없이 많은 패배를 겪었고, 이들 앞에는 여전히 또 다른 패배가 예비되어 있었지만, 점차 주체적인 세력을 형성하고 역사의 주역으로 나설 것이라는 한 줄기 희망의 빛이 드리워진 것입니다.

당시 상하이는 1925년의 '5·30운동'이나 1927년의 총파업 등으로 알 수 있듯이, 중국 노동 운동의 중심지였습니다. 하지만 이후 마오쩌둥의 주도하에 펼쳐지는 중국 혁명의 주된 방향이 농민을 기반으로 한 것이었다는 점에서 이 소설의 지향점은 다소간 현실적이지 못하다는 결점을 안고 있기도 합니다. 이 소설에서 이야기하고자 하는바 노동자 중심의 혁명 수행은 이미 당시 중국공산당을 이끌었던 리리싼李立三(이립삼)의 모험주의적인 노선의 처절한 실패로 증명되었기 때문입니다. 하지만 이것이 그렇게 큰 결점이 되지 못하는 것은 이 소설에는 당시 사회의 다양한 상황에 대한 묘사가 복잡한 성격을 갖고 있는 다양한 인물들에 대한 형상화만큼이나 성공적으로 수행되었기 때문이라고 할 수 있습니다.

제국주의 침략에 맞서 싸우는
지식 청년들의 고난과 분투

청춘의 노래 青春之歌

- **1931년** 9월, 9·18사건(만주사변 혹은 류탸오거우 사건) 발발. 11월, 중국공산당, 중화소비에트공화국 임시 중앙정부 수립.
- **1932년** 1월, 1·28사건(상하이사변). 만주국 건국 선언(푸이 집정).
- **1933년** 7월, 장제스, 공산당군에 대한 '제5차 포위 공격'. 마오둔, 『새벽이 오는 깊은 밤』子夜 발표.
- **1934년** 10월, 대장정 개시.
- **1935년** 11월, 대장정이 끝났음을 선언. 12월 9일, '내전정지 일치항일' 구호를 내세운 베이징 학생들의 대규모 시위 전개(12·9사건).

'9·18사건'에서 '대장정'까지

이른바 '중원대전'을 승리로 이끈 쟝졔스의 국민당군은 곧바로 공산당을 '포위 공격'圍剿하는 데 온 힘을 기울였습니다. 이를 위해 장쉐량의 동북군 역시 주력이 만리장성 이남에 집결했습니다. 이 틈을 노리고 일본군은 자신들의 야욕을 채우기 위한 행동에 돌입했습니다. 1931년 9월 18일 펑톈 시奉天市(봉천시) 북쪽 류탸오거우柳條溝(유조구) 부근의 남만주철도 일부가 폭파되었습니다. 피해는 경미해 약 20분 뒤에 펑톈 행 열차가 폭파 지점을 그대로 지나쳤을 정도였습니다. 그럼에도 일본군은 이것을 중국군의 소행이라 주장하고 즉시 공격을 시작했습니다. 이것이 흔히 '만주사변'이라고도 칭하는 '9·18사건'으로, 이를 계기로 러일전쟁 이래 제국주의 반열에 오른 일본의 중국 침략이 본격화되었습니다.

그러나 사태의 심각성에도 불구하고 이에 대처하는 쟝졔스의 국민당군과 장쉐량의 동북군의 반응은 소극적이었습니다. 쟝졔스는 동북 지역에서 일어나는 일련의 사태에 대해 별다른 언급을 하지

펑톈 시로 진군하는 일본군

않았고, 자신의 근거지를 침탈당한 장쉐량은 어떤 일이 일어나더라도 인내심을 발휘하고 무력에 호소하지 말라는 명령을 내렸습니다. 쟝졔스가 이런 결정을 내린 것은 국민당 안에 반쟝졔스 세력이 여전히 남아 있고, 군벌들과의 전쟁에서 이기긴 했지만 지방에서는 잔여 군벌들이 여전히 할거하고 있었기 때문입니다. 내부의 문제가 해결되지 않은 상태에서 만주사변이 일어나자 쟝졔스는 직접 응대하기보다는 외교적 수단을 통해 사태를 수습하고자 했습니다. 국제연맹은 국민정부의 제소에 의해 10월 13일 이내에 일본군이 만철(남만주철도) 부속지 안으로 철병할 것을 결의하고, 11월에는 영국의 리튼 경이 지휘하는 조사단Lytton Commission을 파견해 상황을 파악하도록 했습니다.

그러나 사태가 진전될수록 민중들의 불만은 커졌습니다. 중국인들은 일본 상품에 대해 불매 운동을 벌였고, 중국 은행가협회는 일본인들과의 모든 거래를 정지하겠다고 선언했습니다. 이로 인해 일본 상인들은 중국인과의 거래를 결재받거나 중국의 수표 및 현지 통화의 환어음에 의한 지불을 받을 수 없는 등 큰 타격을 입었습니다. 그러자 일본은 이런 상황을 타개하기 위해 별도의 조치를 취했습니다. 해가 바뀌어 1932년 1월 28일, 일본 육군은 상하이 내 쟈베이閘北(갑북) 지역을 공격했습니다. 이는 10일 전인 1월 18일 상하이에서 첩자로 오인받은 일본인 승려와 그 일행을 중국인들이 공격해 사상자가 발생한 사건을 빌미로 일으킨 것이었습니다. 이것을 '1·28사건' 또는 '상하이사변'이라고 하는데, 뜻밖에도 차이팅졔蔡廷鍇(채정개)가 지휘하는 19로군의 완강한 저항에 일본군은 2월 초에 1개 사단을 증파하고, 같은 달 하순에 2개 사단을 다시 내보내는 등

참담한 고전 끝에 겨우 중국군을 물리칠 수 있었습니다. 중국군은 열심히 싸웠으나 이번에도 쟝졔스는 강 건너 불구경하듯 수수방관하면서 아무런 지원도 하지 않았습니다.

결국 5월이 되어 양측 간에 정전 협정을 맺음으로써 사태는 비로소 수습되었습니다. 만주에 진출한 일본군은 해당 지역의 지배를 강화하고, 외국의 비난

푸이

을 피하기 위해 만주를 독립국으로 만들 계획을 세웠습니다. 이후 일련의 공작을 거쳐 일본군의 뜻대로 1932년 3월 1일 만주국이 수립되었고, 같은 달 9일에는 청나라 마지막 황제였던 푸이溥儀(부의)가 집정執政에 취임했습니다. '상하이사변'의 해결로 한숨을 돌린 쟝졔스는 1932년 5월부터 다시 공산당에 대한 '제4차 포위 공격'을 재개했습니다. 이즈음 공산당 진영에서는 마오쩌둥의 유격 전술이 '패배주의', '도주주의'라는 비판을 받아 마오는 잠시 일선에서 물러났습니다. 국민당군의 공격을 받은 홍군은 강력한 저항으로 국민당군의 공격을 분쇄해, '제4차 포위 공격'은 다시 무위로 돌아가고 말았습니다.

그 사이 일본군은 거칠 것 없이 만주 전 지역을 유린했습니다. 1933년 1월 '리튼 보고서'가 국제연맹에 제출되었는데, 요지는 만주 지역에서 중국의 주권이 지켜져야 하고, 따라서 만주국의 성립은 인정할 수

없다는 것이었습니다. 이 안이 표결에 의해 통과되자 일본은 국제 연맹을 탈퇴하고 다시는 복귀하지 않았습니다. 일본군은 공세를 계속해 만주 지역을 석권하고 베이징 인근까지 내려왔습니다. 국민당군은 결사 항전했으나 세가 불리해 결국 5월에 정전을 요청했습니다. 일본이 정전을 받아들이자 쟝제스는 다시 공산당군에 대한 '제5차 포위 공격'을 준비했습니다. 몇 차례의 실패를 거울삼아 쟝제스는 독일의 군사 고문 팔켄하우젠을 영입해 그의 조언에 따라 수십만 개의 토치카를 구축하고 군용 도로를 건설한 뒤 양자를 결합해서 공산당군이 주둔하고 있는 소비에트 지역을 봉쇄했습니다.

사실상 국민당군의 이러한 작전에는 막대한 자금과 병력이 투입되었는데, 군사적으로는 그 실효가 당장 나타나지 않았지만 경제적으로는 이미 상당한 정도로 소비에트 지역을 압박하고 있었습니다. 결국 국민당군의 봉쇄는 효과를 거두어 공산당군은 심각한 보급난을 겪었습니다. 그러는 사이 1934년 3월 1일 만주국이 정식으로 수립되고 푸이가 황제의 자리에 올랐습니다. 같은 해 4월 중화소비에트공화국의 수도 루이진瑞金(서금)의 관문인 광창廣昌(광창)이 함락되었습니다. 막다른 골목에 내몰린 공산당군은 국민당군의 포위망을 뚫고 탈출을 시도했습니다. 포위망 가운데 광시와 광둥 지역 군들이 맡고 있는 쟝시 성 간저우贛州(공주)와 후이창會昌(회창) 지역이 그나마 취약한 편이어서, 공산당군 주력은 이곳을 돌파하고 남하를 시작했습니다. 1934년 10월 16일 역사적인 '대장정'이 시작된 것입니다.

갑작스럽게 떠난 길인지라 무슨 목표가 있는 것도 아니었습니다. 단지 국민당군의 공격을 피해 매일 밤이면 걷고 새벽에는 쉬는 강

장정 당시의 마오쩌둥과 중앙홍군 장정 출발 기념비

행군이 이어졌습니다. 이렇게 꼬박 1년 동안 이들은 1만 2천 킬로미터의 고난에 찬 행군을 지속해야만 했습니다. 이것은 인류 역사상 일찍이 유례가 없던 위대한 투쟁의 역사였습니다. 그런 시련 속에서 중국공산당은 새로운 꿈을 꿀 수 있었고, 그것을 실현할 구체적인 방법들을 찾아낼 수 있었습니다. 그러나 그 1년의 시간 속에 많은 사람이 스러졌고, 고통의 시간을 보내야만 했습니다. 장정을 떠난 지 꼬박 1년 뒤인 1935년 11월 7일 옌안延安(연안)에서 남쪽으로 50킬로미터 떨어진 곳에 있는 샹비쯔완象鼻子灣(상비자만)이라는 작은 마을에서 마오쩌둥은 병사들을 모아 놓고 정식으로 장정이 끝났음을 선언했습니다.

대장정은 인류 역사가 시작된 뒤로 처음 있는 일이다. 그것은 하나의 선언이며 선전력이고 파종기播種機다. 판구盤古(반고)가 하늘을 연 뒤로 삼황오제부터 오늘에 이르기까지 역사에 이와 같은 장정이 있었던가? 열두 달 동안 하늘에서는 날마다 적기 수십 대가 정찰, 폭격하고 땅에서는 적군 수십만이 포위하고 추격하고 길을 막고 대오를 끊는 통에 우리 홍군은 말로 다 표현할 수 없는 고난과 위험에 맞닥뜨렸다. 하지만 우리는 우리 두 발로 열한 개 성을 거침없이 오가면서 2만 4천 리에 이르는 멀고 험한 길을 돌파했다. 묻나니, 역사에 언제 우리의 대장정과 같은 일이 있었던가? 없었다. 단 한 번도 없었다. 웨이웨이 원작, 왕쑤 글, 송춘남 역, 『대장정: 세상을 뒤흔든 368일』, 보리, 2006, 507쪽.

일본군의 북부 중국 장악과 '12·9사건'

공산당에 대한 쟝졔스의 불신은 뿌리가 깊은 것이었습니다. 쟝졔스는 훗날 청년 장교 시절이던 1923년 8월 쑨원의 명령으로 소련을 방문했던 때의 기억을 다음과 같이 술회한 바 있습니다.

> 내가 소련 방문 3개월간에 받은 인상을 한마디로 말한다면, 그것은 소련 공산 정권이 한번 강고한 존재가 되는 날에는 차르 시대의 정치적 야심이 부활할 가능성이 크며, 따라서 그러한 야심이 장래 우리나라와 우리 국민혁명에 미칠 화가 측량하기 어렵지 않은가 하는 것이었다.
> 공산당이 당시 우리 당에 행사한 붕괴, 이간, 도발 등의 수단도 이 여행에서 똑똑히 확인할 수 있었다. 이런 사실은 우리 방소 사절단의 편성을 보아도 알 만하다. 일원 네 명 가운데 세 명은 국민당원이며 장타이레이張太雷(장태뢰)만이 공산 분자였다. 그러나

일행이 소련에 도착하자 장타이레이는 곧 붕괴 공작에 착수해 먼저 선딩이沈定一(심정일)를 자기편에 끌어들이고 우리 두 사람과 대립했다. 그 때문에 사절단의 각종 계획과 시찰 행동, 대소 교섭, 그 밖에 모든 일마다 양자의 의견이 충돌했다. 이희춘 역, 『장개석』, 한국출판공사, 1984, 33~34쪽.

공산당 분쇄라는 지상 목표를 달성하기 위해 쟝졔스는 일본의 침략에도 불구하고 '반공 투쟁'에만 전념했습니다. '9·18사건' 이후 만주 지역을 석권한 일본은 1933년에 맺은 '탕구塘沽 정전협정'에 의해 설정된 비무장지대를 확대해서 허베이 성河北省(하북성) 일대까지 손에 넣으려 했습니다. 이에 민중들이 들고일어나 1935년 무렵에는 화베이華北(화북) 지역에서 크고 작은 배일 운동이 잇따라 일어났습니다. 급기야 1935년 5월에는 지나주둔군의 사카이 다카시酒井隆라는 일본군 일개 참모가 베이징 군사분회 주임 허잉친何應欽(하응흠)을 방문해 국민당 당부와 중앙군 등이 화베이 지역에서 철수할 것을 요구했습니다. 어이없게도 국민당 정부는 6월 10일 이른바 '우메츠梅津-허잉친 협정'이란 것을 맺어 일본의 요구에 굴복했습니다.

일본의 의도는 북부 중국을 국민당 정부와 분리하려는 것이었는데, 과연 협정이 맺어지고 5개월 뒤인 1935년 11월 국민당 정부의 대일 창구 노릇을 하던 인루겅殷汝耕(은여경)이 주축이 되어 '기동방공자치위원회'冀東防共自治委員會*가 성립되었습니다. 그리고 12월에는 다시 쑹저위안宋哲元(송철원)을 대표로 하는 '기찰정무위원회'冀察

* '기'冀는 허베이 성의 약칭이다.

政務委員會˚가 발족되었습니다. 이것은 모두 일본 군부의 뜻대로 움직이는 괴뢰 정부로서, 난징의 국민당 정부와 별개로 베이징과 톈진을 포함한 허베이 성과 내몽골 지역을 포괄하고 있었습니다. 이로써 중국의 북부 지역이 모두 일본군의 손아귀에 들어갔으니, 베이징과 톈진 등 중요 도시에 살고 있던 인민들 역시 같은 처지에 놓였습니다.

기만적인 '기찰정무위원회'가 발족된 다음 날인 12월 9일 베이징에서는 '일본 제국주의 타도'와 '화베이 자치 반대', '내전정지, 일치항일'이라는 구호를 내세운 베이징 학생들의 대규모 시위가 전개되었습니다. 베이징의 경찰들은 성문을 잠그고 혹한의 날씨임에도 시위대에 물을 뿌려 댔으며, 곤봉으로 닥치는 대로 구타한 뒤 체포했습니다. 이것은 하나의 시작에 불과했습니다. 그동안 억눌려 있던 민중의 불만이 한꺼번에 터져 나오자 마치 전염이라도 된 듯 시위가 전국으로 확산되었습니다. 해가 바뀌어도 상황은 바뀌지 않았습니다. 1936년 5월에는 쑨원의 미망인인 쑹칭링宋慶齡(송경령)과 허샹닝何香凝(하향응), 장나이치章乃器(장내기) 등을 중심으로 '전국각계구국연합회'가 결성되었습니다. 이들은 눈앞의 현실적 위협인 일본 제국주의의 침략을 분쇄하기 위해 국민당과 공산당이 싸우지 말고 협력할 것을 주장했습니다.

노골적으로 드러난 일본의 대륙 침략 야욕은 이제 누가 보아도 중국이 당면한 가장 큰 위협이었습니다. 이러한 인식은 '9·18사건'으로 자신의 근거지에서 쫓겨난 청년 원수 장쉐량 역시 공감하

˚ '찰'察은 당시의 행정 구역인 '차하르'察哈爾(찰합이) 성을 가리키며, 현재의 허베이 성 서북부와 내몽골의 중부를 통괄한다.

는 것이었습니다. 그는 줄곧 쟝졔스를 도와 후베이와 허난, 안후이의 경계 지역에서 공산당 세력을 말살하는 데 힘써 왔지만, '9·18 사건' 이후 국민당 정부가 보여 준 일련의 태도에 적이 실망을 품고 있었습니다. 이런 생각은 그가 지휘하던 부대의 장교들 또한 다르지 않았는데, 그들 모두 일본군에 의해 고향에서 쫓겨난 신세였기 때문이었습니다. 장쉐량은 은밀히 공산당 측과 연락을 취하며 항일 협동 작전의 가능성을 타진했습니다.

그러나 이런 분위기를 감지했음에도 쟝졔스의 태도는 확고했습니다. 일본이라는 '외환'外患보다는 공산당이라는 '내우'內憂를 먼저 해결하자는 것이 그의 지론이었습니다. 1936년 10월 공산당에 대한 '제6차 포위 공격'이 시작되었습니다. 10월 31일이 쟝졔스의 생일이었던지라 여러 행사가 성대하게 열린 가운데 공산당을 분쇄하기 위한 대대적인 공세가 시작되었던 것입니다. 그러나 쟝졔스의 생일 연회에 참석한 장쉐량 등의 마음은 편치 못했습니다. 이때 내몽골과 만주 괴뢰 정부의 군대가 일본군과 연합해 산시陝西(섬서) 인근의 쑤이위안綏遠(수원)을 침공했습니다. 장쉐량은 쟝졔스에게 자신의 군대를 파견할 수 있도록 해 줄 것을 제안했으나, 쟝졔스는 허락하지 않았습니다.

그에 앞서 베이징에서 '12·9사건'이 일어났을 때도 장쉐량은 학생들에게 시위를 중단하고 대일 항전에 대한 자신의 신념을 믿어 줄 것을 호소했으며, 체포된 시위자들을 풀어 주도록 했던 적이 있습니다. 그러나 당시에도 그가 이러한 뜻을 쟝졔스에게 전달하자 쟝졔스는 격분해서 그를 해임시켜 버렸습니다. 결국 이런 상황에서 장쉐량이 선택한 것은 '쟝졔스를 핍박해 항일로 나서게 하는 것'逼

蔣抗日 뿐이었습니다. 1936년 12월 12일 새벽 5시 반, 동북군의 한 부대가 쟝졔스가 머물고 있던 시안西安(서안) 외곽의 휴양지인 화칭츠華淸池(화청지)를 급습했습니다. 쟝졔스를 체포 구금한 장쉐량은 전국에 전통문을 보내 쟝졔스의 생명을 보장하는 동시에 여덟 가지 요구 사항을 공표했는데, 결국 그 내용은 '내전을 중지하고 일치단결해서 항일에 나서자'內戰停止 一致抗日는 것으로 요약되었습니다. 결국 쟝졔스는 어쩔 수 없이 '공산당 토벌'을 중지하고 각 당과 파벌을 넘어선 구국회의를 소집한 뒤, 항일 구국 방침을 수립하겠다는 약속을 하고 풀려날 수 있었습니다. 그리하여 국민당과 공산당 간의 '제2차 국공합작'의 길이 열렸던 것입니다.

작가의 경험은 창작의 원천

양모楊沫(양말)의 소설 『청춘의 노래』는 앞서 설명한 '9·18사건'에서 '12·9사건'에 이르는 시기 동안 중국의 젊은이들이 현실에 참여하는 과정을 묘사한 작품입니다. 양모는 1915년 후베이湖北(호북)의 신양信陽(신양)에서 태어났습니다. 본명은 양쥔모楊君默(양군묵)로, 동생은 바이양白楊(백양)이라는 예명으로 유명한 영화배우 양쥔리楊君莉(양군리)입니다. 그의 부친은 교육자로 일찍이 베이징에 전화대학振華大學(진화대학)을 설립한 바 있었습니다. 그러나 양모가 12세 되던 해에 대학이 문을 닫고, 그때부터 점차 집안 살림도 기울었습니다.

양모는 베이징의 원취안 중학溫泉中學에서 공부했는데, 그의 부모는 그를 부유한 집안의 자제에게 시집보내려 했습니다. 그러나 어

양모와
『청춘의 노래』 표지

려서부터 많은 책을 읽어 자유주의 사상을 가진 데다 같은 또래인 급우와 사촌 누이가 결혼에 실패한 것을 본 적이 있는 양모는 부모가 주선한 결혼을 단호하게 거절했습니다. 그의 부모는 학비를 끊겠다는 말로 그를 위협했지만, 양모는 아예 집을 나와 버렸습니다.

  그 후 친구의 소개로 허베이 성 샹허 현香河縣(향하현)에 있는 소학교에서 임시교사로 일하기도 하고, 가정교사나 상점의 점원을 하는 등 어려운 생활을 했습니다. 이때의 경험은 그의 출세작인 『청춘의 노래』의 주인공 린다오징林道靜(임도정)의 편력과 일치하는 점이 있어 린다오징은 그 자신을 모델로 한 것으로 여겨지기도 하는데, 이 점에 대해 양모는 일찍이 다음과 같이 말했습니다.

> 나 개인의 생활 체험을 바탕으로 린다오징을 소설의 여주인공으로 선택했다. 린다오징은 물론 내가 아니다. 그러나 그녀의 생활 속에 나 자신의 생활의 일부가 들어가 있다. 린다오징은 나와 마찬가지로 대지주 집안 출신이다. 그런 점에서 나의 부친이나 그의 부친은 서로 비슷하다. 그의 부친은 슈니秀妮(수니)를 겁탈하

고, 임신한 슈니는 물에 뛰어들어 자살한다. 다른 점은 내가 슈니의 소생이 아니라는 사실이다. 「소설 창작의 체험」

양모의 말대로 작중 인물과 작가 자신을 동일시할 필요는 없습니다. 그러나 한 사람이 써낸 글은 결국 그가 살아오며 경험하고 목도한 바를 넘어서기 힘들다는 측면에서 보자면 작가의 체험이 작품 속에 녹아든 것 역시 자연스러운 일이라 할 수 있습니다.

나중에 양모는 영화배우가 된 동생의 집에서 기숙寄宿할 때 동북 지역에서 피신해 온 진보적인 청년들과 교류하며 세상을 보는 눈을 뜹니다. 작품의 주요 배경이 되는 '12·9사건'이 일어났을 때 양모는 베이징대학의 청강생 신분으로 학교 근처의 조그만 여관에서 지내고 있었습니다. 사건이 일어난 뒤 양모는 소설 속의 주인공 린다오징이 늘 염원했던 대로 항일 운동의 근거지인 화베이 지역으로 떠납니다. 그때 양모는 전에 동거하던 남자와 헤어지고, 문혁 이전에 베이징사범대학 교수였던 마잉밍馬應明(마응명)과 정식으로 결혼해서 어린 딸을 두고 있었습니다. 아직 강보에 싸여 있던 어린 딸을 베이징 서남쪽으로 100여 리 정도 떨어진 곳에 있던 시댁에 맡겨 두고 떠날 정도로 양모는 항일 운동에 모든 것을 바쳤습니다.

양모는 그곳에서 부녀자들을 동원해 항일 운동을 지원하는 등 책 한 권 읽을 겨를도 없이 바쁘게 활동하다가, 1949년 신중국 수립 후에야 다시 베이징에 돌아올 수 있었습니다. 베이징에 돌아온 뒤에는 베이징 시 부녀연맹의 선전부장을 맡아보면서 주로 윤락 여성을 선

* 슈니는 린다오징의 생모로 소작농의 딸인데, 지주인 린바이탕林伯唐(임백당)에게 겁탈당한 뒤 딸을 낳고 집에서 쫓겨난다. 린다오징은 행랑어멈인 왕마王媽(왕마)가 거두어 키운다.

도해 정상적인 삶으로 돌아오도록 하는 데 힘을 기울였습니다.

  이 무렵 양모는 건강이 좋지 못했는데, 신경쇠약에 골절염을 앓는 등 병치레를 하다 몇 차례의 수술을 받은 뒤 계속 병원에 머물며 요양 생활을 했습니다. 1952년 이후에는 부녀연맹 일을 줄이고 평소에 꿈꾸어 오던 창작에 전념했습니다. 처음에는 베이징 영화제작소에 가입해 영화 시나리오를 도맡아 썼지만, 이내 흥미를 잃고 소설 창작에 몰두했습니다. 이때부터 약 6년여에 걸쳐 집필한 것이 바로 『청춘의 노래』입니다. 이 소설은 1959년 1월에 정식으로 출판되었는데, 그간의 창작의 고통에 대해 양모는 다음과 같이 술회했습니다.

> 단속적으로 6년에 걸쳐 이 책을 쓰고 난 후 나는 무거운 짐을 내려놓은 것 같은 홀가분함을 느꼈다. 나는 많은 사람이 모두 이 같은 느낌을 받은 적이 있으리라 생각한다. 그 무엇이 인민이 자기에게 부여한 어려운 임무를 완성하는 것보다 즐거울 수 있으랴? 사실 나처럼 적지 않은 나이에 처음 창작을 시도하는 사람이 이처럼 장편을 쓰는 것은 확실히 힘든 일이다. 나 자신의 투쟁 경험이나 예술 표현 능력이 미진한 데다 여러 해 병고에 시달려 때로는 정신을 가누기조차 어려웠다. 왜 내가 자신의 능력도 돌보지 않고 글을 쓰게 되었던가? 도대체 무슨 힘이 나로 하여금 전후 6, 7차에 걸친 수정과 보완의 긴긴 세월을 견디게 했던가? 이것을 생각하면 나의 마음은 여전히 감격을 금할 수 없다. 『청춘의 노래』'작가 후기'

그러나 그의 걱정과 달리 소설은 나오자마자 베스트셀러가 되어 많은 사람의 사랑을 받았습니다. 나중에는 양모가 직접 각색을 맡아 영화로도 제작되었는데, 소설이 예상치 못한 반향을 이끌어 내자 많은 비평가들이 앞다투어 이 소설을 비평했습니다. 초기에는 주로 부정적인 평이 잇따라 나왔으나, 이내 이 작품을 긍정하는 주장들이 대세를 이루었습니다. 논쟁은 당시 문단의 영수라 할 마오둔이 「『청춘의 노래』를 어떻게 평가할 것인가」라는 글에서, 이 작품이야말로 "교육적 의의가 있는 우수한 작품"이라고 평가하자 대부분 사그라졌습니다. 그러나 동시에 마오둔은 이 작품이 "사상적인 내용상 원칙적으로 착오를 범하지는 않았지만, 예술 표현 면에서는 개선해야 할 점이 있다"면서, 다음과 같은 세 가지 결점을 지적하기도 했습니다.

첫째는 인물 묘사로, 린다오징이란 인물에 대한 묘사가 비교적 상세하나 어떤 부분에서는 너무 간결하다. 린다오징 외에도 많은 인물(프티 부르주아 계급의 지식인)이 등장하나 하나의 '도구' 역할로 존재할 뿐이다. 둘째는 구성으로, 작자의 수법은 조금 난삽한 감이 있다. 셋째는 문학 언어의 문제다. 요컨대 『청춘의 노래』의 문학 언어는 선명하다고는 할 수 있다. 언어의 색채가 다채롭고 유창하지만 예리하고 신랄한 맛이 적으며, 박자 감각이 결여되어 있다. 또한 서로 다른 환경의 분위기를 처리하지 못해 이따금 기백이 부족하고 때로는 문체가 미흡하다. 전체적으로 소설의 문학 언어에 개성이 결여되어 있다. 다시 말해 작가는 아직 개인의 스타일을 세우지 못했다.

마오둔은 당시 문화 분야를 총괄하는 문화부 부장이었기에 대부분의 비평가들은 마오둔의 권위에 눌려 더 이상의 논쟁을 벌이지 않았습니다.

혁명의 꽃으로 다시 피어나다

소설은 린다오징이라는 평범한 여학생이 자신의 신분적 한계로 인해 거친 세파에 휩쓸리다가 혁명에 눈을 뜨는 과정을 묘사하고 있습니다. 대지주인 아버지가 빈농인 생모를 강제로 겁탈해서 태어난 린다오징은 아버지 본부인의 멸시와 경멸 속에 살아갑니다. 그를 실제로 키워 준 이는 그 집의 행랑어멈인 왕마로, 린다오징의 이런 운명은 그의 성격을 다음과 같이 규정했습니다.

> 린다오징의 이러한 운명은 그에게 이중적인 성격을 형성시켜 주었다. 그는 침울하고 고집스럽고 강인한 반항적 성격의 소유자인 동시에 근로자와 약자를 동정하는 선량한 품성도 지니고 있었다. 한편 그는 가정과 학교 교육의 영향으로 나약함과 우유부단함, 실제를 떠난 환상과 열광성, 개인 영웅주의 등 소자산 계급의 저열한 근성도 소유했다. 린다오징의 이러한 이중적 성격은 그의 사상 개조의 간고성과 복잡성을 규정해 주었다. 김종수·최건, 『중국당대문학사』

그 와중에 평소 린다오징을 괄시하던 본부인이 그를 중학교에 보내 줍니다. 그러나 나중에 밝혀지지만 본부인이 그를 학교에 보내 준 것은 그를 누군가에게 팔아먹기 위함이었습니다. 린다오징이 중학교를 졸업할 즈음, 본부인은 그를 국민당 베이징 시 당부위원인 후몽안胡夢安(호몽안)에게 팔아넘기려 합니다. 린다오징이 이를 거절하자 본부인은 그를 헛간에 가두어 놓는데, 왕마의 도움으로 집을 빠져나와 베이다이허北戴河(북대하)로 갑니다. 그곳에서도 그를 노리는 남자들의 마수에 빠질 뻔하다가 베이징대 학생 위융쩌余永澤(여영택)를 만나 위기를 벗어나면서 그와 사랑에 빠집니다.

사실 집을 나오는 순간 린다오징은 자신을 얽어맨 속박으로부터 벗어나는데, 린다오징의 자아는 세파에 맞서면서 점차 성숙해 갑니다. 그 과정은 린다오징이 만나는 세 남자로 표출되는데, 각각의 남자는 린다오징의 내면적 성숙을 상징적으로 드러내 보여 줍니다. 섬세한 감수성으로 린다오징을 보듬어 준 첫 남자 위융쩌는 이를테면 혼인의 자유와 개성의 해방이라는 차원에서 그동안 린다오징을 얽매고 있던 가족 아닌 가족의 굴레에서 벗어나게 해 준 존재였습니다. 이후에 만나는 루쟈촨盧嘉川(노가천)과 쟝화江華(강화)는 혁명이라는 새로운 단계로의 비약을 가능케 해 준 조력자들이었습니다. 아름답고 고운 심성을 가졌지만 개인주의적이고 나약하며 우유부단하기까지 하던 린다오징은 이들과의 만남으로 인해 체포되어 투옥되는 등 시련을 겪으면서 혁명의식이 고양되고 궁극적으로 계급적 전환을 이루게 됩니다. 결국 린다오징은 한 사람의 지식 청년이 강인한 혁명 전사로 성장하는 과정을 형상적으로 보여 주는 하나의 전범이라 할 수 있습니다.

소설은 린다오징의 길잡이 루쟈촨, 쟝화, 린훙林紅(임훙)의 형상을 통해 혁명적 지식 청년에 대한 당의 지도적인 역할을 보여 주었다. 루쟈촨은 린다오징의 혁명적 진출에서 결정적인 작용을 했으며, 희생된 후에도 계속 린다오징에게 사상적 고무를 준 학생 운동의 수령 인물이다. 쟝화는 루쟈촨이 희생된 뒤 당의 영도를 체현한 인물로, 린다오징의 세계관 형성에 중요한 역할을 했다. 린훙은 원로 공산당원의 형상으로서 린다오징의 당적 각성 제고에 커다란 영향을 주었다. 이 밖에 류이펑劉亦豊(유역풍)도 입당 후 린다오징의 성장에 일정한 영향을 준 인물이다. 공산당원의 형상들은 작품에서 서로 보충하고 밑받침해 주면서 1930년대 지하 공산당원들의 사상 정신적 풍모를 보여 주고 있다. 김종수·최건, 『중국당대문학사』

이 작품은 초반부에서 린다오징의 출신과 가출에 이어 위융쩌와의 만남까지, 주로 린다오징의 개인적인 편력에 대해 서술하고 있습니다. 그러나 불우한 과거를 딛고 위융쩌와의 행복한 삶을 꿈꾸던 린다오징이 점차 현실에 눈을 뜨면서 시간은 이제 역사적인 사건과 궤를 같이하며 흘러갑니다. 린다오징의 첫사랑 위융쩌가 잠시 그를 베이다이허에 남겨 두고 베이징으로 돌아간 것은 1931년 9월 18일 '만주사변'이 일어났던 그즈음이었습니다. 바로 그때 만난 역시 베이징대 학생이던 루쟈촨은 린다오징에게 당시 중국이 처한 현실을 설명해 줍니다.

신문에 나와 있지만, 제가 말할 수 있는 게 있다면 딱 한 가지입니다. 9·18사변 직후 중국공산당은 곧바로 9월 22일 항일 선언을 발표하고 전 대중이 일본 제국주의에 저항할 것을 호소했습니다. 그런데 내전에서 그토록 용맹하게 싸운 국민당의 쟝졔스는 동북의 수십만 대군에게 무저항을 명령했다는 거죠. 그 바람에 중국은 총 한 발 쏘지 못하고 중국에서 가장 큰 선양沈陽(심양)의 군수 공장과 비행장을 그대로 빼앗겼습니다.

이러한 지적 세례를 통해 린다오징은 "어쩐지 그새 자신이 부쩍 커 버린 것 같은 묘한 자랑스러움이 느껴졌"습니다. 급기야 린다오징은 쟝졔스를 두둔하며 말도 안 되는 훈화를 늘어놓는 교장 선생에게 정면으로 대거리를 합니다. "교장 선생님, 국가가 위급한데 중국인으로서 항일을 이야기할 자유마저 없단 말입니까? 항일 선전이 적색분자라는 말은 누가 정한 법이죠?" 그 시각 루쟈촨은 베이징대 학생들을 이끌고 쟝졔스의 국민당 정부에 항의하기 위해 난징으로 내려가는 중이었습니다.

교장과의 언쟁이 있은 뒤 린다오징은 어쩔 수 없이 학교를 떠나 베이징으로 가서 위융쩌와 동거합니다. 그러나 사회에 눈을 떠 가는 린다오징과 달리 위융쩌는 고전의 세계에 몰두해 가는 백면서생의 면모를 드러내 두 사람의 갈등은 깊어집니다. 그러던 중 베이징 대학의 시위에 참가하면서 린다오징은 무언가 확고한 신념이 자신을 사로잡는다는 사실을 깨닫고, 동시에 자신의 마음이 루쟈촨에게 향하고 있음을 확인합니다.

"책을 읽는 것보다, 쟈촨 씨의 얘기를 듣는 것보다, 더욱 확연하게 깨달을 수 있었어요. 우리가 왜 시위를 해야만 하고 국민당을 타도해야 하는지 말이에요."

......

다오징은 괜히 목이 메어 말을 제대로 잇지 못했다. 루쟈찬이 다가와 그녀의 손을 꼬옥 쥐었다. 다오징은 왜 갑자기 눈물이 나오는지 자신도 알 수 없었다. 다만 가슴이 저리도록 아팠고, 안으로 안으로 삼키는 눈물에 목울대가 따가웠다. 다오징은 쟈찬의 가슴에 얼굴을 기대고 눈을 감았다. 말없이 끌어안은 쟈찬은 눈을 감으며 팔에 힘을 주었다.

이것이 하나의 계기가 되어 마음을 굳힌 린다오징은 위융쩌와 결별하지만, 정작 루쟈찬은 베이징 헌병사령부에 체포되고 자신도 후멍안에게 잡혀 결국 몸을 더럽힙니다. 주위 사람들의 도움으로 가까스로 후멍안의 손아귀에서 벗어난 린다오징은 친구인 왕샤오옌王曉燕(왕효연)의 도움으로 시골 학교에서 다시 교편을 잡으며 평온을 되찾습니다. 그러나 자신을 도와준 왕샤오옌의 고모인 교장을 몰아내고 다시 피신 길에 오른 린다오징은 신분을 감추고 인근 지주의 집에서 아이들 선생 노릇을 합니다. 그곳에서 린다오징은 또 다른 체험을 하는데, 그때까지 대학생들을 비롯한 지식 청년들과의 관계 속에서 현실에 눈을 떴던 그에게 그곳 사람들의 운동 방식은 전혀 다른 세상이었습니다.

지하운동을 한다는 점에서는 다를 바 없었지만, 그들은 루쟈찬이나 뤄다팡羅大方(나대방)과는 또 다른 면이 있었다. 그들의 의식 속에서는 굳이 누구를 위한 희생이라거나 그 무엇을 위한 봉사라는 구차한 명분이 필요하지 않았다. 그들이 하는 일 자체가 바로 생활이고 운동이었다. 억눌리며 살아온 생활 속에서 절로 체득한 그들의 신념은 그 어떤 책의 이론보다도 절실하고 진하게 다오징의 가슴에 와 닿았다. 다오징은 언젠가 쟝화가 했던 말이 떠올랐다. 농민들과 부담 없이 터놓고 사귀다 보면 베이징에서 만난 친구들에게서와는 또 다른 것들을 배울 수 있을 것이라던 그의 말이 바로 이러한 것이라는 생각이 들었다.

린다오징은 또 다른 삶의 인도자인 쟝화의 지도하에 농촌에서 농촌 군중과의 직접적인 만남을 통해 새롭게 각성하는 것입니다. 그러한 각성의 계기가 된 것은 그 옛날 자신의 아버지 린바이탕林伯唐(임백당)에게 딸이 희생당함으로써 집안이 풍비박산된 뒤 유리걸식으로 떠돌다 이곳까지 흘러 들어온 소작농 정 노인과의 만남이었습니다. 정 노인은 과거의 기억으로 린다오징을 적대적으로 대하지만, 결국 자신의 출신에 대한 처절한 반성을 통해 새롭게 태어난 린다오징의 진심에 감복해 옛 원한을 잊습니다. 다시 피신 길에 오르는 린다오징은 떠나기 전날 정 노인에게 묻습니다. "떠나기 전에 꼭 듣고 싶은 말이 있어요. ……저를 용서해 줄 수 있으세요?" 이에 정 노인은 "너는 린바이탕의 딸이 아니라 우리들의 딸"이라고 대답합니다.

하지만 그를 결정적으로 변화시킨 것은 감옥에서 만난 린훙이라는 혁명가였습니다. 베이징에 돌아온 린다오징은 변절자 다이위戴瑜(대유)의 밀고로 체포되어 베이징 헌병사령부의 비밀 감옥에 갇히는데, 바로 그곳에서 린훙을 만납니다. 삶과 죽음을 뛰어넘는 견결한 태도로 린다오징에게 험난한 혁명의 길이 무엇인가를 보여 준 린훙은 결국 사형을 당하지만, 그의 영향과 교양으로 린다오징은 그때까지도 남아 있던 개인 영웅주의를 극복하고 혁명에 대한 결의를 다지는 것입니다. 작자인 양모는 린훙이라는 인물에 대해 다음과 같이 술회한 바 있습니다.

> 작중에 나오는 린훙은 실존 인물이다. 이상하리만큼 용감하고 아름다운 이 여 동지는 산둥 군벌 한푸취韓復榘(한복거)의 칼 아래 희생되었다. 바로 이러한 사람들이 나로 하여금 글을 쓰게 만들었으며, 바로 이러한 사람들이 나에게 힘을 주었다. 『청춘의 노래』 '작가 후기'

일본군의 베이징 진출로 국민당 세력이 물러난 뒤 요행히 출옥한 린다오징은 정식으로 공산당에 입당하고 순시원의 신분으로 베이징대학의 학생 운동을 지도하는 과업을 맡게 됩니다. 그러나 이미 베이징대학의 조직은 분쇄되어 어디부터 조직을 재건해야 할지조차 알 수 없는 지경에까지 내몰린 상태였습니다. 린다오징은 류이펑이라는 여 당원과 함께 살며, 한편으로 생활고에 시달리면서도 다른 한편으로는 무너진 베이징대학 내 조직 재건을 위해 분투노력합니다. 그러나 현실은 녹록지 않았으니, 변절자인 다이위는 조직을 팔아넘길 뿐 아니라 베이징대학 내에 가짜 공산당 조직까지 만들어 운동을 원천적으로 봉쇄합니다. 그러나 린다오징은 이 모든 어려움을 극복하면서 쟝화의 협조로 다이위의 진면목을 폭로하고 새롭게 학생자치회를 수립합니다. 이제 한때 방황하던 베이징대학

학생들은 새로 건설된 학생회의 지도하에 다시 일어서서 '12·9운동'의 선봉이 됩니다.

  이 소설은 1931년 '만주사변'에서 1935년 '12·9사건'에 이르는 시간 동안 린다오징이라는 평범한 여학생이 혁명 전사로 변신하는 과정을 통해, 그 당시 젊은 청년들이 어떻게 개인적인 환상에서 벗어나 구국 투쟁의 대오에 투신하게 되었는가를 생생하게 보여 줍니다. 비록 작품 구성이 엄밀하지 못하고 언어 구사 역시 상투적이고 단조롭다는 비판을 듣기는 했지만, 사건의 진행만큼은 긴박감 있게 이어졌기에 출간되자마자 많은 독자의 사랑을 받았습니다. 그와 함께 린다오징은 당시 혁명적 지식 청년의 전형으로 많은 젊은이들의 가슴속에 자리 잡았습니다. 중국의 역사는 이들과 함께 '계속 전진, 전진'했던 것입니다.

일본 제국주의 침략에
맞서 싸우는 민중의 힘

이가장의 변천 李家莊的變遷

1931년   9월, 9·18사건(만주사변 혹은 류탸오거우 사건) 발발.
1932년   1월, 1·28사건(상하이사변). 만주국 건국 선언(푸이 집정).
1937년   7월, 류거우차오에서 중·일 양군 충돌, 중일전쟁 발발. 9월, 장제스, 중국공산당의 국공합
             작 선언 수용(제2차 국공합작). 12월, 난징대학살.
1939년   9월, 제2차 세계대전 발발.
1942년   2월, 옌안 정풍운동이 전면적으로 전개됨. 5월, 중국공산당 중앙선전부, 문예좌담회 개최.
             마오쩌둥, '옌안 문예좌담회에서의 강화' 발표.
1943년   자오수리, 『리유차이 판화』, 『샤오얼헤이의 결혼』 발표.
1945년   자오수리, 『이가장의 변천』 집필.

'루거우차오 사건'과 중일전쟁

베이징 서남쪽 융딩허永定河(영정하)에는 원대元代에 만들었다는 루거우챠오蘆溝橋(노구교)가 있습니다. 일찍이 마르코 폴로가 세계에서 가장 아름다운 다리라고 칭송했던 이 다리를 건너면 완핑청宛平城(완평성)이 나오고, 이 완핑청을 통과해야 베이징에 들어설 수 있습니다. 1937년 7월 7일 늦은 밤에 완핑청 인근에서 훈련하던 일본군 부대를 향해 몇 발의 총알이 날아왔습니다(이 날짜를 따서 이 사건을 '7·7사변'이라 부르기도 한다). 이 와중에 일본군 병사 하나가 실종되었다는 이유로 일본군이 완핑청에 들어와 수색을 요구했습니다. 이를 빌미로 양측 간에 군사적인 충돌이 일어났는데, 초기에는 일본 내에서도 확전擴戰을 원치 않는 분위기가 지배적이었습니다. 그러나 육군과 정부 내 강경파가 강력하게 확전을 주장하자, 결국 일본 내각에서는 병력을 증원하기로 결정했습니다.

중국 측에서도 쟝졔스가 허베이 남부의 바오딩保定(보정)으로 4개 사단을 이동하라고 명령했고, 중국공산당 역시 일본군의 진격이 임박했다고 호소하면서 필요한 경우 즉시 항일 의용군 조직에 착수할 것을 지시했습니다. 이제 전쟁은 피할 수 없는 일이 되었습니다. 그동안 일본에 대해 타협적인 입장을 취했던 쟝졔스가 강경한 입장으로 돌아서자 중국공산당은 이를 환영했습니다. 7월 28일 중국 현지에 주둔하고 있던 일본군이 톈진과 베이징에 대해 전면적인 공격을 개시하니, 30일에는 베이징 이북 지역이 모두 일본군의 손에 들어갔습니다.

이로써 1931년 이른바 '만주사변'으로 불리는 '류탸오거우柳條溝

루거우차오

(유조구) 사건' 이후 동북 지역에서 군사적인 세력을 확장해 오던 일본은 대륙 침략의 야욕을 만천하에 드러냈고, '중일전쟁'이 본격적으로 시작되었습니다. 특이한 점은 '중일전쟁'이 두 나라의 전쟁이었음에도 양국 간에 제대로 된 선전포고가 없었다는 것입니다. 그것은 전쟁 초기에 일본이 이것을 '북지사변'北支事變으로 부르다 전쟁이 본격화된 9월 2일 이후 다시 '지나사변'支那事變으로 고쳐 부른 것에서 알 수 있듯이, 일본 측이 국제적인 이목을 끌지 않기 위해 국지적인 군사 충돌 정도로 그 의미를 축소시켜 버렸기 때문입니다.

그러나 사태는 이미 걷잡을 수 없는 지경이 되어 버렸으니, 명목상 내걸었던 '사변'이 아니라 실제로는 전 중국을 무대로 한 전면전으로 확대되었습니다. 일본군은 걷잡을 수 없는 기세로 중국 대륙을 유린했습니다. 중국군은 상하이 전투에서 영웅적인 항전을 벌였으나, 결국 쟝졔스가 거느린 정예 병력 가운데 60퍼센트에 해당하는 25만 명이 사망하거나 부상을 입는 패배를 당했습니다. 11월 11

일 상하이가 함락되고 중국군은 난징으로 패주했습니다. 쟝졔스가 국제연맹이 자신들을 지지해 줄 것으로 믿고 방관하는 동안 일본군은 난징을 공격해 12월 13일 난징을 함락했습니다. 악전고투 끝에 난징에 입성한 일본군들은 전쟁에 신물이 났고, 그로 인해 몹시 화가 난 상태였으며, 무엇보다 지쳐 있었습니다. 그 누구도 이들을 제지할 수 없는 상황에서, 근대 전쟁사에서 가장 참혹한 참상이라 일컬어지는 '난징대학살'이 벌어졌습니다. 난징에서의 아수라장을 뒤로하고 살아남은 국민당군은 우한武漢으로 철수했습니다.

이렇듯 긴박한 상황 속에서 신해혁명 이후 전국에서 할거하던 군벌들을 대신해 양대 세력으로 성장한 국민당과 공산당은 민중들의 강력한 요구로 '국공합작'에 나섰지만, 좀 더 근본적인 의미에서 화합적 결합에까지 이르지는 못했습니다. 이들은 사사건건 대립했고, 빌미가 주어지면 상호간의 무력 충돌까지도 불사할 정도였습니다. 사태가 이러한 지경에 이른 것은 국민당과 공산당을 이끌었던 쟝졔스와 마오쩌둥이 갖고 있던 인식의 차이 때문이기도 했습니다. 공산당에 대한 뿌리 깊은 불신과 원한을 갖고 있던 쟝졔스는 '국공합작'을 통해 공산당에 대한 군사적 지휘권을 손에 넣고자 했을 따름이었습니다. 하지만 진작부터 이를 간파

쟝졔스와 마오쩌둥(1945년 8월 충칭 평화협상 당시의 모습)

한 마오쩌둥은 '국공합작'이 성립된 직후부터 이것이 단순한 두 정당의 통일전선이 아니라 일본 제국주의 세력의 침략 앞에 선 각 당파와 각 계층 간의 통일전선이며 노동자, 농민, 병사, 지식인, 상공업자 등 모든 애국 인민의 통일전선이라는 사실을 천명했습니다.

결국 '국공합작'은 명목상으로만 유효했던 일종의 구호에 지나지 않았고, 실제로는 전국이 국민당 통치구('국통구')와 공산당의 해방구('해방구')로 나뉘었습니다. 그런 와중에 작가들 역시 각자가 처한 위치에서 그 나름의 창작 활동을 왕성하게 펼쳐 나갔는데, '국통구'에서 발표된 소설 작품들은 주로 전쟁과 혁명 과정 속에서 지식인의 삶의 의미와 사회적 역할에 대해 탐색하는 경향을 나타냈고, 해방구의 경우에는 노동자와 농민, 병사를 중심으로 한 민중들과의 공동체 생활 속에서 지식인들이 겪었던 갈등과 그것을 극복해 나가는 과정이 주요한 흐름으로 떠올랐습니다.

마오쩌둥의 옌안 문예강화

1941년 12월 8일(하와이 시간으로는 7일) 일본군은 기습적으로 진주만을 폭격했습니다. 이른바 '태평양전쟁'이 시작된 것입니다. 이제 전쟁은 새로운 국면으로 접어들었고, 일본군의 전선은 중국 대륙에서 다시 동남아시아와 중남부 태평양으로 확대되었습니다. 이에 따라 일본군의 공세 역시 중국 전선에서 남방으로 옮겨 갔고, 미국이 같은 연합국으로서 중국과 연대하는 상황이 벌어졌습니다. 그러나 이러한 호기를 쟝졔스는 일본군을 공격하는 데 이용하지 않고 오히려 반공 공세를 펴 나갈 빌미로 삼았습니다. 쟝졔스는 미국이 일본을 물리쳐 줄 것으로 생각하고 이 틈을 타 '해방구'를 확실하게 분쇄하고자 했던 것입니다.

그렇지 않아도 전 중국에서 가장 낙후된 곳에 터를 잡고 있던 공산당은 이로 인해 큰 어려움에 빠졌습니다. 안팎으로 가중되는 어려움들을 이겨 내기 위해 마오쩌둥은 적극적인 '생산 활동'과 '정풍운동'으로 위기를 타개하고자 했습니다. 그러나 마오쩌둥이 가장 심혈을 기울였던 것은 물질적인 결핍의 해소가 아니라 개개인이 갖고 있는 사상을 근본적으로 개조하는 것이었습니다. 마오쩌둥은 중국의 전통적인 엘리트들을 태생적으로 경멸하고 혐오했습니다. 그들은 현실에 대한 절실한 인식도 없이 단지 관념 차원에서만 민중의 아픔을 이야기했던 것입니다.

1941년 5월, 마오쩌둥은 옌안延安(연안)에서 열린 간부회의에서 이론과 실천의 통일 문제를 제기하고, 교조만을 암기할 뿐 주변 상황은 무엇 하나 조사하고 분석하지 않으려는 주관주의적인 태도를 비판했습니다. 여기서 한 걸음 더 나아가 마오는 마르크스 레닌주의 이론을 중국 혁명의 실제 운동과 결합할 것을 요구했습니다. 그런데 당시 마오의 당내 위치는 조금 어정쩡한 데가 있었으니, 마오가 당내에서 이론의 여지없는 만능 전략가로 추대되고는 있었지만 여러 집단 간의 협력 관계가 유동적으로 움직이는 가운데 통제력에는 일정 정도 한계가 있었습니다. 그러나 그간의 암중모색을 통해 마오가 점차 독자적인 사상을 발전시키고 당내에서 실권을 쥐고 있던 소련파로부터 이탈해 정치적으로 힘을 키워 나가자, 서서히 그를 추종하는 세력이 당내에 형성되어 있었습니다.

당시 공산당이 지배하던 이른바 '변구'邊區(중국공산당 자치 군정 지구)에는 물질적인 결핍으로 인한 곤란함 말고도 간부의 부패와 의식주의 불평등, 오락거리의 부족이나 단조로운 일상 등에 대한 불만이 팽배해 있었습니다. 그리하여 1941년부터 1944년까지 중국공산당은 정치와 경제, 사회, 군사 방면에서 몇 가지 대중 운동을 전개했으며, 그 결과 중국의 공산주의 운동은 그때까지와는 전혀 다른 차원으로 제고되었습니다.

1942년 2월 마오쩌둥은 당 전체에 이른바 '삼풍정돈'三風整頓 운동을 일으켰습니다. 이것은 학습을 통해 당원 각자가 '학풍'學風, '당풍'黨風, '문풍'文風이라는 말로 대변되는 '주관주의'와 '종파주의', '당 팔고'적인 작풍*을 극복하는 것을 말합니다. 당시 공산당 당원과 행정 간부들은 현실에 대한 절실한 인식도 없이 관념적인 차원에서만 민중의 아픔을 이야기하는 주관주의에 빠져 있었습니다. 그뿐만 아니라 간부들 대부분이 문맹이었기 때문에 이들을 이론적으로 무장시키고, 그 결과 당내의 사상적 통일을 이루는 일이 시급하게 요청되었습니다. 이러한 요구 아래 1942년부터 1943년에 걸쳐 당내의 고급·중급 지도 기관과 여기에 속해 있던 약 3만 명 이상의 간부가 학습과 훈련을 받았습니다.

마오쩌둥은 또 '당'과 '대중'의 관계에 대해서도 문제를 제기했습니다. 공산당은 과연 누구를 위해, 또 어떻게 복무할 것인가? 이것은 '5·4운동' 이래 혁명문학 논쟁 내부에서 일었던 '문예의 대중화' 문제와 맥을 같이하는 것으로, 마오는 이 문제를 해결하기 위해

---

* 별 내용이 없는 형식적인 문장. 형식주의.

옌안 문예강화 시기의 마오쩌둥

1942년 5월 옌안에서 '문예좌담회'를 열고 자신이 직접 출석해 '옌안 문예좌담회에서의 강화'(「문예강화」로 약칭)라는 제목의 강연을 했습니다. 마오쩌둥은 이 강연을 통해 당시 옌안 지구의 문학·예술 이론과 운동을 비판했을 뿐 아니라 '문예의 대중화' 문제에 대해 확고한 해답을 내놓았고, 향후 중국 문학이 나아가야 할 방향을 제시했습니다.

「문예강화」의 중요한 요점은 '문학과 예술은 누구에게, 어떻게 봉사해야 하는가'라는 문제다. 이 점에 대해 「문예강화」는 다음과 같이 말했다. 문학과 예술은 첫째로 노동자, 농민, 병사를 위해 봉사해야 한다. 어떻게 봉사해야 하는가에 대해서는 보급이 첫째이며, 보급의 기초 위에서 예술적 수준을 향상시켜야 한다. 노·농·병의 생활과 투쟁 속으로 깊이 들어가, 그들과 일체가 되고 그들의 생활을 알아야만 노·농·병을 정확히 표현할 수 있다고 주장했다. 또 '문학·예술과 정치'에 대해 「문예강화」는 정치를 더욱 중요시했다. 즉 작품 비평에서는 정치 기준과 예술 기준이 있는데, 정치 기준을 우위로 해 양자를 통일해야 한다는, 예술성보다 정치성을 중시하는 주장을 펴고 있다. 「문예강화」의 문예관을 구체적으로 말하면, 노·농·병의 대중이 애호하는 전통적인 민간 문예나 '민족 형식'을 중시하며, 이를 이용해 사상성을 표현해 내야 한다는 것이다.

이 좌담회에서는 많은 작가가 비판을 받았는데, 특히 딩링丁玲(정령)과 아이칭艾靑(애청), 샤오쥔蕭軍(소군) 등이 가혹한 탄압을 받았습니다. 그러나 동시에 공산당은 지식인들을 회유하고 자신들의 편으로 끌어들이는 데 안간힘을 썼기에, 이들은 처벌을 면하고 이후 대대적으로 벌어졌던 '하향입오'下鄕入伍 운동에 참여했습니다. 이것은 작가 등의 직위를 버리고 군인이나 당 조직책, 행정 간부 또는 대중 조직의 활동가로서 현장에 내려가 대중의 일상 업무에 참여하는 것이었습니다. 이러한 경험을 통해 인민 대중을 깨우치고 일으켜 단합하고 투쟁하며 자신의 환경을 개혁하는 데 동참할 수 있도록 해 주는 진정한 예술가로 다시 태어날 수 있었던 것입니다.

그 결과 딩링의 경우 이전 작품에 드러났던 작가 개인의 내면세계는 없어지고, 대중의 생활과 투쟁만이 묘사된 작품을 내놓았습니다. 그러나 「문예강화」의 세례를 받고 그 누구보다 성공적인 작품을 쓴 최초의 작가는 자오수리趙樹理(조수리)였습니다. 그는 산시 성山西省의 농촌 출신으로 농민들의 생활 감정이나 언어, 민간 문예에 대해 깊은 이해를 갖고 있었습니다. 그리고 소학교 교사를 거쳐 《신화일보》 기자가 되는 사이 여러 직업을 전전하며 다양한 체험을 했습니다. 1945년에 발표한 『이가장의 변천』李家莊的變遷은 그의 대표작으로 꼽히는 장편소설입니다.

「문예강화」의 창작 실천

자오수리趙樹理(1906~1970)는 본명이 자오수리趙樹禮로, 중국에서도 빈궁한 지역으로 손꼽히는 산시 성 친수이 현沁水縣(심수현) 웨이츠 촌尉遲村(위지촌)에서 태어났습니다. 그의 집안은 그런대로 먹고살 만한 중농 출신이었는데, 뒤에 고리대금업자의 압박으로 빈농으로 떨어졌다고 합니다. 마을의 서당에서 글을 배우던 그는 1920년 5·4 운동의 영향으로 마을 인근에 설립된 고등소학교에 입학했다가 3년 뒤인 1923년에 졸업하고, 친수이 현 바이장 촌柏掌村(백장촌)에 있는 초급소학교 교사가 되었습니다. 그러나 이내 상사와의 불화로 학교를 그만두고 고향으로 돌아온 그는 아버지의 강권으로 1925년 산시 성 창즈長治(장치) 제4사범학교에 입학했습니다.

1927년 '4·12쿠데타'로 '국공합작'이 결렬된 뒤 공산주의자에 대한 탄압이 심해지자, 당시 공산주의에 경도되었던 자오수리는 1928년 학교를 중퇴하

자오수리

고 고향으로 돌아와 친수이 현의 소학교 교사가 되었습니다. 그러나 그 이듬해 봄 문학연구회에서 간행하던 《소설월보》와 정전둬鄭振鐸가 번역한 러시아 작가의 소설 『회색마』灰色馬를 소지하고 있다는 이유로 체포되어 별다른 재판도 받지 않고 산시 성의 성도省都 타이위안太原(태원)에 있는 '쯔신위안'自新院(자신원)이라는 곳에서 교화를 받다가 1930년 봄에 석방되었습니다. 그에게 큰 기대를 걸었던 그의 아버지는 이 일로 크게 실망하고 분노했으니, 결국 자오수리는 이를 견디지 못하고 고향을 떠나 타이위안으로 갔습니다.

자오수리는 타이위안에서 생계를 위해 닥치는 대로 일을 했습니다. 영화의 단역배우, 도장장이, 그림쟁이, 심지어 마술사까지도 했는데, 그 밖에 사람들에게 이야기를 들려주고 돈을 받는 설서인說書人 노릇을 한 것은 뒤에 그가 소설을 쓰는 하나의 계기가 되었습니다. 자오수리는 약 6년여에 걸친 방황을 끝내고, 1936년 친구의 소개로 창즈 현에 새로 설립된 상당공립간이향촌사범학교上黨公立簡易鄕村師範學校에 교사로 취직했습니다. 그러나 이 역시도 1년 뒤인 1937년 7월 7일 중일전쟁이 일어나자 학교가 폐쇄되어 이내 그만두었습니다. 자오수리는 이때부터 항일 운동에 투신할 것을 결심하고, 그해 8월 정식으로 공산당원이 되었습니다.

자오수리는 희생구국동맹회犧牲救國同盟會('희맹회'라 약칭)라는 단체에 가입해 양청 현陽城縣(양성현)의 특파원으로 파견되어 항일 공작을 진행했는데, 이때의 경험은 훗날 창작한 소설에 많이 등장하는 소재가 되었습니다. 1939년에는 산시 성 '희맹회'의 기관지인 《황하일보》黃河日報의 부편집인이 되어, 이때부터 신문 편집에 종사했습니다. 이듬해인 1940년에 《황하일보》와 《진예보》晉豫報가 합병되어

《인민보》人民報가 되자 역시 편집을 담당하다, 다시 월간 잡지인 《항전생활》抗戰生活의 편집인이 되었습니다. 같은 해에 《신화일보》新華日報 화북판華北版 자료실로 자리를 옮겨 근무했습니다.

1942년 마오쩌둥의 「문예강화」가 발표된 뒤, 당시 중국공산당 문예선전부의 총책임자였던 저우양周揚(주양)은 마오의 문예 노선을 실천으로 옮길 만한 작가를 물색하고 있었습니다. 자오수리는 일찍이 사람들에게 이야기를 들려주는 설서인의 경험이 있는 데다, 그 자신 역시 한때 농민을 위한 글을 써야 한다며 통속문학을 제창한 적이 있었기에 그 적임자로 손꼽혔습니다. 과연 자오수리는 그에 대한 기대를 저버리지 않고 창작에 몰두해 1943년 『리유차이 판화』李有才板話와 『샤오얼헤이의 결혼』小二黑結婚을 잇따라 발표했습니다.

저우양은 자오수리의 작품을 높이 평가하며 다음과 같이 말했습니다.

> 자오수리는 농민을 농민답게 묘사해 행동이나 언어가 모두 농민의 행동이며 농민의 언어로, 자연스럽고 간단명료해서 조금도 가식이나 허식이 없다. 또한 간단한 동작이나 몇 마디 언어로 농민의 진실된 면모를 그려 냈다. 「자오수리의 창작을 논하며」

중국에서는 1920년대 이후 문학계의 봉건적인 잔재를 모조리 지울 목적으로 제창된 혁명문학 논쟁이 활발하게 일어났습니다. 그러나 논쟁 끝에 얻은 결론은 공허한 이론 투쟁을 뒷받침할 만한 창작 실천이 필요하다는 것이었습니다. 그것이 곧 '문예대중화론'으로, 글을 읽지 못하고 설사 읽어 주더라도 이해하지 못하는 대부분의 노동자, 농민 대중에게 어떻게 문예 운동을 펼쳐 나갈 것인가 하는 것이 주요 과제였습니다. '문예대중화론'은 다시 '언어 문제'와 '형식 문제'로 구체화되는데, 곧 노동자, 농민 대중이 알아듣는 언어와 그들이 받아들일 수 있는 문예 형식, 곧 '민족 형식'을 개발해야 한다는 것입니다. 그러나 이것 또한 쉽게 해결될 수 없는 과제였으니, 이후로 많은 작가가 진정한 '문예대중화'를 놓고 고심에 고심을 거듭했습니다. 마오쩌둥의 「문예강화」는 바로 그때까지 진행되어 온 '문예대중화'에 대한 논쟁을 이론적으로 총결한 것이었고, 자오수리의 소설은 그것을 실천으로 옮겨 작품화한 것이었습니다.

『리유차이 판화』야말로 이러한 특성을 가장 잘 체현한 작품으로 평가받는데, 그것은 그의 출신과도 밀접한 연관이 있습니다. 앞서 말한 대로 그는 젊은 시절 먹고살기 위해 사람들 앞에서 이야기를 들려주는 설서인 노릇을 하기도 했는데, 사실 그의 이러한 재능은 아버지에게서 물려받은 것이기도 합니다. 곧 그의 부친인 자오허칭 趙和淸(조화청)은 한의학과 점성술, 풍수지리 등에 조예가 있고 이야기 구술과 창에도 능했던, 실로 다재다능한 인물이었습니다. 자오수리는 이러한 부친의 영향으로 이야기 구술과 창에 능했는데, 젊은 시절 집을 떠나 방랑하던 때에 팔음회八音會라는 극단에 몸담으면서 그러한 재능을 마음껏 발휘할 수 있었습니다. 그래서 당시 중국 문단을 이끌던 마오둔은 『리유차이 판화』야말로 "민족적인 형식을 향한 첫걸음을 상징한다. 내가 함부로 말할 수는 없지만, 이것이 바로 민족 형식"이라고 주장하기도 했습니다.

작가로서 이름을 얻은 자오수리는 1945년 일본이 패망하자 고향을 떠난 지 9년 만에 귀향했습니다. 그때는 이미 부친은 세상을 뜨고, 떠나올 때 만삭이던 아내가 낳은 딸이 아홉 살이 되어 있었습니다. 그해 겨울 자오수리는 자신이 객지에서 떠도는 동안 많이 변한 고향의 모습을 소재로 소설을 집필하니, 이것이 바로『이가장의 변천』이었습니다.

어느 농촌 마을에서 일어난 일련의 변화들

『이가장의 변천』은 종법적인 질서가 여전히 지배하는 낙후된 농촌 마을이 각성의 시기를 거쳐 새롭게 변화하는 일련의 과정을 묘사한 소설입니다. 농촌 출신에 젊은 시절 다양한 사회 경험을 한 바 있는 자오수리는 이러한 체험을 통해 '문단'文壇의 작가가 되기보다는 '문탄'文攤*의 작가가 되는 것을 지향했습니다. 그래서 그는 농민들이 사용하는 언어를 능숙하게 운용했고, 문장도 분명하고 유창하면서 유머가 듬뿍 담겨 있어 교육 수준이 낮은 농민들도 쉽게 읽을 수 있었습니다.

    작품에 등장하는 인물은 대지주인 리루전李如珍(이여진)과 그의 두 조카로 대표되는 마을의 지배 계층과 중농·자영업자를 중심으로 한 중간 계층, 그리고 주인공이라 할 톄숴鐵鎖(철쇄) 등과 같은 빈농 계층으로 나뉩니다. 자오수리는 이들 사이에 벌어지는 여러 에피소드를 통해 마을의 지배 계층이 누리는 부와 권력이 얼마나 부도덕하게 형성된 것이며, 또 그것이 얼마나 무자비한 수단과 방법을 통

---

* '문탄'文攤은 '길거리 좌판에 벌여 놓은 책방'이라는 뜻으로, 중국어로는 '문단'文壇과 '문탄'의 발음이 '원탄'wentan으로 똑같다.

해 유지되고 확장되는지를 그려 내고 있습니다. 이것은 도입부에서 일어난 뽕나무 사건에서 톄쒜가 억울하게 패소하고, 그로 인해 막다른 골목에 내몰리는 것으로 표출됩니다.

> 톄쒜는 재산을 잃고 병이 난 뒤부터는 생활이 하루하루 나빠져 갔지만, 다행히 그는 어려서 아버지를 따라 목수 일과 미장이 일을 배웠기 때문에 비록 일을 지휘해 보지는 못했지만 다른 사람의 조수로서는 그래도 능력이 있었다. 그래서 그는 연장을 등에 지고 밖에 나가서 다른 장인들과 조를 이루어 잔돈푼이라도 버는 수밖에 없었다.

성실하게 살아왔던 농민이 하루아침에 삶의 터전을 잃고 먹고살기 위해 무슨 짓이라도 해야 하는 신세로 전락한 것입니다.

이후의 과정은 톄쒜가 이런저런 인생 유전을 겪어 가며 현실의 모순에 눈을 뜨는 것입니다. 삶의 터전을 잃은 톄쒜는 산시 성의 성도인 타이위안에 가서 떠돌이 막노동자로 일하다 이마저도 군인들 때문에 못해 먹게 되었으나, 뜻밖에도 리루전의 조카인 샤오시小喜(소희)를 만나 당번병이 됩니다. 그러다 본의 아니게 공산당원으로 몰려 '방공'防共 중노동 수용소에서 죽어라 일하다가 '7·7사변'이 일어나자 산시 성 '희맹회' 사람들에 의해 석방되었습니다. 이때 사회주의 운동가인 샤오창小常(소상)을 만나는데, 이 일은 톄쒜의 인생에서 중요한 전환점이 됩니다. 톄쒜는 샤오창에게서 상황이 바뀌었음에도 리루전과 그의 조카 샤오시와 춘시春喜(춘희)가 여전히 자신들의 지위를 유지하고 있다는 얘기를 듣고 다음과 같이 말했습니다.

설마 리루전, 샤오시, 춘시 이 세 사람의 세력은 쇠못으로 박아 놓은 것은 아니겠지요? 왜 아무리 바꾸어도 언제나 그 사람들입니까? 말씀하셨잖아요, '이런 나쁜 인간들을 타도하지 않고는 세상에 진리가 있을 수 없다'고요.

이제 톄쒀는 중국 사회가 안고 있는 모순의 일단을 정면으로 응시하게 되었습니다. 샤오창은 그런 의문에 대한 답을 간단명료하게 정리해서 들려줍니다.

……당신은 정말 열성적인 사람이군요. 그 방법을 내가 오늘 당신에게 말해 주리다. '바로 사람들을 조직하는 것이오.' 이렇게 말하면 매우 추상적인데, 뒤에 천천히 이야기합시다. 우리 희맹회는 바로 이 일을 전문으로 하고 있으며, 그런 인간들에 대처할 뿐 아니라 가장 중요한 것은 역시 일본 제국주의에 저항하는 겁니다. 그러나 그런 인간들에 대처하지 않으면 대부분의 선량한 백성이 그들의 압제로 머리를 들 수 없는데, 어떻게 항일을 할 수 있겠어요?

샤오창의 말대로 1년 남짓 집을 떠나 있던 톄쒀는 일단 귀가하기로 한 뒤 길을 나섰습니다. 돌아가는 길에 톄쒀는 알 수 없는 감정에 기분이 좋아져 누군가에게 이야기를 걸고 싶었지만, 자기 이야기를 들어줄 사람이 없어 혼자 노래를 부르다 크게 소리쳤습니다.

이제야 비로소 세상이 세상 같아졌구나.

소설은 이후 톄쒀를 비롯한 마을 사람들이 투쟁에 나서고 결속하는 과정을 그리고 있습니다. 리루전을 비롯한 마을의 지주 계층은 자신들의 기득권을 유지하기 위해 일본 제국주의 세력과 야합하고, 이에 반해 빈농 계층은 기본적인 생존을 위해 뛰어든 항일 전쟁의 과정 속에서 자신들의 계급적 불평등을 극복해 나갈 역량과 의지를 획득하는 것입니다. 그래서 이 작품은 크게 톄쒀가 파산했다가 자아 각성에 이르는 전반부와 그 후 마을 사람들이 적극적인 투쟁에 나서는 후반부로 나뉜다고 볼 수 있습니다.

이러한 전환의 배후에는 항일 전쟁 발발이라는 사건이 깔려 있습니다. 전편을 통해 자오수리가 주장하고자 했던 것은 일본 제국주의의 침탈에 맞서 싸우는 민중의 깨달음의 과정이라 할 수 있습니다.

"……여러분이 저에게 이야기를 하라고 하시니 저는 먼저 제가 무엇 하러 왔는지를 말씀드려야겠습니다. 저는 본 현의 희맹회 특파원으로, 이 마을에 희맹회를 조직하러 왔습니다. ……여러분은 왜 구국을 해야 하는지 알고 계십니까?"

어떤 사람이 말했다.

"알지요. 일본이 쳐들어왔기 때문이지요."

샤오창이 이어서 말했다.

"여러 달이 되었으므로 여러분도 조금은 알고 계시리라 여겨서 여기서는 길게 말씀드리지 않겠습니다. '일본을 치고, 중국을 구한다'는 것은 우리 모두의 일입니다. 마땅히 모두가 함께 일어나야 합니다. 돈이 있는 사람은 돈을 내고, 여러분은 힘을 내야 합니다. 전에는 돈 있는 사람들이 돈을 내려 하지 않고 돈 없는 사람의 등골에서 짜내려고만 했습니다만, 이것은 잘못된 일입니다. 나라를 구하는 것은 모두의 일입니다. 일본 사람이 온다면 돈 있는 사람들이 받는 손실이 더 큽니다. 모두에게는 문을 지키게 하고 돈 있는 사람은 잠만 자게 하는 것은 옳지 않습니다."

여기서 한 발 더 나아가 샤오창은 마을 사람들과 나누는 대화에서 알아듣기 쉬운 말과 비유로 그들을 설득합니다.

왜 여러 사람이 모두가 실제적인 일을 하지 않을까요? 여기에는 두 가지 원인이 있습니다. 바로 대부분의 사람은 돈이 없고, 권리가 없다는 겁니다. 돈이 없으면 먹고 입는 것을 돌볼 수 없는데, 어떻게 나라를 구할 수 있겠습니까? 톄쒀 씨 같습니다. 여러분, 저 사람의 바지에 있는 해진 구멍을 보십시오. 항일은 중요합니다. 그러나 바지를 입는 것도 중요하지 않다고는 말할 수 없습니다. 그를 항일에 동원하려 한다면 반드시 먼저 그에게 바지를 입힐 방법부터 생각해야 합니다. 권리가 없으면 국가 대사는 자기의 일이 아닌 것으로 보는데, 어떻게 나라를 구할 생각을 가지겠습니까? ……돈 없는 사람은 게으르기 때문이 아니라 그들은 1년 내내 한가한 때를 얻지 못하면서도 1년 동안 애써서 모은 돈을 모두 남에게 바칩니다. ……권리가 없는 사람은 못났기 때문이 아니라 권리를 자기들 것만으로 하는 사람들에 의해 매 맞고 벌을 받고, 죽임을 당하고, 잡히고, 갇히고, 중노동을 당하느라 눌려서 머리를 들 수 없기 때문입니다. 여러 사람을 항일에 동원하려고 한다면 여러 사람에게 돈을 가지게 하고 권리를 가지게 해야 합니다. 모든 사람에게 돈을 가지게 하려면 세금과 이자를 감해 주고 합리적으로 부담을 집행해야 하며, 옛 빚을 청산하게 해 군중의 생활을 개선시켜 주어야 합니다. 여러 사람에게 권리를 갖게 하려면 소수의 특별한 권력을 취소해야 하고, 인민들의 자유를 보장하며 민주를 실행해야 합니다.

사람들은 점차 자신들이 처해 있는 현실의 어려움이 어디에서 온 것인지를 깨닫습니다. 그러나 당시는 지주와 빈농 간에 첨예한 계급적 대립이 온존해 있어, 지주 계급은 물론이고 왕안푸王安福(왕안복) 같은 중간 계층의 인물들 역시 샤오창의 주장에 대해 회의적인 시각을 갖고 있었습니다. 그가 말하는 것은 일단 귀가 솔깃하긴 하지만 듣자니 그는 공산당원이라는데, 내 것 네 것 구분하지 않는 공산당에 대해서는 우선 거부감부터 들었던 것입니다. 그리하여 샤오창이 왕안푸를 설득하는 과정은 중국 혁명이 중간 계층과의 통일전선적 협조 관계를 구축하지 않고는 달성하기 어렵다는 것을 드러내 보여 줍니다.

그(왕안푸)는 전쟁에 대해서는 아주 간단하게 생각하고 있었다. 적이 오면 가장 좋은 것은 막는 것이고, 막을 수 없다면 후퇴하다가 중도에서 형세가 나아지면 다시 반격하고, 형세가 좋지 않으면 현 위치를 지키며, 현 위치를 지킬 수 없으면 다시 후퇴하고, 구석에까지 후퇴하고도 지킬 수 없으면 그것으로 끝나는 것이라고 생각했다. 지금 그는 샤오창이 자기가 사는 이곳을 잃을 수도 있으나 잃은 뒤에는 사면팔방이 모두 일본 사람인데, 그 안과 밖

마오쩌둥(1938년 5월 옌안에서)

에서도 항전할 수 있다고 하고, 또 그 중간에 적과 여러 차례 쟁탈을 반복할 수도 있으며, 상당한 기간을 고생해야만 최후로 적을 격파할 수 있다고 말하는 것을 들었다.

이것은 사실상 마오쩌둥이 천명한 이른바 '지구전론'을 샤오창의 입을 빌려 풀어낸 것입니다. 대장정을 끝내고 오랜만에 안정을 찾은 마오쩌둥은 그 여유를 이용해 중국 혁명 문제를 전체적으로 조망하는 데 필요한 비전을 갖추었습니다. 마오쩌둥은 1938년 5월 26일에서 6월 3일 사이 옌안에서 개최된 항일전쟁연구회에서 '지구전을 논함'論持久戰이라는 제목의 강연을 하고, 한 편의 논문으로 발표했습니다. 당시 중국 내에는 일본과의 전쟁에서 반드시 패할 것이라는 '망국론'과 이와는 반대로 3개월이면 전쟁을 끝낼 수 있다는 '속승론'速勝論이 팽배해 있었습니다. 전자는 국민당 내 타협파가 주장한 것이고, 후자는 쟝졔스가 주장한 것이었습니다. 공산당 내에도 국민당 정규군의 항전을 믿고 유격전을 경시하는 사람들이 있었는데, 마오쩌둥은 이 모든 잘못된 현실 인식을 총괄하면서 공산당의 항일 지구전 방침을 천명했던 것입니다.

중일전쟁은 무슨 다른 전쟁이 아니라 반식민지半殖民地 반봉건半封建 상태의 중국과 제국주의 일본 사이에 20세기 1930년대에 벌어진 죽음을 각오한 전쟁으로 모든 문제의 뿌리가 여기에 있다. ……일본은 강대한 제국주의 국가지만, 그 침략 전쟁은 퇴보적이고 야만적이다. 중국의 국력은 비록 비교적 약하지만 그 반침략 전쟁은 진보적이고 정의로운 것이며, 또 중국공산당과 그 영도 아래 있는 군대라고 하는 진보적인 요소의 대표를 갖고 있다. 일본의 전쟁 역량은 비록 강하지만 필경은 소국으로 군사력과 경제력 모두 결핍되어 있어 장기간의 전쟁을 치러 낼 수 없다. 그러나 중국은 대국으로 땅도 넓고 인구도 많기에 장기간의 전쟁을 버텨 낼 수 있다. 일본의 침략 행위는 다른 나라의 이익에 손해를 끼치고 위협하기에 국제적인 동정과 원조를 얻을 수 없지만, 중국의 반침략 전쟁은 세계적으로 넓은 지지와 동정을 얻어 낼 수 있다. 이러한 특징들이 전쟁의 지구적인 성격과 최후의 승리가 일본이 아니라 중국에 있다는 사실을 규정해 왔고, 규정하고 있다.[*]

마오쩌둥의 주장은 이 전쟁이 단순히 전쟁 당사자만의 전쟁이 아니라 인민 대중이 자각적으로 참여하는 전쟁이어야 하고, 항일 전쟁은 운동전運動戰[**]을 위주로 하면서 유격전을 펼쳐 나가야 한다는 것으로 요약할 수 있습니다. 마오는 전쟁에서 무기는 중요한 요소이기는 하나 결정적인 요소는 아니고, 전쟁을 수행하는 인간이야말로 결정적인 요소라고 주장하면서, 민족의식을 자극해 민족의 부활을 호소하고 인민 대중으로 하여금 죽음을 무릅쓰고 적과 싸우겠다

---

[*] 『마오쩌둥 선집』毛澤東選集 제2권, 베이징: 런민출판사人民出版社, 1991, 447~450쪽.
[**] 마오쩌둥의 게릴라전 이론에서, 부대의 기동을 바탕으로 적에게 피해를 주고 다른 곳으로 이동하는 것을 반복하는 전투. 정규 작전의 상대 개념이다.

는 결의를 갖게 해야 전쟁에서 승리할 수 있다고 설파했습니다. 동시에 마오쩌둥은 최후의 승리를 위해서는 국민당 군대의 지원과 일본 제국주의에 반대하는 중국 내 민주 세력의 지원이 필요하다는 사실도 강조했습니다.

샤오창이 왕안푸 노인을 설득하는 과정은 바로 마오쩌둥의 논리를 작품 속에서 설명해 나가는 것이라 할 수 있습니다. 공산당과 샤오창에 대해 회의적인 시선을 거두지 못하던 왕안푸는 샤오창에게 설복당한 뒤에는 오히려 더 적극적으로 나섰습니다.

이 늙은 것은 실제적인 일을 할 것을 주장합니다. 비록 많은 돈을 가지고 있지는 않으나 부자들이 돈을 내라는 말만 들으면 놀라서 달아나는 것과 같지는 않아요. 회에서 참으로 돈이 필요한 데가 있으면 이 늙은 것의 힘이 다하는 데까지 얼마고 있는 대로 내겠어요. 이 작은 점포가 돈을 내는 것으로 파산한다고 해도 말입니다. 일본 도깨비들이 당장 와서 집을 몰수한다면 이런 것이 말이 되겠습니까? 눈알마저 잃을 판인데 눈썹 몇 개가 말이 됩니까?

왕안푸가 앞장서자 과연 그 효과가 금방 나타나서 너도 나도 희맹회 활동에 동참하고 나섭니다.

60세의 왕안푸가 희맹회에 참가하고 스스로 이자를 감했다는 이 사건은 샤오창이 현에 돌아와서 그것을 현동원위원회의 작은 신문에 실었고, 마을에서는 톄쒀가 선전했으며, 왕안푸 노인 스스로가 남들에게도 말하니, 며칠이 안 되어 남에게 땅을 빌려 준 사람이나 남에게 돈을 빌려 준 사람들 모두가 세와 이자를 정부의 법령으로 감하는 것으로 알고는 이미 어떤 사람은 집행하기도 하고, 또 많은 사람이 자기의 지주나 채권자에게 요구하기도 했으며, 각 마을의 희맹회가 또 중간에서 도우니 이러한 풍조가 매우 빨리 조성되었다.

당시 농촌을 어렵게 했던 것은 고율의 소작료와 고리대였기에, 실제로 공산당 통치구에서는 1942년에서 1944년에 걸쳐 '감조감식 운동'減租減息運動이 대대적으로 벌어지기도 했습니다. 특히 소설에서 왕안푸를 공들여 묘사한 것은 사실상 사회주의 사회 수립에서 이들 중농과 부농을 어떻게 포용할 것이냐 하는 것이 중요한 관건이었기 때문입니다. 그러나 마찬가지 이유로 왕안푸라는 인물의 형상화는 이 소설이 현실을 지나치게 단순화하고 낙관적으로 그리고 있다는 비판을 받는 요인이었습니다. 현실에서 중농과 부농이 사회주의 사회에 편입되는 것은 말처럼 쉬운 일이 아니었던 것입니다.

마을 사람들의 힘으로 현 정부와 구 사무소를 수립하는 등 평온을 되찾고, 이후로도 적의 공격을 잘 막아 내는 등 이가장李家莊(리씨 집안 장원) 마을은 예전에 없던 풍요를 구가합니다.

이가장은 이때부터 근거지가 되었고, 다시는 무너지지 않았다. 적이 몇 차례 '소탕'을 왔으나 이가장에는 좋은 민병들이 있어, '집을 비우고 양식을 감추는 작전'도 잘해서 무너지지 않았다. 3년간의 큰 가뭄에도 이가장은 호조대대互助大隊가 못을 파서 관개를 해 무너지지 않았다. 메뚜기 떼가 오자 이가장에서는 메뚜기

소탕대를 조직해 구·현과 합작해서 메뚜기를 소탕해 또 무너지지 않았다. 무너지지 않았을 뿐만 아니라 집집마다 양식 생산이 원래 계획보다 초과되어 많은 노동 모범을 냈다. 합작사는 발전해 베이징에서 광저우까지의 잡화를 모두 갖추고 있어 일용품을 마을 밖에 나가 살 필요가 없었으며, 또 소학교를 세우고, 민중 야간 학교도 세웠으며, 극단도 세웠다. 용왕묘와 야경소 앞은 매일 밤 매우 번화했다.

일본군은 패주하고 마을은 평온을 되찾은 것입니다. 하지만 그들이 추구하는 이상적인 사회는 아직 멀리 있었습니다.

일본이 비록 항복을 선포했지만, 쟝졔스가 오히려 일본인들에게 총을 우리에게 내주지 말라고 명령했고, 또 중앙군에게 황허를 건너 팔로군을 공격하라고 명령했다는 겁니다. 옌시산閻錫山(염석산)*은 산시에 주둔하던 일본군과 뜻을 같이하고 다시 타이위안에 돌아와서는 그들의 괴뢰군인 샤오시를 자신의 군대로 편성하고 그들에게 견장을 바꿔 준 다음 원래 있던 곳에 주둔시켜 팔로군을 소멸하게 한다는 것입니다. 팔로군이 두 번째 왔을 때 여러분에게 영원히 떠나지 않는다고 말하지 않았습니까? 그런데 지금 중앙군이 오고 있고, 옌시산군도 오고 있으며, 또 일본군에게는 총을 내주지 못하게 하니……

---

* 당시 산시 지역을 지배하던 군벌.

마오쩌둥이 말한 대로 중국 혁명의 길은 멀고 험난했습니다. 일본군의 침략을 물리친 것은 그 가운데 한 걸음을 내디딘 것에 불과했습니다. 그들 앞에는 쟝졔스의 국민당군과 벌일 최후의 일전이 기다리고 있었고, 신중국 수립 후에는 창업 뒤의 수성이라 할 새로운 중국 사회 건설이라는 또 다른 과제가 그들을 기다리고 있었습니다.

신중국의 수립과 '토지개혁' 운동의 어려움

태양은 쌍간허에 비친다 太陽照在桑乾河

1939년　9월, 제2차 세계대전 발발.
1941년　12월, 일본의 하와이 진주만 폭격으로 태평양전쟁 발발.
1942년　2월, 옌안 정풍운동이 전면적으로 전개됨. 5월, 중국공산당 중앙선전부, 문예좌담회 개최. 마오쩌둥, '옌안 문예좌담회에서의 강화' 발표.
1943년　11월, 미국, 영국, 중국 대표, 카이로회담(카이로선언 발표).
1944년　딩링, 『톈바오린』 발표.
1945년　8월, 장제스와 마오쩌둥, 충칭 회담. 11월, 국공내전 시작.
1946년　5월, 중국공산당, '5·4지시' 발동. 토지개혁에 착수.
1947년　1월, 국민당 정부, 중화민국 신헌법 공포. 2월, 타이완에서 반정부 폭동이 일어남(2·28사건). 7월, 장제스, 국가총동원령 선포. 중국공산당, 전국토지회의 개최. 10월, 마오쩌둥, 중국인민해방군 선언(별칭 '쌍십선언'雙十宣言). 「토지법 대강」 발표.
1948년　1월, 마오쩌둥, 극동코민포름 창설 제창. 3월, 난징에서 제1회 국민대회 개최(총통에 장제스 취임). 12월, 인민해방군, 베이징 무혈입성. 딩링, 『태양은 쌍간허에 비친다』 출판.
1949년　10월, 중화인민공화국 수립. 11월, 인민해방군, 충칭 점령. 12월, 장제스 정권, 타이완 천도.
1950년　6월, 토지개혁법 공포. 10월, 중국 인민지원군, 한국전쟁에 참여(항미원조).
1952년　딩링의 『태양은 쌍간허에 비친다』 스탈린 문학상 수상.

일본의 패망과 항일 전쟁의 승리

제국주의 일본의 야욕은 대륙 침략으로 끝나지 않았습니다. 이에 일본은 인도차이나와 동남아시아를 병참 기지로 삼기 위해 이들 지역에 대한 공세를 적극적으로 펼쳐 나갔습니다. 1941년 7월 일본군은 나치 독일에 항복한 프랑스의 권익을 탈취하기 위해 인도차이나 남부에 진격해 사이공에 입성했습니다. 이에 맞서 미국과 영국, 네덜란드가 대일 경제 제재를 시행하니, 이를 예상했던 일본은 이들 나라와의 전쟁을 심각하게 고려했습니다. 이 와중에 전쟁을 회피하는 온건파가 퇴조하고 전쟁을 주장하는 강경파가 득세해, 같은 해 11월 5일 대미 교섭을 진행하며 동시에 전쟁을 준비하는 것을 골자로 하는 '제국국책수행요령'이 내각에서 결정되었습니다. 결국 대미 교섭은 실패로 돌아가고 12월 1일 어전회의에서 미국과 영국, 네덜란드에 대한 개전을 결정했습니다. 1941년 12월 8일 일본군은 기습적으로 하와이의 진주만을 폭격했습니다. 이른바 '태평양전쟁'이 시작된 것입니다.

 이제 일본군의 전선은 중국 대륙에서 동남아시아와 중남부 태평양 지역으로 확대되었고, 미국은 연합국으로서 중국과 연대하는 상황이 벌어졌습니다. 그러나 일본군의 공세가 남방으로 옮겨 간 틈을 타 장제스는 오히려 공산당이 장악한 변구_{邊區}에 대한 공세에 주력했습니다. 공산당의 근거지인 산시 성 북부(섬북陝北) 지역은 중국에서도 가장 빈한하고 낙후된 곳이었는데, 이곳에서 공산당군은 국민당군을 비롯한 친일 세력의 공세를 견디며 권토중래_{捲土重來}를 꾀했습니다.

　태평양전쟁 발발 후 일본군의 사정은 갈수록 악화되었습니다. 중국 내에서의 전황戰況은 점차 교착 상태에 빠져들었고, 기타 지역에서도 상황은 마찬가지였습니다. 1943년 2월 남태평양의 과달카날에서 일본군이 패퇴하고 스탈린그라드에서 독일군이 항복함으로써 전쟁은 하나의 전환점을 맞았습니다. 이것을 계기로 연합군이 우세로 돌아섰고, 중국 전선에서도 마찬가지 상황이 벌어졌습니다. 미국은 국민당 정부에 막대한 군사 원조를 제공했고, 중국 주둔 미 공군 역시 점차 증강되었습니다.

　같은 해 11월 연합국 측의 루스벨트와 처칠, 쟝졔스 간에 이루어진 '카이로회담' 결과 제2차 세계대전 이후 일본의 영토에 대한 기본 방침이라 할 '카이로선언'이 발표되었습니다. 주요 내용은 일본의 장래 군사 행동에 대한 협정과 아울러 일본의 침략을 저지, 응징하되 세 나라 모두 영토 확장 의도는 없다는 것을 확인하고, 제1차 세계대전 이후 일본이 탈취한 태평양 제도를 박탈하고 만주와 타이완 등을 중국에 반환한다는 것이었습니다. 여기서 일본의 식민지였

카이로회담(왼쪽부터 쟝졔스, 루스벨트, 처칠)

던 조선의 독립 역시 국제적으로 보장되었습니다.

  1944년 일본은 중국에서의 최후의 일전을 준비하고 대대적인 작전을 전개했습니다. 그러나 국민당군은 이 공세에 전력을 기울이지 않아 일본군이 파죽지세로 대륙을 유린했습니다. 일본군은 4월 25일에는 뤄양洛陽(낙양)을, 6월 1일에는 창사長沙(장사)를 점령했습니다. 그리고 여세를 몰아 11월에 구이린桂林(계림)과 류저우柳州(유주)의 공군 기지를 점령한 뒤, 12월에는 구이저우성貴州省(귀주성) 두산獨山(독산)까지 진출해 구이양貴陽(귀양)과 충칭重慶(중경)까지도 위협했습니다. 그러나 여기까지였습니다. 잠시 승전보에 취해 있던 일본군은 국민당군이 공세로 전환하고 미군이 제공권을 장악한 상태에서 해상을 통한 보급로가 막히자, 1945년 봄 점령지에서 철수했습니다. 개전 당시의 욱일승천하던 기세가 꺾이고 나니 그때까지의 희생에 비해 그 성과는 오히려 볼만한 것이 없을 정도였습니다.

  일본의 패전이 임박한 가운데 국민당과 공산당의 관심사는 그 후로 쏠렸습니다. 그들은 임박한 전후 처리 문제나 국·공 대결에 맞춰 준비를 해 나갔습니다. 그러나 이와 동시에 그때까지 국민당을 지원했던 미국은 점차 자신들의 선택에 적이 회의적인 시각을 던지고 있었습니다. 일본군의 최후 작전 개시로 드러난 것은 국민당군의 총체적인 무능과 부패였던 것입니다. 이에 반해 미국의 시찰단이 공산당 통치구인 옌안에 들어가서 확인한 공산당군의 전투 능력은 예상 외로 상당히 높은 수준에 이르러 있었습니다. 미국은 이대로 국·공 내전이 일어나면 공산당군이 전 중국을 장악할 것이고, 그렇게 되면 중국이 소련의 위성국이 될 것으로 전망했습니다.

  그러는 사이 전황은 숨 가쁘게 진행되어 1945년 5월 베를린이 함락되었고, 6월에는 오키나와가 미군의 손에 들어갔습니다. 그리고 8월 6일 히로시마에 원자탄이 떨어졌으며, 이틀 뒤인 8월 8일에는 '얄타회담'의 합의에 따라 소련의 대병력이 국경을 넘어 만주로 진주했습니다. 그리고 이튿날 두 번째 원자탄이 나가사키에 투하되었습니다. 8월 15일에는 너무도 갑작스럽게 일본이 무조건 항복을 선언했습니다.

최후의 결전과 신중국 수립

일본이 패망하고 지긋지긋하던 전쟁이 끝났지만, 이것은 또 다른 결전의 시작에 불과했습니다. 쑨원 사후 장제스가 그렇게 증오하고 씨를 말리려 했던 공산당이었지만, 그들은 끈질기게 살아남아 자신들의 세력을 확장해 왔습니다. 이제 모든 외부의 적이 사라진 뒤라 국민당은 공산당과 최후의 결전을 벌여야 했습니다. 그러나 역사의 흐름은 그들 편이 아니었습니다. 아니, 그들은 역사의 흐름을 자신의 편으로 만들지 못했습니다. 잘 알려진 대로 상황은 모든 면에서 국민당 정권에 불리할 게 없었습니다. 미국의 전폭적인 지지를 받으며 엄청난 군사력으로 공산당군을 압박했습니다.

　전쟁이 끝나자 국민당과 공산당 측은 각자 자신들의 세력을 확대하기 위해 일본군을 무장 해제하고 그들이 점령했던 지역을 회복하는 데 힘을 기울였습니다. 공산당군은 국민당군에 비해 지리적인 이점을 갖고 있었습니다. 국민당이 일본군의 공세를 피해 충칭을 비롯한 오지에 틀어박혀 있었던 데 반해 공산당군은 일본군과의 교전을 계속해 왔기 때문에 그들과 훨씬 가까운 곳에 있었습니다. 일본의 패망이 확정적이던 순간 옌안의 총사령부에서는 즉시 '명령 제1호'를 내려 적군의 항복을 받아 내고 무장해제하도록 지시했습니다.

공산당 측이 먼저 행동에 돌입하자 '제2차 국공합작'에 의해 편제상 그들에 대한 지휘권을 갖고 있던 쟝졔스가 '제18집단군', 곧 공산당군에게 원래 주둔지에 머물러 방어할 것을 명령했습니다. 쟝졔스는 당시 일본군 최고사령관인 오카무라 야스지岡村寧次 대장에게도 일체의 군사 행동을 정지한 뒤, 일본군은 한동안 그 무기와 장비를 보유하고 현재의 태세를 유지함과 동시에 주재지의 질서 및 교통을 유지하고 중국 육군 총사령관 허잉친의 명령을 기다릴 것을 지시했습니다. 이것은 일본군에게 공산당군의 진군을 막으라고 지시한 것과 다를 게 없었습니다. 오카무라는 이 지시를 충실하게 따랐으며, 자신의 부하들에게 공산당군의 무장해제 명령을 따르지 말 것을 명령했습니다. 그로 인해 전쟁이 끝난 뒤에도 수천 명의 일본군 병사가 팔로군과의 불필요한 충돌로 죽어 갔습니다.

사태는 급박하게 돌아갔습니다. 미국은 국민당군을 신속하게 충칭에서 중국의 북동부 지역으로 공수해 와 국민당군이 일본군의 항복을 직접 접수하도록 했습니다. 본격적으로 참전한 소련 역시 만주 지역에 진주했습니다. 국민당과 공산당이 겉으로는 평화 교섭을 내세우면서도 곳곳에서 충돌하는 가운데 1945년 8월 28일 마오쩌둥과 저우언라이周恩來(주은래)가 주 중국 미국 대사 헐리와 함께 충칭에 날아가 쟝졔스와 담판을 벌였습니다. 그러나 무려 43일간에 걸친 회의에도 불구하고 쟝졔스의 지도하에 독립을 쟁취하고 자유롭고 부강한 신중국을 수립한다는 원칙만 확인한 채 모든 현안이 훗날로 미루어진 상태로 회담이 중동무이되었습니다.

이제 남은 것은 무력에 의한 통일뿐이었습니다. 국민당과 공산당 간의 회담이 계속 이어지는 가운데 만주 지역에서는 양측의 전투가 치열하게 벌어졌고, 이에 따라 중재자로서 미국의 역할 또한 한계에 봉착했습니다. 사실상 미국은 국민당 정부에 대해 군사적으로나 경제적으로 많은 지원을 아끼지 않았습니다. 그러나 오직 군사적인 승리에만 몰두했던 장제스는 정작 자신의 통치 기반인 민심을 살피고 경제를 회복시키는 일은 등한시했습니다. 전쟁이 끝나고 일본인과 친일 협력자들의 기업과 재산을 전 주인에게 귀속시키는 과정에서 발생한 대규모 실업과 갖가지 정부에서 발행한 통화 변제로 인한 혼란, 그리고 그러한 혼란을 틈탄 투기 세력의 발호 등으로 화폐가 부족해지자 국민당 정부는 더 많은 화폐를 공급해야 했고, 이로 인해 천문학적인 규모의 인플레이션이 일어났습니다.

결국 모든 상황은 국민당에게 불리하게 돌아갔습니다. 중국공산당은 1946년 5월 4일 이른바 '5·4지시'를 발동해 점령 지역 안에서의 '토지개혁'에 착수했습니다. 이것은 이보다 앞서 시행했던 농민들의 세금과 각종 이자를 감면해 주는 정책인 '감조감식 운동'에서 한 걸음 더 나아가 지주 계급의 토지를 몰수해 분배하는 것이었습니다. '감조감식 운동'이 농민들의 항일 운동 참여에 일정한 동기 부여가 되긴 했지만, 농민들은 이에 만족하지 않고 지주들의 토지를 분배받기를 원했던 것입니다. '5·4지시'의 배경과 성격은 같은 해 7월 20일에 발표된 마오쩌둥의 다음과 같은 말에 명확하게 설명되어 있습니다.

장졔스의 공격을 분쇄하기 위해서는 반드시 인민 군중과 긴밀하게 협력해야 하고, 끌어들일 수 있는 모든 사람을 끌어들여야 한다. 농촌에서는 한편으로는 토지 문제를 확실하게 해결하되 고용농과 빈농에게 굳게 의존하면서 중농과 단결해야 하고, 다른 한편으로는 토지 문제를 해결할 때 일반 부농과 중소 지주 분자를 매국노와 토호, 악질분자와 구별해야 한다.*

결국 '5·4지시'는 전면적인 내전을 눈앞에 둔 중국공산당이 전국에서 들불처럼 일어난 농민들의 토지 분배 요구를 수용하되, 이와 동시에 중농을 통일전선 안으로 끌어들이고 일반 부농과 중소 지주 분자들을 악질분자와 구별함으로써 자신들의 세력을 확장하려는 것이었습니다. 그리하여 1947년 봄이 되자 북중국의 농촌 지역은 모두 공산당이 장악했습니다. 농민 게릴라들은 국민당군의 보급선을 끊임없이 괴롭혔고, 국민당군의 주둔지는 공산당군에 의해 포위되었습니다. 1947년 7월 류사오치劉少奇(유소기)의 주재로 '전국토지회의'가 열려 지주의 토지 재산뿐 아니라 부농의 잉여 토지 재산도 몰수해 행정 촌을 단위로 인원수대로 균분하고, 그 외의 재산은 대중 토의에 의해 나누기로 결정했습니다. 그러나 이렇듯 급진적인 토지개혁은 실시 과정에서 무정부적이고 무질서한 상태를 야기하고 중농의 이익을 침범하는 등의 부작용이 있어, 이듬해인 1948년 봄부터는 토지 균분 정책 대신 고율의 소작료와 고리대를 감해 주는 '감조감식 운동'이 우선적으로 실시되었습니다.

* 마오쩌둥, 「자위 전쟁으로 장졔스의 진공을 분쇄하자」, 『마오쩌둥 선집』 제4권, 베이징: 런민출판사, 1188쪽.

1950년 중국공산당 제7기 3중회전회에서 토지개혁에 대해 보고하는 류사오치

중국공산당은 점령지의 경제를 회복시키기 위해 중농과 부농의 생산력을 온존시키고 농촌의 질서와 안정을 꾀했습니다. 이를 통해 농촌 인민의 에너지를 흡수해 당 주변에 결집시키는 한편, 새로운 해방구 안에서는 중간 계급과 자산가들을 안심시키고 그들의 정치적 지지를 얻어 공업 생산과 도시 경제의 재생을 가능케 했습니다. 공산당은 국민당이 부정부패 등으로 사람들의 마음을 얻지 못했던 것과 정반대의 길을 걸었던 것이며, 이것이 국민당과 공산당 간의 힘의 균형을 무너뜨린 결정적인 요소로 작용했습니다. 이제 국민당군은 450만에서 370만으로 감소했고, 공산당군은 120만에서 200만으로 증강했습니다. 1947년 2월 '인민해방군'으로 명칭을 바꾼 공산당군은 같은 해 12월 산시 성陝西省 북부 미즈 현米脂縣(미지현)의 양쟈거우楊家溝(양가구)에서 열린 중국공산당 중앙회의에서 마오쩌둥이 선언한 대로 전략적인 반격 태세를 갖추었습니다.

미국은 점차 국민당에 대한 신뢰를 잃어 가고 있었습니다. 1945년에서 1948년까지 미국이 중국에 제공한 원조는 무려 30억 달러에 달했고, 수많은 군사 고문관과 은행가, 경제 전문가들이 중국에 주재하고 있었습니다. 쟝졔스를 지원하기 위해 중국에 머물던 미국 군사 자문위원들은 북중국에서의 방어력을 회복하기 위해 쟝졔스에게 군대를 만리장성 이남으로 후퇴시킬 것을 제안했으나 쟝졔스는 이를 일축했습니다. 점차 미국은 쟝졔스 지배 지역에서의 내정과 경제 상황의 악화 등으로 미루어 볼 때 자신들의 원조가 투자한 만큼의 효과를 낼 수 있을 것인가에 대해 회의적인 생각을 갖게 되었습니다. 게다가 미국은 제2차 세계대전 이후 서부 유럽 지역에 대한 전면적인 원조에도 힘을 기울여야 하는 상황이었습니다. 결국 미국 측은 중국 문제 해결은 중국인 스스로에게 맡길 수밖에 없으며, 미국은 그들이 책임져야 할 상황에 말려들 수 없다는 결론을 내기에 이르렀습니다.

주변 정세와 전황은 결정적으로 국민당군에게 불리하게 돌아갔습니다. 1948년에 접어들자 인민해방군은 더한층 우세해졌고, 이에 자신감을 얻은 마오쩌둥은 이제까지 해 오던 유격전 위주의 전략에서 벗어나 대규모 군사 작전을 통해 넓은 공간에서 대회전을 벌이는 재래식 전투 방식으로의 전환을 선언했습니다. 흔히 '삼대회전'三大會戰이라 부르는 '랴오선遼瀋(랴오닝·선양) 전투'와 '화이하이淮海 전투', 그리고 '핑진平津 전투'를 통해 국민당과 공산당 간의 전투는 하나의 분수령을 넘어섰습니다. 먼저 '랴오선 전투'로 동북 지역 전체가 인민해방군의 손에 떨어졌고, '화이하이 전투'에서는 국민당군이 인민해방군에 의해 완전 포위되어 궤멸적인 타격을 입었습니다. 1949년 1월 31일에 베이징을 지키던 국민당군 사령관 푸쭤이傅作義(부작의)가 항복함으로써 대세는 공산당 측으로 급격하게 기울었던 것입니다.

국민당 정부는 미국을 비롯해 영국과 프랑스, 소련 등 각국 정부에 평화 교섭의 중개 역할을 부탁하는 각서를 보냈으나 그 결과는 참담했습니다. 가장 믿었던 미국마저도 현재 상황에서는 어떤 시도를 하더라도 아무런 결과를 얻을 수 없다는 답변을 보내왔습니다. 결국 궁지에 몰린 쟝졔스가 물러나고 광시 군벌 리쭝런李宗仁(이종인)이 총통의 자리에 올랐습니다. 리쭝런은 마오쩌둥과 타협하려 했으나, 마오는 그의 제안을 일축했습니다. 마오쩌둥은 쟝졔스를 비롯한 중요 전범들을 인도할 것을 요구했고, 국민당 내 강경파는 공산당과의 결사 항전만을 주장했습니다. 리쭝런이 그 사이에서 우물쭈물하는 동안 시간만 흘러갔습니다. 4월에는 국민당을 대표해 쟝즈중張治中(장치중)이 베이징에 들어가 공산당 대표 저우언라이와 회담을 벌였지만, 결국 회담은 결렬되고 오히려 쟝즈중이 공산당 측에 귀순해 버리는 일마저 벌어졌습니다.

공산당군은 진작부터 양쯔 강 북안에 집결해 강을 건너는 순간을 기다리며 휴식을 취하고 있었습니다. 베이징으로 거처를 옮긴 마오쩌둥은 4월 4일 「난징 정부는 어디로 가는가?」南京政府向何處去라는 글을 발표해 쟝졔스의 국민당 정부의 몰락이 눈앞에 닥쳤음을 공식적으로 선포했습니다. 이어 4월 21일 리쭝런이 공산당의 최후통첩을 거부하자 마오쩌둥은 쌍칭雙淸(쌍청) 별장에서 인민해방군의 '전국으로의 진격 명령'向全國進軍的命令에 서명했습니다.

> 각 야전군의 모든 지휘관과 전투원 동지들, 남방 각 유격구의 인민해방군 동지들.
> 중국공산당 대표단과 난징 국민당 정부 대표단이 장기간에 걸친 협상을 통해 작성한 국내 평화 협정이 이미 난징의 국민당 정부에 의해 거부되었다. ……
> 이런 상황하에서 우리는 다음과 같이 동지들에게 명령한다.

용감하게 전진해서 중국 영토 내의, 감히 저항하는 모든 국민당 반동파를 단호하고 철저하고 깨끗이 섬멸하고, 전국 인민을 해방시키고 중국 영토의 보전과 주권의 독립을 지켜라.
……

중국 인민혁명군사위원회 주석 마오쩌둥
중국 인민해방군 총사령 주더朱德

양쯔 강을 건넌 인민해방군은 4월 23일 별다른 저항을 받지 않고 난징에 입성했으며, 곧바로 항저우와 우한도 점령했습니다. 이후 공산당군은 파죽지세로 전 중국을 석권했고, 막다른 골목에 내몰린 국민당군은 12월 7일 타이완으로 천도했습니다. 그에 앞서 최후의 승리를 눈앞에 둔 마오쩌둥은 9월 말 베이징에서 '중국인민정치협상회의'를 소집해 자신이 주석의 자리에 올랐습니다. 모든 준비를 마친 뒤 1949년 10월 1일 베이징의 중심부 톈안먼天安門(천안문) 광장에서 거행된 기념식에서 마오쩌둥은 '중화인민공화국'의 수립을 정식으로 선포했습니다.

지식 여성에서 마르크스주의자로

1942년 5월 2일부터 5월 23일까지의 기간 동안 세 차례에 걸쳐 열린 '옌안 문예좌담회'에서 마오쩌둥은 이후 중국공산당이 펼쳐 나간 문예 운동의 지침이 되었습니다. 앞서 살펴본 바 있는 자오수리가 「문예강화」를 작품으로 잘 체현해 낸 대표적인 작가라면, 딩링丁

딩링

玲(정령, 1904~1986)은 비록 이 회의에서 혹독하게 비판을 당했지만 비판받은 뒤 자기 개조를 실천해 새롭게 태어난 경우라 할 수 있습니다. 자기 개조의 일환으로 딩링이 선택한 것은 현장 체험이었습니다. 그는 변구邊區의 문협文協(문화협회)에 배치되어 직접 농촌에서 생활하는가 하면, 방직 공장에서 여공들과 함께 일을 하기도 했습니다. 이런 경험을 바탕으로 딩링은 새로운 문학의 길로 들어설 수 있었습니다.

딩링의 본명은 쟝웨이蔣偉(장위)이고 자字는 빙즈冰之(빙지)로, 후난 성湖南省(호남성) 린펑 현臨澧縣(임풍현)에서 태어났습니다. 그의 집안은 린펑 일대 땅의 40퍼센트를 차지했을 정도로 대지주였으나, 일본 유학까지 갔다 온 아버지는 아편 때문에 일찍 세상을 떴습니다. 홀로 남은 어머니는 당시로서는 보기 드물게 강인하면서도 신문물을 받아들이는 데 적극적인 여성이었습니다. 당시 그의 어머니에게 큰 영향을 주었던 사람은 프랑스 유학을 다녀온 뒤 후난 지역의 여성 교육을 이끌며 사회주의 운동가로 활동하던 샹징위向警予(향경여)였습니다. 물론 유년 시절의 딩링 역시 그 영향을 크게 받았습니다.

1919년 '5·4운동'이 일어나자 당시 후난 성 타오위안 현桃園縣(도원현)에 있는 제2여자사범학교에 다니던 딩링은 친구인 왕젠훙王劍虹

(왕졘훙)과 함께 여러 사회 활동에 참여했습니다. 그해 여름 후난 성의 성도인 창사長沙의 주남여자중학周南女子中學에 입학했는데, 당시 마오쩌둥이 이끌던 신민학회新民學會 회원이었던 국어 교사 천치민陳啓民(진계민)의 영향을 받아 《신청년》 등과 같은 진보적인 서적들을 탐독했습니다. 1922년 봄에는 자신의 의사와 무관하게 이루어진 약혼을 깨고 왕졘훙과 함께 상하이로 떠났습니다. 이 시기에 딩링은 상하이대학에서 수학하는 등 문학 방면에서 높은 소양을 쌓아 나갔습니다. 뒤에 왕졘훙은 중국공산당 초기 지도자 가운데 한 사람인 취츄바이瞿秋白(구추백)와 만나 사랑에 빠지는데, 이 두 사람을 통해 딩링은 마르크스주의를 접하게 됩니다.

〈신청년〉

1924년 베이징에 간 딩링은 그곳에서 문학비평가 후예핀胡也頻(호야빈)을 만납니다. 그러나 당시 딩링은 동생의 죽음 등으로 남녀 간의 애정에 마음을 쓸 형편이 아니었습니다. 뒤에 딩링은 베이징에서의 생활을 견디지 못하고 후난의 고향 집으로 돌아갔는데, 그곳까지 따라온 후예핀에게 감동해 결국 그와 결혼을 합니다. 그러나 두 사람의 행복한 시간은 그리 오래가지 못하고, 후예핀은 1931년 2월 국민당의 손에 살해되었습니다. 그로 인해 고통스러워하던 딩링은 그해 11월 자신을 인터뷰하러 왔던 미국인 기자 아그네스 스메들리의 통역인 펑다馮達(풍달)와 만났습니다. 그의 상처를 보듬어 주는 펑다의 따뜻한 배려에 마음이 흔들린 딩링은 그와 동거했는데, 결국 그로 인해 1933년 국민당원에게 납치되어 1936년까지 3년 동안 가택에서 연금 생활을 하게 됩니다.

1936년 연금 생활에서 풀려난 딩링은 공산당 근거지인 변구로 향했습니다. 딩링은 홍군에 자원입대해 종군 중에 틈틈이 창작을 했습니다. 그는 이미 1927년부터 여러 작품을 발표한 바 있는데, 이전의 작품들은 주로 봉건 도덕에 반항하고 성 해방과 개성의 자유를 추구하는 것이 주류를 이루었습니다. 그러나 거듭된 일상의 고통을 뒤로하고 변구에 들어가 새로운 생활을 한 뒤로는 작풍이 크게 바뀌었습니다. 주로 변구의 군인과 인민들이 겪는 고통을 반영한 보고문학과 단편소설을 많이 집필했던 것입니다. 그러던 중 자신을 찾아온 여인으로부터 당 간부인 남편이 시골뜨기인 자신과 이혼하고 미모의 여인과 결혼했다는 이야기를 듣고, 이에 공감해 밤을 새워 「3·8절 여성의 날 소감」이라는 글을 썼습니다.

여자들은 또한 [시대에] 뒤떨어질까 두려워 사방으로 분주하게 뛰어다닌다. 그러면서 뻔뻔하게 아이를 탁아소에 맡길 것을 요구하고, 설사 어떤 처벌을 받는다 할지라도 달리 대안이 없어 생명의 위험을 감수하고 몰래 자궁을 긁어내거나 낙태하는 약을 먹는다. 그러나 그들에게 돌아오는 것은 이런 대답이다. "아이를 기르는 것도 일이 아닌가? 당신들이 도대체 무슨 대단한 정치적인 과업을 이루어 본 적이나 있는가! 이렇게 아이 낳는 것을 두려워하고, 또 낳고는 책임을 안 지려고 할 바에야 누가 당신들더러 결혼하라고 했는가?" 이렇게 해서 그들은 '뒤처지는' 운명을 면할 수 없게 된다. 능력 있는 여성이 자기 일을 희생하고 현모양처가 되려고 할 때 그들은 줄곧 사람들에게 칭송을 받지만, 10여 년이 지나면 예외 없이 '시대에 뒤떨어지는' 비극을 면치 못한다.

이것은 계급 혁명이라는 대의를 수행하면서 동시에 여성에 대한 차별적인 인식을 갖고 있는 옌안의 혁명 간부들을 신랄하게 비판한 것이었습니다. 그럼에도 결국 딩링은 그들에 의해 정풍운동의 대상으로 지목되어 혹독한 비판을 받았습니다. 그 비판 앞에서 딩링이 선택한 것은 처절한 반성을 통한 자기 개조였습니다. 또 한번 좌절을 맛본 딩링은 도시를 떠나 정치 바람이 비교적 적은 농촌으로 향했습니다. 그는 변구 문협에 배치되어 창작에 전념했는데, 1944년 징볜靖邊(정변)의 합작사合作社 주임을 모델로 삼아 창작한 보고문학 『톈바오린』田保霖이 《해방일보》에 발표되자 이를 읽어 본 마오쩌둥은 그에게 편지를 보내 칭찬했습니다.

딩링, 어우양산*
두 동지 보시오.
곧 날이 새려고 하오. 목욕을 마치고 잠이 들기까지 그 얼마 안 되는 동안에 다 읽어 버릴 정도로 당신들의 작품은 흥미진진했소. 이 땅의 대중을 대신해서 감사드리오. 그리고 그대들의 참신한 창작 기풍의 완성을 축하하오. 만약 [작품에서 다루고 있는]

---

* 마오쩌둥은 어우양산歐陽山(구양산)의 『새로운 사회에서의 생활』도 읽고 딩링과 같이 언급했다.

합작사 회의에서 나더러 연설을 해 달라 한다 해도 도무지 아는 게 없어 어디서부터 이야기를 꺼내야 할지 모를 겁니다. 그대들의 작품에 감사의 뜻을 전하는 것 외에도 궁금한 게 워낙 많아서 상황이 허락한다면 오늘 오후나 저녁쯤 두 분을 나의 숙소로 초대하고 싶은데 어떠하신지?

그럼 이만 줄이겠소.

1946년 '5·4지시'가 공표되자 같은 해 7월 딩링은 당의 명령에 따라 진차지晉察冀(진찰기) 중앙국에서 조직한 토지개혁 공작대에 참가해 허베이河北(하북)의 화이라이懷來(회래)와 줘루涿鹿(탁록) 일대에서 약 2개월간 토지개혁 공작을 수행했습니다. 그리고 돌아오자마자 딩링은 이때의 체험을 바탕으로 『태양은 쌍간허에 비친다』太陽照在桑干河上를 집필하기 시작해 1948년 6월에 작품을 완성하고, 그해 9월에 둥베이 광화서점東北光華書店에서 출판했습니다. 이 소설은 '5·4지시'에서 '전국토지회의'에 이르는 기간 동안 허베이 성 줘루 현 놘수이툰暖水屯(난수둔)이라는 마을에서 벌어진 토지개혁 운동의 실상을 여러 각도에서 조명한 것입니다. 물론 그 내용은 작자인 딩링이 직접 경험했던 일들을 바탕으로 하기에 현실감을 더하고 있습니다.

그래서 나는 편안할 수도 없었고, 잠을 잘 수도 잘 먹을 수도 없었다. 처음에는 토지개혁 투쟁의 용광로 속에 녹아들었던 사람들이 빽빽하게 내 머릿속에 자리 잡았는데, 나는 그들과 의논하려 했고 그들은 또 나와 다투려 했다. 그 과정에서 나는 연상되는 것들을 증가시켰는가 하면 때로는 많은 사건을 줄였으며, 어떤 때는 너무 팽창되었다고 느꼈다가 어떤 때는 지나치게 단조롭다고 생각되었다. 한마디로 말해 그들은 내게 흥분, 긴장, 불안을 가져다주었다. 매우 불편한 듯하면서도 나는 행복을 느꼈다. 나는 그들의 우주 속에서 생활하고 있었고, 상상의 날개로 작품을 구상했다. 나는 일하기를 바랐기 때문에 나 자신에게 '시작해라, 기다리지 말고'라고 말했다.

내가 장쟈커우張家口(장가구)로 돌아왔을 때 조직에서는 나에게 동북 지역으로 돌아갈 것인지를 물었다. 이때 나는 "내게 책상을 주세요. 나는 〔글을〕 써야 합니다"라고 말했다. 나의 소설은 이미 완성된 것이나 다름없었고, 단지 써 내려가기만 하면 되었다.

딩링, 「약간의 경험」

『태양은 쌍간허에 비친다』는 지주 가정 출신의 세심한 문학 소녀였던 작가 딩링이 적극적인 현실 참여를 통해 마르크스주의 세계관을 확립한 한 사람의 작가로 우뚝 설 수 있게 만들어 준 작품이라 할 수 있습니다. 무려 800만 부를 찍을 만큼 사람들로부터 사랑을 받았던 이 소설은 뒤에 스탈린 문학상을 수상했습니다.

'경자유전'耕者有田으로의 길

이 소설에는 매우 많은 인물이 등장합니다. 그러나 크게 보면 빈농들과 악질 지주 첸원구이錢文貴(전문귀)의 갈등과 충돌이 이야기의 고

갱이를 이루고 있습니다. 작품에 등장하는 지주들이 여러 명임에도 첸원구이는 다른 이들과 확연하게 구분이 될 정도로 녹록지 않은 인물입니다. 그는 정권이 바뀐 뒤에는 허위로 분가를 하고, 아들 첸이錢儀(전의)를 입대시키고 큰딸을 치안원인 장정뎬張正典(장정전)에게 시집보내는 등 현 권력층과의 유대를 공고히 합니다. 그러면서 동시에 불평불만이 많은 소학교 교사 런궈중任國忠(임국충)을 사주해 국민당군이 다시 점령하러 들어올 거라는 소문을 퍼뜨려 민심을 교란합니다.

첸원구이에 비하면 다른 지주들은 차라리 순진한 편에 속합니다. 구시대에 마을의 가장 어른이었던 쉬우유許武有(허무유)는 1년 전에 베이징으로 도망쳤고, 허우뎬쿠이侯殿魁(후전괴)는 백미 100섬을 물고 청산되었습니다. 일제 강점기에는 갑장甲長을 지냈고, 마을 정권 개편 후에는 꼭두각시 촌장을 지냈으며, 그 뒤로는 어떻게든 자신이 입을 손해를 최소화하려 애쓰던 쟝스룽江世榮(강세영)은 결국 농민들에 의해 타도되고, 리쯔쥔李子俊(이자준)은 청산의 위협에 두려워 떨다 야반도주하고 맙니다. 결국 최후까지 남은 것은 교활하고 용의주도한 첸원구이였으며, 놘수이툰에서 진행되는 토지개혁의 성패 역시 첸원구이를 타도하는 것에 맞추어집니다.

소설에서 강조하는 것은 그러한 타도 과정이 농민 대중의 각성과 일정 부분 궤를 같이한다는 것입니다. 여기서 말하는 농민 대중은 다시 토지개혁 운동을 직접 이끌어 가는 마을의 간부들과 일반 농민들로 나뉩니다. 잘 알려진 '인민을 위해 복무한다'爲人民服務는 구호는 중국공산당의 기본 공작 방침이라 할 수 있는데, 이것은 모든 공작을 진행할 때 인민 대중을 위하고 인민 대중에 의거한다는 것을 의미합니다. 이와 동시에 인민 대중과 공작을 진행할 때는 무조건 인민 대중을 따르는 대중추수주의로 나아가서도 안 되고, 자신의 편협한 경험 속에 갇히는 경험주의의 함정에 빠져서도 안 됩니다. 소설에서는 마을의 간부들 가운데 장위민張裕民(장유민)과 청런程仁(정인)을 바로 그 대표적인 예로 들고 있습니다.

장위민은 본래 머슴 출신으로 팔로군을 만나 새로운 세계에 눈을 뜨기 전에는 미래에 대한 희망도 없이 술과 노름으로 세월을 보내고 있었습니다. 사실상 그를 이렇게 만든 것은 그가 처한 현실이었습니다.

> 그가 여덟 살에 부모를 잃고 막 돌이 된 동생과 함께 외할머니 집에 맡겨진 뒤부터 그는 남과 친하게 지낸다든지 남을 아껴 준다든지 하는 일에 관해서 전혀 알지 못했다. 그는 하루 종일 외삼촌 귀취안과 함께 밭에서 일을 했다. 외삼촌은 착실한 사람이긴 했지만 소 같은 사람이었다. 생계에 시달리면서도 그냥 묵묵히 고생을 받아들일 뿐 조카를 보살필 줄은 몰랐다. ……외할머니도 그를 제대로 보살필 수가 없어 늘 그의 동생을 업고 이웃 마을로 돌아다니며 걸식을 했다. 외삼촌이 수확한 곡식은 모두 소작료로 바쳐야 했으니, 설사 풍년이 든다 해도 별 수가 없었다. ……그는 열일곱 살이 되던 해에 분가해 나와 자신의 품삯으로 동생을 키웠다. ……이 모든 것은 그로 하여금 오직 하나의 이치, 즉 가난한 사람은 자신의 몸뚱이 하나만 의지해서 살아가야 하고 버텨 내지 못하는 날이면 그 자리에 쓰러져 모든 것이 거기서 끝장이라는 이치를 깨닫게 했을 뿐이다.

그러나 팔로군을 만난 뒤 그는 태어나서 처음으로 누군가에게서 마음으로부터의 위로를 받았고, 희망을 떠올릴 수 있게 되었습니다. 그 후 학습을 통해 계급에 대한 각성에 이르고, 급기야 공산당에 입당하기에 이릅니다. 그리고 남몰래 민병대를 만들었으며, 해방된 뒤에는 마을의 공식적인 책임자가 되었습니다. 그러나 본래 배움이 적은 그가 한 마을을 이끌어 나가는 데는 많은 어려움이 있었으니, '토지개혁'이라는 과제 앞에서 "오직 구에서 역량 있는 사람을 보내 주어 이 큰일이 잘 처리될 수 있기를 바랄 뿐"인 것은 어쩔 수 없는 노릇이었습니다.

청런 역시 장위민 못지않게 고생을 하며 살았습니다. 그는 본래 리쯔쥔의 소작인이었다가 첸원구이의 머슴으로 일했고, 다시 그의 소작인으로 살았습니다. 뒤에 민병대에 참가했다가 간부가 되었으며, 이참에 농회의 주임으로 선출되었습니다. 결국 그는 장위민과 함께 마을을 이끌어 가는 지도자라 할 수 있는데, 그에게는 한 가지 개인적인 과제가 있었습니다. 바로 첸원구이의 집에서 머슴 살 때 그 집 조카딸인 헤이니黑妮(흑니)와 정분이 난 것입니다. "청런은 이제 농회 주임이 되었으니 마땅히 여러 사람 편에 서서 일을 해야 했고, 또 마을 사람들이 모두 첸원구이를 못마땅하게 생각하는 것을 알고 있었"기에, 그가 "첸원구이의 조카딸과 혼인할 수는 없는 형편이었으며, 또 그와 가깝게 지낸다는 것은 더더욱 좋지 않은 일이었습니다."

결국 마을의 자생적인 지도자라 할 두 사람은 모두 그 나름의 한계를 갖고 있었으니, 결국 이들이 안고 있는 문제를 해결하기 위해 등장한 인물이 장핀章品(장품)입니다. 그는 농민 출신으로 유격대에 참여해 혁혁한 전과를 올린 뒤 당내에서도 높은 지위에 있는 인물입니다. 장위민이 토지개혁조의 조장인 원차이文采(문채)와 그 조원 양량楊亮(양량)과 대립하자, 장펀은 양량을 도와 당원대회를 개최해 자기비판을 하게 함으로써 토지개혁을 완수할 수 있게 합니다. 그리고 헤이니와의 관계로 인해 좌절감에 빠져 헤어나지 못하던 청런은 "군중 운동의 꼬리에 처져서는 안 됩니다. 군중 뒤에 처져서는 안 됩니다. 자신이 어디에서 왔는지 잊어서는 안 될 것입니다"라는 장펀의 말에 마치 망치로 뒤통수를 한 대 맞은 듯한 충격을 받고 각성의 순간을 맞습니다. 그리고 쳰원구이를 처단하는 날 그의 면전에서 그의 죄상을 공개적으로 고발합니다.

> 여러분! 내가 저놈과 같은지 한번 보십시오. 저놈의 기름기 흐르는 피부를 보십시오. 날씨도 아직 춥지 않은데 공단으로 만든 겹저고리를 입고 있잖소. 여러분, 저를 보십시오. 그리고 여러분 자신을 살펴보십시오. 우리가 어디 사람 꼴입니까? ……우린 우리의 피와 땀으로 저놈을 먹여 살렸습니다. 저놈이 우리의 피와 땀을 먹으면서 우리를 압박해 온 지 수십 년이 되었습니다. 우린 오늘 저놈에게 빚을 받아 내야 합니다.
> ……
> 우리는 더 이상 그를 겁낼 필요가 없습니다. 오늘이야말로 우리 가난한 사람들이 해방되는 날입니다. 우리는 더 이상 봐줄 수 없습니다. 저는 농회 주임으로 며칠 동안 투쟁에 적극적이지 못했습니다. 저는 사람도 아닙니다. 근본을 잊어먹었던 것입니다.

그러나 장편의 이상적인 형상은 오히려 현실감이 없다는 느낌을 줍니다. 그의 출현 자체가 돌발적인 데다 그가 나타남으로써 마을의 모든 갈등이 해결의 실마리를 찾고, 마지막 군중대회 직전 그가 마을을 홀연히 떠나는 설정 역시 작위적입니다. 그는 이를테면 아리스토텔레스가 말한 '기계로부터 나온 신' deus ex machina*인 것입니다. 그런 측면에서 보자면 오히려 마을에 모임이 있을 때마다 자청해서 징을 치며 공고를 하는 우 영감 老吳(노오)이야말로 은연중에 토지개혁조와 간부들의 지도 노선을 창의적으로 구현해 내는 진정한 의미의 민중의 지도자라 할 수 있습니다. 특히 마을 게시판의 대자보를 전담하는 교사 류즈챵 劉志强(유지강)과의 대화를 통해 그를 깨우쳐 주는 장면은 이른바 '민중으로부터 학습'하라는 명제를 현실감 있게 보여 주는 좋은 예라 할 수 있습니다.

우 영감은 고개를 저으며 말했다.
"당신이 쓴 글은 도무지 무슨 말인지 난 하나도 못 알아먹겠소."
……
그는 잠시 멈추어 침을 삼키고 나서 읊조리기 시작했다.
"공산당이여, 자랑스럽도다. 토지개혁을 온 천하에! 마을 사람들이여, 해방이 되세. 철천지원수를 갚아야 한다네. 군인이 되고 싶었네. 핍박을 받았으니, 매국노 지주들이 얼마나 속였던가. 가렴주구 끝나지 않았네. 소작료 내고 또 내고, 갑장에게 갖다 바치고……."

---

* 극이나 소설에서 가망 없어 보이는 상황을 해결하기 위해 동원되는 힘이나 사건을 말한다.

영감은 만족스러운 듯 쭈그리고 앉아 부싯돌로 불을 켜 담뱃불을 붙이며 고개를 돌려 류 교사에게 눈을 찡긋하더니 하하하 하고 웃었다.

류 교사도 근시안을 가늘게 뜨고 웃으면서 그를 따라 쭈그리고 앉아 손짓을 하며 말했다.

"……난 이제 깨달았소. 내가 게시판에 글을 쓰는 것도 주민들에게 보이자는 것이지, 그 몇몇 간부에게 보이자는 게 아니라는 것을 말이오. ……오늘 당신은 나의 스승이 되었소. 자, 우리 방금 이야기한 대로 해봅시다. 이놈의 돼먹지 못한 글일랑 지 에미한테나 줘 버리라 하구요."

그는 품속에서 몇 장의 원고를 꺼내 갈기갈기 찢어 버리며 하하하 웃었다.

이에 반해 먹물 출신인 토지개혁조의 조장 원차이는 그와 반대로 "진심으로 대중 속으로 들어가 그들에게서 배우고자" 하는 생각을 갖고도 "이론을 만들어 내세우기를 좋아"해 오히려 일을 그르칩니다. 본래 그는 대학을 졸업한 인텔리로 이번에 중국의 토지와 농촌 경제 등의 문제를 연구한다는 명목으로 토지개혁 사업에 참가한 것이었습니다. 조직 안에서도 그를 실무에 자주 내보내 학습시키고 단련시키는 게 좋을 것이라 여겨 정식으로 사업에 참여시킨 것이었는데, 결과적으로는 그의 작풍이 사업 추진에 오히려 걸림돌이 되어 버렸습니다. 이를테면 그는 오전 내내 들어앉아 저녁에 연설할 초고를 만들었는데, 그 발언은 풍부한 내용과 깊이 있는 견해를 담고 있어 당보黨報에 싣거나 당당하게 한 편의 논문으로 내놓아도 손

중화인민공화국 토지 개혁법

색이 없을 정도였습니다. 그러나 실제 회의에서 그가 하는 발언들은 아무도 이해할 수 없는 것이어서 낮 동안의 노동에 지친 사람들을 졸게 만들 뿐이었습니다. 그들이 기대했던 것은 자신들에게 닥쳐 온 문제들을 한마디로 해결해 주는 것이었습니다. "그들은 곡식 문제라든지 세금 문제 또는 지주에 대한 소작료 문제는 잘 이해할 수 있었습니다. 하지만 무슨 역사가 어떠니 단계가 어떠니 하는 데 대해서는 별로 알고 싶지도 않았고, 또 계속 듣고 싶은 생각도 없었습니다. 그들은 그게 자신들의 생활과 무슨 관계가 있는지 알 수가 없었"던 것입니다.

무릇 '땅은 그곳에서 직접 농사짓는 사람이 소유해야 한다'耕者有田는 명제는 유사 이래 계속 반복되어 온 것이지만, 실제로 이렇듯 당연한 말이 현실에서 이루어졌던 적은 한 번도 없었다 해도 과언이 아닙니다. 그런 의미에서 신중국 수립 이후 1946년의 '5·4지시'에서 1947년 7월에 열린 '전국토지회의'까지 진행되었던 '토지개혁'은 그야말로 중국 역사에서 파천황破天荒 격인 일대 사건이었던 셈입니다. 그러니 그 과정에서 어찌 문제가 없었겠습니까? 작자인 딩링은 풍부한 현장 체험에 바탕한 세부 묘사를 통해 놘수이툰이라는 특정 지역에서 진행되었던 '토지개혁' 운동의 다양한 양상과 그 어려움을 생생하게 재현했습니다. 그러나 결국 이것은 또 하나의 시행착오에 불과했고, 사회주의 중국을 세워 나가기 위해 내디딘 또 하나의 땅뜀일 뿐이었습니다. '토지개혁'을 성공적으로 수행한 놘수이툰 마을 사람들 앞에는 또 다른 과제가 기다리고 있었습니다.

새로운 사회 건설의
지난한 여정

산향거변 山鄕巨變

1949년　10월, 중화인민공화국 수립. 11월, 인민해방군, 충칭 점령. 12월, 장제스 정권, 타이완 천도. 마오쩌둥, 소련 모스크바 방문, 중소우호동맹상호원조조약 체결.
1950년　6월, 토지개혁법 공포. 10월, 중국 인민지원군, 한국전쟁에 참여(항미원조).
1951년　12월, 삼반운동 시작.
1952년　1월, 오반운동 시작. 6월, 삼반운동과 오반운동의 종결. 딩링의 『태양은 쌍간허에 비친다』, 저우리보의 『폭풍취우』, 스탈린 문학상 수상.
1953년　1월, 제1차 5개년 경제 계획 실시.
1954년　9월, 전국인민대표대회(전인대) 제1회 회의, 중화인민공화국 헌법 채택. 12월, 미국과 타이완, 상호 방위조약 조인.
1956년　1월, '백화제방, 백가쟁명' 제기. 국무원, 한자 간체자 방안 공포. 4월, 『인민일보』에 「프롤레타리아 독재의 역사적 경험에 대하여」(스탈린 비판) 보도.
1957년　5월, 반우파 투쟁과 정풍운동 시작.
1958년　1월, 저우리보, 《인민문학》 1월호에 「산향거변」 연재 시작. 3월, 마오쩌둥, 대약진운동과 영구 혁명에 대해 중앙정치국 확대회의에서 연설. 4월, 인민공사 첫 번째 설립. 12월, 마오쩌둥, 김일성과 회담.
1959년　3월, 티베트 독립운동. 달라이 라마, 인도로 망명. 4월, 제2기 전인대 제1차 회의, 국가 주석에 류사오치 선출. 대약진운동의 계속 진행 결정. 7월, 중앙정치국 확대회의(루산 회의), 대약진 운동과 인민공사 정책에 대하여 마오쩌둥과 펑더화이 논쟁. 8월, 중국공산당 제8기 8중전회, 경제 계획 생산 운동의 감퇴 인정, 절약 운동 추진. 우파 반당 집단 숙청(펑더화이) 포함.
1960년　6월, 소련, 중국을 교조주의·극좌 모험주의로 비판. 중·소 대립의 표면화. 설비 공급 중지. 12월, 자연재해로 중국 전역의 농경지 가운데 반 이상이 피해를 입었다는 보도. 식량 위기 발생.

신중국의 수립과 주변 환경들

'중화인민공화국'의 성립은 여러 면에서 큰 의미가 있는 사건이었습니다. 이것은 1840년의 '아편전쟁' 이래 근 100년간 이어져 오던 제국주의 세력의 침략에 대한 승리였고, 2천 년간 이어진 봉건 왕조의 통치를 종식하는 의미이기도 했습니다. 그야말로 '반제'反帝와 '반봉건'反封建이라는 중국 현대사의 양대 과제를 일거에 해결한 쾌거였습니다. 그러나 승리의 기쁨도 잠시뿐, 계속된 전란으로 국토는 황폐해질 대로 황폐해졌고, 산업 시설 또한 파괴되었습니다. 국민당 정권이 타이완으로 퇴각했다지만 아직도 전국 각지에서 반란 분자들이 비밀리에 활동을 지속하고 있었습니다.

당장 공산당 정권에 떨어진 과제는 시급하게 국민경제를 부흥하고, 아직도 몽매한 상태에 놓여 있는 인민들을 깨우치고 교육하는 일이었습니다. 중화인민공화국이 수립된 초기 몇 달은 이런 문제들을 미봉책을 써 가며 수습하는 데 바쳤습니다. 인플레이션 억제와 농업 생산의 증대, 그리고 와해된 중공업 분야의 복구 및 법과 사회

1949년 10월,
중화인민공화국 수립

중소우호동맹상호원조조약 체결을 기념하기위해 중화 인민공화국이 1950년에 발행한 우표

질서의 회복 등이 바로 그것이었습니다. 그렇기 때문에 사회주의 경제와 국가자본주의 경제를 조정하면서 국가 재건을 꾀하는 방안이 우선적으로 채택되었습니다. 가장 핵심적인 사업이라 할 토지개혁 역시 초기에는 제한적으로 시행되었습니다. 지주들의 재산은 몰수되어 재분배되었지만, 그들이 소유하고 있는 토지는 아직 건드리지 않았습니다. 그것은 나라를 운영하고 인민이 생존하는 데 그들이 생산해 내는 식량이 절대적으로 필요했기 때문입니다.

국제 정세 역시 재편되었습니다. 미국과 소련이라는 초강대국을 중심으로 한 이른바 '냉전체제'가 성립되어 세계가 양분되었습니다. 타이완의 국민당 정부는 미국의 경제 원조를 얻어 경제를 부흥시키기 위한 노력을 기울였고, 중국 역시 소련 쪽으로 기울어 그들의 원조와 경험을 받아들이려 했습니다. 1949년 12월 마오쩌둥은 대표단을 이끌고 모스크바를 방문했는데, 이것이 그의 최초의 외국 여행이었습니다. 소련은 아시아적인 혁명 방식으로 사회주의 정권을 수립한 중국 혁명의 경험을 높이 평가했지만, 양국의 실제적인 협상 결과는 별게 없었습니다. 고작해야 일본이 중국을 공격할 경우 소련이 중국을 보호하겠다는 안보 조약과 1950년에서 1954년

중국공산당 제7기 3중전회

사이에 모두 3억 달러의 차관을 들여오는 것 정도였습니다. 이에 비해 중국은 소련에게 많은 것을 양보해야 했습니다. 동북 지방의 창춘長春(장춘) 철도와 뤼순旅順(여순) 항 해군 기지를 소련이 계속 사용할 수 있게 되었고, 외몽골의 독립이 확인되었으며, 위구르 지역에서의 중소 합작회사 설립이 승인되었습니다.

중국으로 돌아온 마오쩌둥이 가장 먼저 손을 댄 것은 토지개혁 문제였습니다. 토지개혁은 신해혁명 이후 중국 사회가 떠안아야 했던 최대의 과제였을 뿐 아니라, 유사 이래 중국 역사에 명멸했던 모든 왕조가 직면했던 일이었습니다. 1950년 6월 6일에서 6월 9일 사이에 열린 중국공산당 제7기 3중전회에서 제기된 최대 역점 사업은 국가 재정의 호전이었으며, 이를 위해 토지개혁을 완성하고 상공업을 합리적으로 조정하며 정부기관 지출을 대폭 삭감하는 등의 방안이 제기되었습니다. 뒤이어 열린 인민정치협상회의 전국위원회 제2회 회의에서 마오쩌둥은 전쟁을 제1의 관문이라 한다면, 토지개혁은 제2의 관문이라고까지 말했습니다. 마오쩌둥의 이 말은 약 2천 년간 한 번도 제대로 실현된 적이 없어 그저 이상에 지나지 않았던

'경자유전'耕者有田의 원칙하에 토지를 균등 배분해 달라는 중국 농민들의 요구를 반영한 것이었습니다. 결국 6월에 '토지개혁법'이 공표되었고, 그 뒤로 약 2년이 지난 1952년 말경에는 토지개혁이 완료되었습니다.

그런데 같은 해 6월 25일, 그들이 '미국에 대항하고 조선을 원조하는 전쟁'抗美援朝戰爭이라 부르는 '한국전쟁'이 일어났습니다. 국민당군과의 치열한 싸움 끝에 찾아온 평화를 미처 누리기도 전에 다시 온 나라가 전쟁에 휘말린 것입니다. 한국전쟁으로 중국은 막대한 희생을 치러야 했습니다. 연 100만 명에 가까운 인민해방군이 투입되었고, 전쟁으로 인한 비용은 국가 재정 지출의 약 50퍼센트에 달해 그렇지 않아도 취약한 국민경제에 큰 부담이 되었습니다. 대외적으로도 같은 해 12월 군사적인 수단으로는 분쟁 해결을 도모하기 어렵다고 판단한 미국이 대중국 경제 봉쇄를 실시하고, 다음 해인 1951년 5월에는 유엔이 중국을 침략자로 규정하고 대중국 금수 조치를 취함으로써 중국은 국내 공업 생산에 꼭 필요한 전략 물자와 그 밖의 생산 유지에 필요한 물자 확보에 큰 곤란을 겪었습니다.

그러나 중국공산당은 이러한 위기 상황을 역으로 활용했습니다. 1951년 10월부터는 증산 절약 운동이 시작되었고, 12월에는 '삼반운동'(독직과 낭비, 관료주의 반대)이, 그리고 그다음 해인 1952년 1월부터는 이를 확대한 '오반운동'(관리의 뇌물 수수, 탈세, 국유 자산의 절취·사취, 부실 공사, 국가 경제 정보 유출에 대한 반대) 같은 사회운동이 일어났습니다. '삼반운동'은 당원과 국가 간부를 대상으로 한 정당整黨 운동의 하나로 활용되었으며, '오반운동'을 통해 상공업 분야에 대한 당의 장악력이 더욱 커졌습니다. 토지개혁 역시 본격적인 궤도에 진입해 그 주요한 내용은 농민 계급을 빈농과 소작농, 중농, 부농으로 구분하고, 이에 의거해 빈농과 소작농을 조직해서 그들로 하여금 계급투쟁을 하도록 한 것이었습니다. 그리하여 토지개혁이 완료된 1952년 말에는 전국 농업 인구의 60~70퍼센트에 해당하는 약 3억 명의 농민이 토지 재분배의 수혜자가 되어 전체적으로 중농화가 진행되었습니다.

제1차 5개년 계획과 '대약진운동'

그 이듬해인 1953년, '한국전쟁'이 휴전 협정을 통해 마무리되었습니다. 중국공산당은 비로소 국가 발전을 위한 종합적인 계획을 수립할 여유를 되찾았습니다. 같은 해 6월 마오쩌둥은 다음과 같은 '과도기의 총노선'을 제기했습니다.

> 중화인민공화국의 성립에서부터 사회주의적 개조가 기본적으로 달성될 때까지가 하나의 과도기. 이 과도기의 총노선과 기본 임무는 상당히 장기간에 걸쳐 국가에 사회주의적 공업화를 차례차례 실현함과 동시에 농업, 수공업, 사영 상업에 대한 국가의 사회주의적 개조를 차례로 실현하는 일이어야 한다.

대내외적으로 안정기에 접어들자 공산당은 본격적으로 경제 부흥을 위한 장기간의 계획 수립에 착수했습니다. 공식적으로는 1955년에 공표되었지만 실제로는 1953년부터 시작된 제1차 5개년 계획의 목표는 '생산 수단의 사회주의적 개조'였습니다. 이를 위해 생산 단위를 개조해 농업 분야에서는 집단화가 진행되었고, 농업 집단화의 일환으로 몇몇 농가가 필요에 따라 상호 부조하는 호조조互助組를 만들었으며, 이를 확대해 20~30호 정도의 '초급 합작사'를 조직하는 '호조 합작' 운동이 진행되었습니다. 그런데 단계적으로 실시하려던 고급 합작사로의 합병은 막상 토지를 분배받은 농민들의 반발로 지체되었습니다. 토지를 소유하게 된 농민들은 더 이상 혁명을 할 필요성을 느끼지 못했던 것입니다.

경제 부흥을 위한 제1차 5개년 계획은 1955년 7월에 열린 전국인민대표회의 제1기 제2회에서 정식으로 채택되었습니다. 그런데 그다음 날인 7월 31일에 마오쩌둥은 갑자기 전국 각 성과 시·구 당위원회의 서기들을 모두 불러 모아 '농업 협동화의 문제에 대해서'라는 제목의 보고를 행해, '과도기의 총노선'에서 제시한 호조조에서 초급 합작사로의 전환이라는 점진적인 농업 집단화를 격렬하게 비판했습니다. 그리하여 중국 사회주의 건설의 기본 방향에 대한 국가적 합의를 무시한 마오쩌둥의 일방적인 호소 아래 중국 농촌의 집단화가 급격하게 진행되었고, 이와 동시에 사영 상공업의 공사합영화公私合營化 역시 강행되어 1956년 말까지 사영 상공업의 종업원과 자본액의 95퍼센트 이상이 공사합영화되었습니다.

이 같은 결과에 고무되어 '마오쩌둥 사상'의 승리가 예찬되고, 류사오치가 "중국은 이미 프롤레타리아 독재 국가가 되었다"고 선언하는 등 '사회주의 고조高潮'가 일어났습니다. 그러나 실제로는 이렇듯 조급하게 경제 정책을 실행하는 바람에 많은 부작용이 나타났습니다. 1956년 무렵에는 많은 농민이 합작사를 탈퇴하는 일이 벌어졌고, 중공업으로의 급속한 전환으로 인해 식량과 소비재가 부족해지고 자재 공급이 정체되어 재정 적자와 물가 앙등이라는 사회 문제가 대두되었던 것입니다. 마오쩌둥이 이처럼 개혁을 조급하게 밀어붙였던 것은 정치적으로 안정기에 들어서자 공산당 내부에 의견 대립을 통한 모순과 갈등이 생겨나기 시작했고, 중앙 정책에 대해 지방의 독자적인 기능과 정책 등을 주장하는 이들이 나왔기 때문이었습니다.

그러는 사이 1956년 2월 소련공산당 제20차 대회에서 '스탈린 비판'이 진행되어 영원할 것 같았던 스탈린에 대한 신격화가 한순간에 붕괴되었습니다. 이것은 사회주의 진영 안에서 큰 반향을 일으켜 일시적인 '해빙기'가 찾아왔습니다. 이런 분위기에 편승해 마오쩌둥 역시 중국공산당원들이 외부인이 표명한 합리적인 견해를 재고하고, 외국어를 배워서 서구 사회에 대해 더 연구할 것 등을 주장했습니다. 같은 해 5월 2일에는 당 지도자들만 모인 회의에서 "백 가지 꽃을 일제히 피우고"百花齊放, "백 가지 학파의 의견이 일제히 분출되어 서로 다투도록 하자"百家爭鳴는 의견을 제시했고, 5월 26일 선전부장 루딩이陸定一(육정일)가 이를 공식적으로 공표했습니다. 마오쩌둥은 이제 본격적으로 추진될 경제 개발 계획을 성공적으로 수행하고 사회주의 발전을 이루기 위해서는 각계각층의 자발적인 참여와 지식 이용이 필요하다고 보았습니다.

이듬해인 1957년 3월 12일에 열린 중국공산당 전국선전공작회의에서 마오쩌둥은 다음과 같이 말했습니다.

'방'放이냐 '수'收냐? 이것은 방침 문제다. '백화제방', '백가쟁명'

은 기본적인 동시에 장기적인 성질의 문제지, 잠정적인 성질의 방침은 아니다. 동지들은 토론 중에 '수'를 찬성하지 않았는데, 나는 이러한 견해가 매우 옳다고 본다. 당중앙의 의견은 '수'일 수는 없고, '방'이어야 한다.

우리의 국가를 영도할 때는 두 가지 상이한 방법, 혹은 두 가지 상이한 방침을 취할 수 있다. 이것이 바로 '방'放과 '수'收다. '방'이란 여러분으로 하여금 의견을 말하게 하고, 사람들로 하여금 감히 말하고, 감히 비평하고, 감히 쟁론하도록 내버려 두되, 잘못된 의론을 두려워하지 않고, 유해한 요소가 있는 것을 두려워하지 않으며, 각종 의견의 상호 논쟁과 상호 비평을 발전시키고, 기왕 비판의 자유를 허용한 바에야 비판자를 비판하는 자유를 허용하고, 그릇된 의견에 대해서는 위압적으로 복종케 하는 게 아니라 이치로 사람을 복종케 해 설복시키는 것이다. '수'라는 것은 사람들이 상이한 의견을 말하는 것을 허용하지 않고, 또 그릇된 의견을 발표하는 것을 허용하지 않으며, 그것을 발표하는 경우 '일격에 때려눕히는 것'이다. 이것은 모순을 해결하는 방법이 아니라 모순을 확대하는 방법이다. 두 가지 방침, 즉 '방'인가, 아니면 '수'인가, 어찌 되었든 그중에서 하나를 택해야 한다. 우리가 방의 방침을 채택한 것은 이것이 우리 국가를 공고하게 하고 문화를 발전시킬 방침이기 때문이다.

마오쩌둥의 전향적인 발언은 이내 영향을 발휘해 당장 4월부터 공산당원의 관료주의와 분파주의, 주관주의를 극복하는 '제2차 정풍운동'이 전개되었고, 5월 1일부터 6월 7일까지 약 5주간에 걸쳐

마오쩌둥에 의해 첫 번째 우파로 지목받은 장보쥔 章伯鈞이 비판을 받는 장면

지식인들이 당내의 오류에 대해 자유롭게 비판하는 일이 가능해졌습니다. 당중앙은 '말하는 데 죄를 묻지 않는다'言者無罪는 구호 아래 중국공산당에 대한 비판을 적극적으로 호소했습니다. 이른바 '쌍백운동'雙百運動이 절정에 이른 것입니다.

그러나 시간이 흐를수록 사태는 엉뚱한 데로 흘러갔습니다. 그동안 막혀 있던 언로가 트이자 사람들은 가슴에 품고 있던 생각들을 봇물 터지듯 쏟아 냈습니다. 베이징대학의 중심부에 '민주의 벽'이 설치되어 중국공산당을 비판하는 대자보가 가득 채워지고, 마오쩌둥의 권력에 대한 비판도 이어졌습니다. '쌍백운동'이 자신의 의도와 다르게 진행된다고 판단한 마오쩌둥은 돌연 태도를 바꾸어 강경한 입장으로 돌아섰습니다. 7월이 되자 공산당은 이 운동을 '반사회적인 독초'를 일소하기 위한 '반우파 투쟁'으로 전환할 것을 선언했습니다. 그동안 당을 비판했던 수많은 지식인이 우파로 찍혀 노동수용소나 감옥에 들어갔고, 농촌으로 쫓겨 갔습니다. 이것을 계기로 그때까지 중국 혁명에 동참했던 민주적인 당파를 포함한 공산당 이외의 당파에 속한 지식인들이 모두 배제되었으며, 이후 중국 공산당의 일당 독재체제가 강화되고 사회주의 사회에서의 복수 정당의 존재라는 건국 초기의 원칙은 완전히 포기되었습니다.

한편 애당초 점진적으로 진행하고자 했던 경제 발전 계획은 장기적인 국면에 접어들면서 활기를 잃어 갔을 뿐 아니라 그 폐해가 나타나기까지 했습니다. 마오쩌둥은 혁명에 참가한 이래 인간의 의지와 대중의 자발적인 참여에 대한 뿌리 깊은 신념을 갖고 있었습니다. 마오쩌둥은 1957년 12월에서 다음 해인 1958년 4월까지 중국 각지를 여행하며 직접 민중과 접촉해 민중의 적극성과 창조성을 재확인하고자 했습니다. 그 결과 마오쩌둥은 '대약진운동'과 '영구 혁명'이라는 두 가지 슬로건으로 정리되는 새로운 급진 정책을 제기하기에 이르렀습니다.

'영구 혁명'에 대한 확신을 가졌던 마오쩌둥은 중국 인민의 개조에 대한 확고부동한 신념과 그것이 가능하다는 믿음을 갖고 있었습니다. 그런 생각은 마오쩌둥이 발표한 「전국농업발전요강」이라는 문건에 집약되어 있는데, 여기에서 '사회주의 건설의 총노선'과 '대약진'이 결합되고, 뒤에 '인민공사'와 결합된 '삼면홍기' 三面紅旗라는 슬로건이 나왔습니다. '대담하게 마음먹고, 항상 높은 목표를 지향하며, 좀 더 많이, 좀 더 빨리, 좀 더 좋게, 좀 더 절약해서 사회주의를 건설'하는 것을 기치로 내건 '삼면홍기'야말로 '대약진운동'의 실체였던 셈입니다. 여기에 더해 '중공업을 우선적으로 발전시키는 것을 전제로 하되 공업과 농업을 동시에 발전시키고, 중앙 공업과 지방 공업, 근대 공업과 전통 공업 등을 동시에 발전시킨다'고 하는 '두 발로 걷게 한다' 讓兩條腿走路는 방침이 채택되었습니다.

결국 '대약진운동'은 노동력의 대량 투입에 의한 인해전술식 사회주의 건설 방식으로 생산력을 비약적으로 발전시키겠다는 의도에서 추진된 사업이며, 연인원 1억여 명이 참여해 780만 헥타르의 토지가 개간되었습니다. 그러나 결과적으로 '대약진운동'은 처참하게 실패했습니다. 겉으로는 '대약진운동'으로 국민경제가 크게 '약진'한 듯 보였지만, 실상은 그렇지 않았던 것입니다. 농업 분야에서의 파탄은 더욱 심하게 나타났습니다. 중국의 전통적인 공동체 사회의 특성을 무시한 '공동 식당과 공동 보육, 절대 평등주의를 통한 대규모 집단화'는 농민들의 생산 의욕을 감소시켰습니다. 결정적으로 1959년부터 3년간 이어진 심각한 자연재해로 전국의 농촌은 궤멸적인 타격을 입었습니다. 각지에서 식량 부족 현상이 일어나 동북의 공업 도시에서는 옥수수나 수수의 배급조차 감소했으므로 사람들은 휴일에는 들에 나가 수확한 후의 낟알들을 줍지 않으면 안 될 지경이었습니다. 그나마도 없어 굶어 죽는 일까지 벌어졌습니다.

대외적으로도 상황은 중국에 우호적이지 않았습니다. 1958년 여름 타이완 해협 위기 때도 소련은 중국의 모험주의적인 단기 결전 정책에 의문을 표명했고, 중국이 진먼다오金門島(금문도)를 포격했을 때도 지원을 거부했습니다. 1959년 6월에는 1957년에 맺은 '중소 신군사 협정'을 일방적으로 파기하고, 중국에 대한 원폭 미사일 견본과 기술 자료 제공을 거부했습니다. 같은 해 세계 여러 나라에서 많은 사건이 이어졌지만, 중국은 어느 것 하나에도 영향력을 발휘하지 못했습니다. 오히려 티베트에서 일어난 소요 사태를 중국이 무력으로 진압하고 달라이 라마가 인도로 망명을 했을 때도 인도는 중국의 항의에도 불구하고 그에게 피난처를 제공했습니다. 중국은 점차 고립무원의 상태에 빠져 이른바 '죽의 장막'에 갇혔습니다. 이렇듯 '대약진' 정책의 좌절, 이후 3년간 이어지는 자연재해, 중소 대립으로 인한 경제적 곤란이라는 삼중고에 직면한 중국공산당은 어쩔 수 없이 '대약진운동'을 재고해야만 했습니다.

정책을 작품으로

작가가 작품을 쓰는 데는 여러 이유가 있을 수 있습니다. 누군가는 말합니다. 소설 작품은 작자의 개인적인 체험에서 우러나온 감정의 표출이라고. 그러나 정반대의 경우도 있습니다. 이미 정해진 방향에 맞추어 작품을 창작하는 경우도 있는 것입니다. 사회주의 리얼리즘 계열에 속하는 작품들은 대부분의 경우 이런 틀을 벗어나지 않습니다. 어떤 정책이 마련되면 그 정책을 선전하고 그 결과를 홍보하기 위한 목적의식 아래 작품이 쓰이는 경우가 많은 것입니다. 사회주의 사회 건설을 목표로 분투노력했던 시기의 중국에서 나온 소설 작품들이 그 대표적인 예라 할 수 있는데, 앞서 살펴본 바 있는 자오수리趙樹理가 그렇고, 지금 이야기하려는 저우리보周立波(주립파, 1908~1979) 역시 마찬가지입니다.

저우리보는 후난 성 이양 현益陽縣(익양현) 사람으로, 본명은 저우사오이周紹儀(주소의)입니다. 저명한 역사학자 저우구청周谷城(주곡성)과 중국공산당 선전부 부장을 지냈던 문학평론가 저우양周揚(주양) 역시 그와 동향으로, 세간에서는 이들 세 사람을 '이양 삼주'益陽三周라 부르기도 했습니다. 저우리보는 후난 성의 성도省都인 창사에서 중학교를 졸업한 뒤, 상하이에서 대학을 다니며 중국공산당의 대외 조직에 가담했습니다. 1932년 '1·28사건' 뒤에 이어진 노동자 파업으로 체포되어 2년 반 동안 감옥살이를 했고, 1934년에 출옥한 뒤 좌련左聯(중국좌익작가연맹)에 가입했습니다. 당시 저우양은 좌련의 당조서기黨組書記를 맡고 있었는데, 동향인 저우리보와 매우 밀접한 관계를 맺었습니다.

저우리보

이후 좌련에서 몇 편의 글을 쓰고 외국의 단편소설과 장편소설을 번역하는 등 문학 활동에 힘쓰다가 1937년 중일전쟁이 일어나자 종군기자의 신분으로 공산당 통치 구역인 진차지晉察冀(진찰기) 변구邊區에 가서 정치 선전 업무에 종사했습니다. 뒤에 옌안에서 루쉰예술학원 교수와 편집부 부장 등을 역임했습니다. 그는 소설 창작뿐 아니라 문학 이론 분야에 대한 글도 몇 편 남겼는데, 주로 문학의 사회성과 사상성 및 예술성의 통일이라는 측면을 강조해 혁명적 리얼리즘의 의의를 천명하기도 했습니다. 따라서 현실 생활 속에서의 실천 문제를 각별히 중시했으니, 실제로 그는 수많은 전투와 하향下鄕 공작에 참여한 바 있습니다.

이에 해방 후인 1946년 겨울에는 동북의 해방구에 파견되어 쑹쟝 성松江省(송강성)˙ 상즈 현尙志縣(상지현) 위안바오 진元寶鎭(원보진)에서의 토지개혁 운동에 참가했습니다. 이때의 체험을 바탕으로 중국

공산당의 토지개혁 정책을 찬양한 그의 첫 번째 장편소설이자 출세작이라 할 『폭풍취우』暴風驟雨를 썼는데, 이 작품은 앞서 살펴본 바와 같이 비슷한 주제를 다룬 딩링의 『태양은 쌍간허에 비친다』와 함께 스탈린 문학상을 수상했습니다(딩링은 2등, 저우리보는 3등).

『폭풍취우』는 그간의 문학 수양과 실제 생활 체험이 어우러진 가작으로, 많은 평론가들의 찬사를 받았습니다. 그 역시 이 작품의 성공에 고무되어 「『폭풍취우』의 창작 과정」이라는 글에서 그 자신이 얼마나 토지개혁 사업에 열중했는가에 대해 다음과 같이 술회한 바 있습니다.

> 당시는 오로지 격렬한 계급투쟁에 열중해 개인의 창작 문제를 생각하지 못했다. ……실제 투쟁과 창작 실천 속에 농민의 생활과 투쟁을 반영하기 위해서는 자신이 먼저 그들을 열애하고 그들의 생활에 익숙해져 그들의 사상 감정과 하나가 되어야 한다고 생각했다.

실제로 저우리보는 농민들의 신임을 얻기 위해 그들과 똑같이 거친 식사를 하고 신발도 제대로 사 신지 못할 정도로 어려운 환경 속에서 살았다고 합니다.

그런 까닭에 혹자는 이렇듯 자신의 체험에 바탕해서 작품을 쓴 저우리보 소설의 특색 가운데 하나로, 소설 속에 묘사된 인물들 한 사람 한 사람이 살아 있는 듯 형상화되어 있다는 점을 들기도 합니

---

* 해방 당시 국민당 정부의 지방 행정 구역 구획區劃에 의해 설립된 성으로, 현재의 헤이룽장 성黑龍江省에 해당한다.

다. 특히 그는 자신이 태어나고 주로 활동했던 후난 성의 방언과 토속어를 적절히 활용해 작품의 향토적인 색채를 강화시켰는데, 어떤 사람은 이 점에 대해 작자가 너무 궁벽한 방언을 사용함으로써 독자가 작품을 이해하는 데 방해가 된다고 지적하기도 했습니다. 실제로 이 작품 속에 묘사된 후난 지역의 방언은 작품의 내용에 몰입하기 어려운 장애가 되기도 합니다. 이를테면 '더럽다'는 것을 의미하는 '마이타이'埋汰나 '갑자기'라는 뜻의 '렁딩'冷丁 같은 말은 후난 성 사람이 아니면 알아듣기 어려운 말들입니다.

　1952년 저우리보는 베이징의 스징산石景山(석경산)에 있는 강철 공장에 근무하면서 노조의 신문 편집을 돕는 등 다시 현장 체험에 나섰습니다. 2년 뒤인 1954년에는 이때의 경험을 바탕으로 한 『쇳물이 흐른다』鐵水奔流는 장편소설을 집필했으나, 별다른 반향을 이끌어 내지 못했습니다. 그것은 그가 농촌 출신이었기에 공업 분야에 대해서는 아무래도 상대적으로 문외한이었기 때문입니다. 그러나 이때의 체험은 그로 하여금 현장의 중요성을 일깨워 주었으니, 1955년 저우리보는 가족들을 데리고 후난 성 고향 마을에 가서 정착했습니다. 이때가 그의 창작의 황금기로 『탈곡장에서』, 『산 너머 사람들』, 『베이징에서 온 손님』 등 수많은 단편소설과 산문을 써냈으며, 1956~1959년 사이에 그의 출세작 『폭풍취우』의 자매편이라 할 『산향거변』山鄕巨變을 집필했습니다.

　『산향거변』은 1958년 《인민문학》 1월호부터 연재를 시작했다가 나중에 단행본으로 묶여 나왔는데, 이 작품의 출현으로 저우리보는 다시 평론가들의 주목을 받았습니다. 이 작품의 전편은 1958년에 출판되었고, 속편은 1960년에 출판되었습니다. 전편은 1955년 후난 성의 궁벽한 산골 마을인 칭시 향淸溪鄕(청계향)에서 초급 농업생산합작사를 건립하기까지의 과정을 서술했고, 속편은 1956년 상반년에 고급 농업생산합작사가 성립된 후의 투쟁과 발전 과정을 서술하고 있습니다.

어떤 사람은 이 작품이 『폭풍취우』보다 낫다고 평하기도 했는데, 과연 이 소설은 『폭풍취우』와 마찬가지로 작품 속에 중국공산당이 추진하는 사업의 당위성과 그 성과를 충실하게 반영하면서도 결코 단조롭다는 느낌을 주지 않을 뿐 아니라 소설적 재미마저 느끼게 합니다. 사실상 이 두 소설은 앞뒤로 신민주주의 혁명에서 사회주의 혁명의 단계로 넘어가는 중국 농촌 사회의 변혁 과정을 묘사하고 있습니다. 차이점이라면 『폭풍취우』가 토지개혁 시기에 북방 지역의 농민들이 토지개혁 투쟁에 적극적으로 참가하는 모습을 그린 것인 데 반해, 『산향거변』은 남방 지역의 농민들이 토지를 얻은 뒤 개별경제로부터 사회주의적인 집체경제로 나아가는 일련의 과정에서 벌어지는 갖가지 사건을 묘사했다는 것입니다. 독자들은 이 두 작품을 통해 관념적이고 추상적으로 들어왔던 사회주의화 과정에서 부딪치는 현실적인 어려움들이 정치 투쟁 차원에서의 해결뿐만 아니라 경제 분야나 인민들의 의식 전환이라는 차원에서도 해결되어야 하는 문제라는 사실을 알게 될 것입니다.

토지개혁의 험난한 여정

1955년 초겨울, 덩슈메이鄧秀梅(등수매)는 '농업 합작화'의 임무를 띠고 칭시 향으로 떠납니다. '농업 합작화'는 수천 년 동안 전해 내려오던 토지에 대한 '사적 소유'를 부정하고 '공동 식당과 공동 보육, 절대 평등주의를 통한 대규모 집단화'를 함으로써 기존의 농촌 생산 방식이나 생활 방식을 근본적으로 뒤집어엎는, 그야말로 파천황 격의 사회운동이었습니다. 그런 의미에서 이것은 단순히 '농사짓는 이가 땅을 가져야 한다'耕者有田는 원칙에 입각해 토지를 단순 재분배했던 '토지개혁'보다 더 광범위하고 심각한 사회변혁이라 할 만했습니다. 그러므로 '농업 합작화'는 1949년 신중국 수립 이래 7년간이나 여러 공작에 참여한 바 있는 덩슈메이의 경력에서도 새로운 도전이라 할 만한 사업이었습니다.

사회변혁은 결코 탁상에서 이루어지지 않습니다. 상부에서 내린 결정이 기층 인민에게까지 미치는 데는 물리적인 시간뿐 아니라 심리적·문화적 갈등의 극복 등과 같은 다양한 요소에 대한 고려가 필요합니다. 그렇기에 소설가는 평범하면서도 구체적인 일상에 대한 묘사를 통해 합작화 운동이 사람들의 생활 방식과 노동 습관, 애정생활과 혼인, 가정생활과 기타 인간관계 등 여러 측면에 걸쳐 가져다준 변화의 모습을 드러내 보여 주어야 합니다. 아울러 그러한 양상은 작품에 등장하는 인물들에 대한 구체적인 묘사로 드러나는데, 작가인 저우리보는 다양한 인물들에 대한 성공적인 형상화를 통해 그 구체적인 정상情狀을 잘 드러내고 있습니다.

작품 속에 등장하는 인물들은 몇 부류로 나뉠 수 있습니다. 첫 번째 부류는 정면 인물로 주인공 격인 덩슈메이와 마을의 기층 간부들인 리웨후이李月輝(이월휘), 류위성劉雨生(유우생) 등인데, 이들은 합작화 운동을 선도적으로 이끌어 나갑니다. 그런데 이 소설에서 정면 인물들에 대한 묘사는 지나치게 이상화되어 오히려 현실감을 잃고 있다는 느낌을 줍니다. 합작화 사업을 위해 칭시 향에 부임하는 덩슈메이는 총명하고 재능이 있으며 맡은 바 임무를 성실하게 수행하는, 그야말로 이상적인 지도자의 형상을 구현하고 있습니다. 그렇기 때문에 덩슈메이라는 캐릭터는 지나치게 유형화stereotyped되어 생동감이 떨어진다고 할 수 있는데, 이에 비한다면 오히려 인간적인 약점을 드러내는 류위성이나 리웨후이 같은 기층 간부들이 더 생생하게 와 닿는다고 할 수 있습니다.

두 번째 부류는 반면 인물로 부유한 중농인 왕쥐성王菊生(왕국생)과 악질 건달 출신인 장구이츄張桂秋(장계추), 그리고 궁쯔위안龔子元(공자원) 등과 같이 합작화 운동을 거부하는 이들입니다. 왕쥐성은 보수적이고 이기적이며 완고한 성격을 가진 농민이지만, 타고난 부지런함으로 열심히 일해 좋은 땅을 가졌고 비료도 넉넉하게 갖고 있었습니다.

잠시 이야기를 나눈 뒤 덩슈메이는 일어나 그들이 키우는 돼지를 좀 보고 싶다고 말했다. 그는 부엌에서 나와 헛간으로 갔다. 거기에는 작은 곡식 창고가 있었는데, 창고 문의 판자는 빈틈없이 잠겨 있고, 위에는 쇠로 만든 쇠불알 자물쇠가 걸려 있었다. …… 그는 땔감을 쌓아 놓은 곳간으로 가서 거기에 마른 장작과 아직 마르지 않은 장작이 몇십 겹 쌓여 있는 것을 발견하고, 두엄을 쌓아 놓은 곳에 가서는 풀과 나뭇재가 커다란 더미로 쌓여 있는 외에, 백석회도 천 근 정도 있음을 확인했다. …… 돼지우리의 대나무 기둥 위에는 퇴색한 붉은 종이에 '혈재흥왕'血財興旺이라는 네 글자가 쓰여 있었다.

그러므로 왕쥐성의 입장에서는 굳이 농업사에 입사해 공동 작업을 해 나갈 필요가 애당초 없었고, 그 자체로 왕쥐성이 비난받을 여지는 전혀 없다고 할 수 있습니다. 그러나 마을에 합작사가 세워지고 대부분의 마을 사람이 입사해 공동으로 작업을 하자 상황은 아주 달라집니다. 왕쥐성은 경쟁심이 발동해 아내와 딸을 데리고 부지런히 일을 하지만, 아무래도 혼자만의 힘으로는 여러 사람의 힘을 당해 낼 수 없었습니다. 결국 아내와 딸이 피로에 지쳐 병이 난 데다 어디에서고 일손을 구할 수 없는 왕쥐성은 망연자실 어찌할 바를 모르게 됩니다.

왕쥐성은 수확해야 할 벼가 쓰러져 논에서 싹을 틔우는 것을 뻔히 보면서도 달리 손을 쓰지 못하자, 마치 뜨거운 가마솥에 떨어진 개미처럼 안절부절 어찌할 바를 몰랐다. 매일매일 꼬박 벼를 베느라 눈코 뜰 새 없이 바쁘게 지내면서도 밤에는 잠을 이룰 수가 없었다. 그는 잠자리에 누워 아무리 생각에 생각을 거듭해도 묘안이 떠오르지 않았다.

이를 보다 못한 마을 사람들이 왕쥐성을 설득해 모든 일을 사흘 만에 해치우자 왕쥐성은 크게 동요합니다. 결국 며칠 후 왕쥐성은 합작사의 사장인 류위성을 찾아가 합작사에 가입합니다. 이렇게 해

* '재산이 크게 일어난다'는 뜻으로 '발재흥왕' 發財興旺이라 쓰는 게 일반적이다. '혈재' 血財로 글자를 바꿈으로써 '피 같은 재산'이라는 뜻이 좀 더 강조되었다.

서 마을 사람들은 대부분 합작사에 가입을 하고, 끝까지 가입하지 않고 있던 궁쯔위안은 나중에 국민당 첩자로 밝혀집니다.

한편 첫 번째와 두 번째 부류에 속하는 인물들이 서사적인 의미에서 대립 관계에 있는 정면 인물과 반면 인물을 대표한다면, 실제로는 양자 사이에서 부유하고 갈등하는 인물들이 존재하는 게 사리에 맞을 것입니다. 작품에 등장하는 대부분의 인물이 바로 이 세 번째 부류에 속한다고 볼 수 있으며, 이들은 이중적인 성격을 갖고 있습니다. 사실상 이들이야말로 현실 속에서 쉽게 찾아볼 수 있는 전형적인 인물상이라 할 수 있는바, 그 가운데서도 성유팅盛佑亭(성우정)과 천셴진陳先晉(진선진)을 그 대표적인 예로 들 수 있습니다.

칭시 향에서의 공작을 위해 그곳으로 향하던 덩슈메이는 가는 길에 성유팅을 만납니다. 대나무를 어깨에 메고 가던 성유팅을 덩슈메이가 불러 세운 것입니다. 덩슈메이가 대나무를 왜 내다 파냐고 묻자, 성유팅은 솔직하게 대나무가 모두 나라에 귀속된다기에 그 전에 내다 팔려고 한다고 대답합니다. 별명이 '푼수'인 성유팅은 "중화인민공화국 수립 전까지는 사회에서 가장 억압받던 계층"이었습니다. 당연하게도 해방 후 '토지개혁' 때 땅과 집을 분배받아 늘 당의 은덕이 태산과 같다고 말했던 인물인데, 정작 합작화 운동으로 모든 소유물이 나라에 귀속된다는 말을 듣고 대나무를 베어 내다 팔 생각을 한 것입니다.

성유팅의 이중적인 성격은 빈농 출신임에도 처음 만난 덩슈메이가 자신을 업신여길까봐 자기도 해방 전에 하마터면 부농이나 지주가 될 뻔했다고 자랑하는 데서도 드러납니다.

그렇다고 나를 궁하게 보지 말어. 왕년에는 나도 몇 번인가 돈을 모은 적이 있는 사람이야. 어느 해인가는 내가 화룽華容(화용)에 가서 밭을 일구었는데, 풍년이 들었었지. 약간 손색이 있긴 했지만, 부농이 될 뻔했어. 또 한번 그런 기회가 주어지고 조금만 더 노력했다면 지주가 될 수도 있었을 텐데.

덩슈메이는 그의 이 어리숙한 말에 지주가 됐으면 비판당하느라 보기 좋았겠다는 말로 웃고 넘어갑니다. 사실 이런 생각은 성유팅만 갖고 있었던 게 아니었습니다. 앞서 말한 대로 일반적인 농민들은 '토지개혁'으로 땅을 분배받은 뒤에는 더 이상의 개혁을 원치 않았습니다. 이미 내 소유의 땅을 가졌으니 더 이상 욕심을 부릴 필요가 없었던 것입니다. 늙은 농사꾼 천셴진이 그랬습니다. 그는 조상 대대로 뼈 빠지게 농사를 지었지만 물려받은 산전山田 한 무畝 외에는 아무리 해도 땅을 살 수 없었습니다. 그러다 해방이 되고 오래지 않아 밭을 분배받자 천셴진은 꿈인 듯 생시인 듯 너무나 기뻐 잠을 이루지 못할 정도였습니다.

어느 날 아침에 그는 특별히 분배받은 밭의 밭두렁에 가서 한번 둘러보고 혼잣말을 했다. '이 밭들을 모두 내가 짓는단 말이지? 꿈을 꾸고 있는 건 아닐까?'

그런 그에게 분배받은 땅을 다시 내놓으라는 것은 청천 하늘에 날벼락 같은 소리였습니다. 그의 딸 쉐춘雪春(설춘)이 좋은 말로 그를 달랜들 그의 마음을 돌릴 수는 없었습니다. "분배받으면 또 뭐

해? 아직 실컷 지어 보지도 못하고 다시 내놔야 하는데" 그러고는 집 밖으로 나가는데, 잠시 후 쉐춘이 뛰어나갔다 들어와서 제 어미에게 말했습니다. "엄마, 아버지가 밭에서 울고 계셔요."

천셴진의 땅에 대한 애착은 그리 유별나다 할 수 없는 것이었습니다. 어느 농사꾼인들 자기 땅에 대한 애착이 없을까마는 정작 천셴진이 치를 떠는 것은 분배받은 5무의 땅이 아니었습니다. 아버지가 돌아가실 때 물려준 산등성이의 산전 1무는 "부자 세 사람이 꼭 두새벽부터 한밤중에 잠들 때까지 배가 고파 야생 복령을 먹고, 밥까지 생략해 가며" 개간한 것으로, 아버지는 임종할 때도 자기를 이 밭 옆에 묻어 달라고 할 정도였습니다. 이 땅마저 내놓아야 한다는 사실은 성유팅보다 더 복잡하고 고통스러운 결단을 요구하는 것이었습니다.

그러나 어찌 보면 성유팅과 천셴진이 보여 주는 심적 갈등과 이중적인 태도는 당의 정책에 대한 이들의 몰이해에서 비롯된 것이라기보다는 사업이 너무도 급작스럽게 진행된 데서 기인한 것이라고 할 수 있습니다. 곧 사업을 수행하면서 입사 농가 수의 지표를 하달하고 이를 초과 완수할 것을 강요한다든지, 초급 농업사가 수립된 지 얼마 되지 않아서 막 바로 고급 농업사로 전환한 것 등은 이들 사업이 너무도 거칠고 조급하게 이루어졌다는 것을 보여 줍니다. 이것은 앞서도 말한 바와 같이 마오쩌둥의 "중국 인민의 개조에 대한 확고부동한 신념"에 근거한 조급증 때문에 일어난 일이었습니다.

사실상 한 사회를 개조하고 그 구성원들을 인도한다는 것은 시간적으로도 오래 걸리고 그 시행 과정에서도 많은 어려움이 가로놓여 있는 지난한 사업입니다. 그러나 작품 속에서는 호조조互助組의 결성에서 이런 호조조들의 연합체인 초급 합작사의 성립, 그리고 궁극적으로 고급 합작사로 나아가는 일련의 과정이 너무도 이상적으로 그려지고 있습니다. 이를테면 부유한 중농 왕쥐성이 합작사에 가입하는 과정은 너무도 상투적으로 그려져 오히려 현실감을 떨어뜨립니다.

  그럼에도 작가의 직접적인 체험에서 우러나온 당시 후난 성 시골 마을의 일상적인 모습에 대한 생동감 있는 서술과 자연 경물에 대한 서정적인 묘사는 이 작품을 단순한 선전물에 그치지 않게 하는 중요한 요소입니다. 이를 뒷받침하는 것이 지방색이 짙은 구두 언어의 활용입니다. 앞서도 말한 바와 같이 이 점은 독자로 하여금 이해 불가한 생경함을 느끼게 하는 요인으로 작용하기도 하지만, 작품이 갖고 있는 향토적인 정서를 배가시키기도 합니다. 혹자는 이런 관점에서 이 소설의 작자인 저우리보를 자오수리와 비교하기도 했는데, "자오수리의 작품 구성이 전통적인 평화平話체에 가까운 것이라면, 저우리보의 언어는 대중적이면서도 순수한 구어체로 생활 자체에 깃들어 있는 유머의 효과와 내면 지향적인 여운을 가지고" 있으며, 그런 의미에서 "저우리보는 중국 문학의 전통적인 기교와 서구 문학의 형식을 적절히 결합하고 예술적인 표현의 다양성을 중시하면서 화려하고 세련된 원만한 문체와 변화 가득한 줄거리로써 새로운 예술적 풍격을 창조했다"고 평했습니다.

문화대혁명,
광기와 파괴의 역사

부용진 芙蓉鎭

1959년   3월, 티베트 독립운동. 달라이 라마, 인도로 망명. 4월, 제2기 전인대 제1차 회의, 국가 주석에 류사오치 선출. 대약진운동의 계속 진행 결정. 7월, 중앙정치국 확대회의(루산 회의), 대약진 운동과 인민공사 정책에 대하여 마오쩌둥과 펑더화이 논쟁. 8월, 중공 제8기 8중전회, 경제 계획 생산 운동의 감퇴 인정, 절약 운동 추진. 우파 반당 집단 숙청(펑더화이) 포함.
1960년   6월, 소련, 중국을 교조주의·극좌 모험주의로 비판. 중·소 대립의 표면화. 설비 공급 중지. 12월, 자연재해로 중국 전역의 농경지 가운데 반 이상이 피해를 입었다는 보도. 식량 위기 발생.
1961년   1월, 베이징 시 부시장 우한, 「하이루이의 파면」 발표.
1962년   1월, 중공중앙, 확대 중앙공작회의(일명 '7천인 대회') 소집. 대약진운동의 실패를 공식적으로 발표. 9월, 중국공산당 제8기 10중전회, 마오쩌둥, 계속혁명론(계급투쟁론) 제시, 사회주의 교육의 철저화 지시.
1965년   10월, 상해 《문회보》에 야오원위안의 「신편 역사극 '하이루이의 파면'을 평함」을 게재하여 우한 비판. 문화대혁명의 기점이 됨.
1966년   5월, 칭화대학에서 최초로 홍위병 조직 성립. 8월, 문화대혁명의 전면적 전개 결정.
1969년   4월, 중국공산당 제9기 1중전회, 중앙지도부 선출(주석 마오쩌둥, 부주석 린뱌오).
1971년   4월, 미국 운동팀이 처음으로 중국 방문(핑퐁 외교). 9월, 린뱌오, 쿠데타에 실패 후 비행기로 국외 탈출 중 추락사. 10월, 유엔 총회에서 중화인민공화국의 유엔 가입과 타이완의 추방 결의.
1972년   2월, 닉슨 미국 대통령, 중국 방문하여 중·미 정상회담.
1976년   1월, 저우언라이 총리 사망. 4월, 저우언라이 총리 추모를 위해 천안문광장에 모인 군중들의 시위(제1차 톈안먼 사건). 9월, 마오쩌둥 사망.

주자파의 대두와 마오쩌둥의 권토중래捲土重來

'대약진운동'의 실패로 1959년 4월 전국인민대표회의 제2기 제1회 대회에서 마오쩌둥은 국가주석직에서 물러나고 당 주석직만 유지했습니다. 같은 해 7월 장시 성 루산廬山(여산)에서 열린 정치국 확대 회의에서는 마오쩌둥의 오랜 혁명 동지인 펑더화이彭德懷(팽덕회)가 '대약진운동'의 문제점을 지적하면서 그를 신랄하게 비판했습니다. 이에 대해 마오쩌둥은 펑더화이가 우파 기회주의자들의 모임을 결성하고 원칙 없는 분파주의적 행동을 일삼는다고 비난했습니다. 결국 대약진운동의 문제점을 바로잡기 위해 열린 회의는 엉뚱하게도 우파 기회주의자들과의 투쟁의 장으로 변해 버리면서 펑더화이와 그를 지지하는 일파들이 반당 집단으로 몰려 실각했습니다.

그러나 사태는 이미 걷잡을 수 없는 지경으로 흘러갔습니다. 국민경제는 파탄에 이르렀고, 식량 부족으로 전국에서 2천만 명이 넘는 아사자가 나왔습니다. '대약진운동'의 실패에 더해 중소 간의 대립으로 중국 경제는 막다른 골목에 내몰렸습니다. 마오쩌둥은 2선으로 물러섰고, 마오를 대신해 국가주석의 자리에 오른 류사오치와 덩샤오핑鄧小平(등소평) 등 공산당 내 실권파 세력이 사태 수습에 나섰습니다.

류사오치는 표면적으로는 마오

펑더화이

쩌둥에 협력하면서 실제로는 대약진운동을 재조정하는 공작에 착수했습니다. 가장 시급한 것은 식량 문제였습니다. 이를 위해 도시 인구의 강제 소개가 이루어지고 농업 투자가 대폭 증가되었습니다. 아울러 소비 물자의 확보를 위해 농업 생산재를 제외한 공업 분야의 기본 건설 투자가 대폭 삭감되었습니다. 농민들의 생산 의욕을 고취하기 위해 '3자1포'三自一包 정책이 장려되었습니다. 여기서 '3자1포'는 세 가지 '자'自, 곧 농민에게 경지의 5퍼센트 한도 내에서 자유롭게 경영할 수 있는 땅인 '자류지'自留地를 인정해 주고, 농촌에 '자유시장'自由市場을 허용하며, 일종의 독립채산제라 할 '남고 모자라는 것을 스스로 책임진다'는 의미의 '자부영휴'自負盈虧를 시행하는 것과 한 가지 '포'包, 곧 생산의 호당 책임제 정책인 '포산도호'包産到戶를 가리킵니다.

　류사오치 등 실권파는 펑더화이와 같이 마오쩌둥의 권위에 드러내 놓고 도전하고 대결하는 자세를 취하지는 않았지만, 그럼에도 마오쩌둥이 지향하는 사회주의 혁명에서 벗어나는 것은 피할 수 없는 일이었습니다. 이렇듯 실용적인 정책을 채용했다는 자체만으로도 펑더화이가 옳고 마오쩌둥의 노선이 잘못되었다는 것을 부각시키는 결과를 낳았던 것입니다. 덩샤오핑이 유명한 "흰 고양이나 검은 고양이나 쥐만 잘 잡으면 좋은 고양이다"라는 발언을 한 것도 이즈음이었습니다. 류사오치 등은 정국의 주도권을 쥐고 조심스럽게 자신들의 정책을 펼쳐 나갔으나, 마오쩌둥 일파는 계속 권토중래를 위한 암중모색을 거듭했습니다.

　1962년 1월 마오쩌둥은 당의 고급 간부 7천 명을 소집해 확대 중앙공작회의(일명 '7천인 대회')를 열고, 그 자리에서 대약진운동의 실패를 공식적으로 발표했습니다. 마오쩌둥은 직접적인 책임이 자신에게 있다고 자아비판했고, 저우언라이와 덩샤오핑도 자아비판을 했습니다. 그러나 마오쩌둥은 당권에 대한 도전은 거부했고, 국방부장 겸 인민해방군 총사령관인 린뱌오林彪(임표)는 마오쩌둥의 사상은 정확했지만 그것을 제대로 운용하지 않았기 때문에 이런 문제가 생긴 것이라고 주장했습니다. 하지만 당내에서 마오쩌둥의 위상이 하락하는 것은 피할 수 없는 현실이 되어 버렸습니다.

팽팽한 긴장이 감도는 가운데 1962년 중국공산당 제8기 10중전회가 열렸습니다. 여기서 마오쩌둥은 계급투쟁을 잊지 말라고 호소하면서, 향후 진행될 계급투쟁은 국외 제국주의 세력의 압력과 국내의 부르주아적인 영향을 받지 않을 수 없을 것이라 주장했습니다. 해가 바뀌어 1963년 5월이 되자 마오쩌둥은 좀 더 적극적으로 자신의 주장을 펼쳐 나갔습니다. 5월 9일 마오는 실천의 중요성을 강조하면서 '세 가지 위대한 혁명 투쟁'으로 '계급투쟁, 생산 투쟁, 과학 실험'이라는 3대 혁명 운동의 중요성을 제기했습니다. 5월 20일에는 이른바 '전前 10조'라 불리는 「당면한 농촌 공작에 있어 약간의 문제에 관한 중공 중앙의 결정 초안」을 지도해 사회주의 교육 운동에서의 당의 정책 방침을 지시했습니다.

류사오치와 그 일파는 표면적으로는 마오쩌둥의 지시를 적극 지지하는 체하면서 실제로는 마오가 추진하는 사회주의 교육 운동의 전개 속도를 완만하게 유지해 나가고자 했습니다. 마오쩌둥은 헤이룽쟝 성에 위치한 다칭大慶(대경) 유전의 개발과 산시 성에 있는 다자이大寨(대체) 생산 대대를 관료주의와 수정주의를 벗어나려는 운동의 선진적인 모델로 제시했습니다. 여기서 한 걸음 더 나아가 마

문화대혁명 포스터(왼쪽)
쟝칭과 마오쩌둥(오른쪽)

오쩌둥은 실권파에 대처하기 위해 1964년 말경 중국공산당 중앙정치국 전국공작회의를 소집했습니다. 이 회의는 이듬해까지 이어졌는데, 여기서 「농촌의 사회주의 교육에서 제기된 약간의 당면 문제」(이른바 '23개조')라는 짤막한 문서를 채택했습니다. 이것은 앞서 제기한 '사회주의 교육 운동'의 연장 선상에 있는 것으로, 실제로는 미구에 밀어닥칠 '문화대혁명'의 신호탄과 같은 성격을 가진 일종의 선언문이었습니다.

1965년 1월 마오쩌둥의 부인인 쟝칭江靑(강청)은 상하이 시 당위원회 서기인 장춘챠오張春橋(장춘교)를 극비리에 불러 마오의 반대파를 제거하자고 모의했습니다. 같은 해 6월에서 7월에 걸쳐 베이징에서는 현대 경극 대회가 열려 '경극 현대화 운동'이 제기되었습니다. 여기서 쟝칭은 '경극 혁명에 대해서'라는 강연을 통해 종래의 경극 주인공들은 모두 왕후장상王侯將相이나 재자가인才子佳人이 아니면 요괴들이라고 공격했습니다. 그러나 쟝칭의 주장은 묻혀 버렸습니다. 9월에서 10월 사이에 열린 당중앙 공작회의에서도 마오쩌둥은 세 불리를 절감했습니다. 마오의 발언은 신문 지상에 보도조차 되지 않았습니다. 급기야 마오쩌둥은 회의석상에서 "베이징에서는 나의 의견이 실현될 수 없다고 느껴진다"고 발언 한 뒤, 그해 11월 돌연 베이징을 떠나 공식석상에서 사라졌습니다.

프롤레타리아 문화대혁명

1965년 11월 10일 야오원위안姚文元(요문원)이 우한吳晗(오함)의 『하이루이의 파면』海瑞罷官을 비판하는 글을《문회보》文匯報에 실었습니다. 그의 비판의 칼날이 겨냥한 것은 사실상 우한 개인이라기보다는 베이징을 중심으로 한 반反마오쩌둥 일파였습니다. 당시 우한은 베이징 시 부시장이자 베이징 시 당위원회와 중국 중앙당 선전부 내에서 큰 영향력을 가진 지식인이었고, 덩퉈鄧拓(등탁), 랴오모사廖沫沙(요말사)와 더불어 '삼가촌'三家村 그룹을 이끌 만큼 베이징 언론계에서 확고한 기반을 갖고 있었습니다. 무엇보다 그의 배후에는 베이징 시장이자 베이징 시 당위원장인 펑전彭眞(팽진)과 당 선전부장인 루딩이陸定一(육정일), 그리고 국가주석 류사오치가 있었습니다.

마오쩌둥이 베이징을 떠나 상하이로 향했던 것은 바로 이들 세력이 자신에 대한 비판의 선봉에 서 있었다는 판단 때문이었습니다. 마오쩌둥이 의지한 것은 군부를 장악하고 있던 린뱌오林彪와 상하이 시 당위원회였습니다. 과연 마오의 충복인 린뱌오는 야오원위안의 글을 즉각《해방군보》에 전재했습니다. 이제 두 파벌의 일전은 피할 수 없는 엄연한 사실이 되어 가고 있었습니다.

팽팽한 긴장 속에 해가 바뀌었습니다. 1966년 2월이 되자 양측은

비판받는 펑전(왼쪽)과 류사오치의 부인(오른쪽)

거의 동시에 회합을 가졌습니다. 베이징 시장이며 정치국 상무위원인 펑전彭眞은 '문화혁명 5인 소조'라는 모임을 구성해 '2월 요강'이라 부르는 글을 발표함으로써 『하이루이의 파면』에 대한 논란이 정치 문제가 아니라 순수한 학술 문제라는 점을 부각시키고, 이에 대한 비판은 지나친 것이라 주장했습니다. 쟝칭과 인민해방군 소속 문화 일꾼들은 상하이에서 회합을 갖고, 마오쩌둥의 업적에도 불구하고 마오의 사상에 반대하는 반당파와 반사회주의자의 책동으로 중국 문화의 정원이 '반사회주의라는 독초'로 뒤덮였다고 경고했습니다.

같은 해 3월 류사오치 부부가 서남아시아 3개국 방문을 위해 중국을 일시 떠난 사이 사태는 급변했습니다. 군내 실권파였던 뤄루이칭羅瑞卿(나서경)이 해임되었고, 베이징은 린뱌오가 지휘하는 군의 통제하에 놓였습니다. 이제 사태는 급박하게 돌아갔습니다. 4월 18일 《해방군보》에는 「마오쩌둥 사상의 위대한 홍기를 높이 받들고 사회주의 문화대혁명에 적극적으로 참가하자」라는 사설이 실렸습니다. 여기서 '문화대혁명'이라는 용어가 공식적으로 사용되었고, 그 지지 세력이 인민해방군이라는 사실이 천명되었습니다. 5월 7일 마오쩌둥은 「린뱌오 동지에게 보내는 서한」에서 뒤에 '문화대혁명'의 기본 방침이 되었던 이른바 '5·7지시'를 내렸는데, 여기서 마오는 인민해방군이 거대한 학교가 되어 군사뿐 아니라 정치를 배우고 생산에 종사하며 '사회주의 교육 운동'에 참여해야 한다는 사실을 강조했습니다.

5월 16일에는 「중국공산당 중앙위원회 통지」, 이른바 '5·16통지'가 채택되어 공포되었습니다. 그 내용은 다음과 같습니다.

> 첫째, 펑전을 위시한 '문화혁명 5인 소조'를 해체하고 '2월 요강'을 폐지하며, 새롭게 '중앙 문화혁명 소조'를 건립해 중앙정치국 당무위원회 아래 두어 훨씬 더 큰 권력을 부여한다. 그들은 자산 계급의 입장에 서서 적과 아군의 관계를 근본적으로 전도시키고 사회주의 혁명의 철저한 진행을 반대했으며, 마오쩌둥을 비롯한 당중앙의 문화혁명 노선을 반대하는 자본주의 복귀에 대한 여론을 준비했다. '2월 요강'이야말로 자산 계급 사상의 당내에서의 반영이고 철저한 수정주의다.
>
> 둘째, 이미 당과 정부·군대 및 각계에 들어와 있는 반당·반사회주의의 자산 계급 대리인들은 '반혁명 수정주의 분자'들로 일단 시기가 무르익으면 정권을 탈취할 것이다. 당은 현재 매우 위험한 상태에 직면해 있으며 흐루시초프와 같은 수정주의자가 우리 곁에 있고, 또 그런 자들이 우리의 계승자로 배양되고 있다.
>
> 셋째, 모든 학술 권위자의 자산 계급적·반동적 입장을 철저히 폭로하고 학술계와 교육계, 언론계, 문학예술계, 출판계의 자산 계급 반동사상을 철저히 비판해 문화 영역에서의 무산 계급의 영도

문화대혁명 시기, 어린 홍위병에게 머리카락을 잘리는 하얼빈 시장 리판우(왼쪽)와 붉은 완장을 찬 마오쩌둥(오른쪽)

권을 탈취해야 한다.

여기서 "흐루시초프와 같은 수정주의자"는 명백하게 류사오치를 가리키는 것이었습니다. '5·16통지'는 이 운동의 대상이 문화적인 측면에서 정치 권력적인 측면으로, 베이징이라고 하는 일개 지역에 국한된 일에서 전 국가적인 사안으로의 전환을 선언한 것이었습니다.

린뱌오의 군부는 마오쩌둥의 지시를 적극 지지했습니다. 그러나 마오쩌둥은 가급적 군의 힘을 빌리지 않고 기층 인민의 힘으로 이 운동을 전개해 나가고자 했습니다. 이에 가장 먼저 호응한 것은 젊은 학생들이었습니다. 5월 25일 쟝칭 일파인 캉셩康生(강생)의 사주를 받은 베이징대학의 철학과 조교이자 학과 당서기인 녜위안쯔聶元梓(섭원재) 등 7인의 명의로 베이징대학 총장 루핑陸平(육평)과 베이징대학 당위원회와 베이징 시 당위원회를 반당·반사회주의 반동파라고 비판하는 대자보가 학내에 붙었습니다. 5월 29일에는 칭화대

1966년 톈안먼 성루에 선 마오쩌둥과 린뱌오

학清華大學(청화대학) 부속중학교에서 최초의 홍위병 조직이 탄생했습니다.

하지만 마오쩌둥은 여전히 베이징을 벗어나 있었고, 류사오치의 영향력도 아직은 남아 있었습니다. 실권파는 일련의 사태에 대한 대책 마련에 나섰습니다. 그러나 마오쩌둥 쪽의 대응이 좀 더 빨랐습니다. 마오쩌둥 역시 외부에서 사태의 진행을 관망할 수만은 없었습니다. 7월 18일 베이징으로 돌아온 마오쩌둥은 류사오치 등 실권파가 각급 학교에 파견한 공작반을 철수하라고 지시했습니다. 8월 18일 베이징 중심부의 톈안먼 광장에서는 전국 각지에서 모인 100만 인의 '혁명 대중'에 의한 프롤레타리아 문화대혁명 축하 대회가 열렸습니다. 『마오쩌둥 어록』을 손에 들고 붉은 완장을 찬 홍위병들이 전국에서 몰려들어 "무산 계급 문화대혁명 만세", "마오 주석 만세"를 외쳤습니다. 마오쩌둥과 린뱌오, 저우언라이 등의 지도자가 모두 나와 홍위병을 맞이했고, 마오는 홍위병 대표에게 홍위병 휘장을 수여했습니다. 8월 20일 밤 홍위병 시위대는 톈안먼 광장에서 베이징의 번화가인 왕푸징王府井(왕부정)으로 이동해 '광란의 파괴'를 시작했습니다. 이렇게 해서 미증유의 국가 변란인 이른바 '문화대혁명'이 시작되었던 것입니다.

  8월과 9월에만 베이징에서 1,772명이 살해되었고, 상하이에서는 704명이 자살하고 534명이 살해되었다고 합니다. 그러나 이에 대한 당중앙의 대처는 미온적이기만 해서, 전국에서 대혼란이 일어났지만 사태 수습에 적극적으로 나서기는커녕 수수방관하며 이를 방조했습니다. 오히려 마오쩌둥은 모든 홍위병이 베이징을 순례하도록 권장했고, 이들의 숙박비와 교통비는 모두 정부가 부담하도록 조치했습니다. 10월 8일부터 25일에 걸쳐 열린 중국공산당 중앙공작회의에서는 린뱌오가 류사오치와 덩샤오핑을 노골적으로 가리키며, 대약진운동 이후 마오 주석의 정책에 반대해 온 자산 계급 반동 노선의 대표라고 비판했습니다.

  실권파의 저항도 만만치 않아 이들은 별도의 '적위대'를 조직해 홍위병과 대치하는가 하면, 무력 충돌을 일으켜 유혈 사태가 일어나기도 했습니다. 이제 문화대혁명은 홍위병 운동을 중심으로 한 가두 투쟁의 단계에서 마침내 실권파로부터 권력을 빼앗는 '탈권투쟁'으로 옮겨 갔습니다. 1967년 2월 이후에는 중앙정치국이 사실상 활동을 멈추고 중앙 문화대혁명 소조가 그 기능을 대신했습니다. 같은 해 7월에서 9월에 이르는 3개월 남짓한 시간은 문화대혁명 시기에서 가장 혼란스러운 때였습니다. 급기야 마오쩌둥을 비롯해 쟝칭과 린뱌오마저도 더 이상 사태를 방관할 수 없다는 데 의견을 같이했습니다. 이제 당내의 주자파走資派가 대부분 일소된 상태에서 홍위병과 조반파造反派(문혁을 지지하는 모임)의 극좌적인 행위는 더 이상 중국의 앞날에 도움이 되지 않을 것이었습니다. 그러나 이러한 흐름을 제대로 읽어 내지 못한 '혁명 좌파' 세력은 그 효용 가치를 잃자 일거에 제거되어 사람들의 기억 속에서 사라져 갔습니다.

1968년은 광란의 파도가 쓸고 간 뒤 새로운 당과 국가 기구를 재건하는 하나의 전환점이 된 해였습니다. 3월이 되자 당과 국가를 일원적으로 통괄하는 과정에서 이미 1940년대에 시행된 바 있던 '군을 정예화하고 행정을 간소화하는' 精兵簡政 운동이 전개되었습니다. 그리고 각급 학교나 직장 내의 홍위병 조직 역시 해산되었습니다. 7월 28일 베이징 홍위병의 근거지라 할 칭화대학에서 많은 사상자가 발생한 가운데 조반파가 항복함으로써 홍위병 조직은 와해되었습니다. 같은 해 10월 13일에서 31일까지 제8기 중앙위원회 제12기 확대 총회('12중전회')가 열렸는데, 마지막 날 연설에서 마오쩌둥은 "문화대혁명은 무산 계급 독재를 위해 자산 계급의 부활을 방지하고 사회주의를 건설하기 위해 반드시 필요한 조치였다"고 역설했습니다. 이것으로 폭풍노도와 같이 중국 대륙을 휩쓸었던 '문화대혁명'은 사실상 끝이 났습니다.

문혁을 '탈권 투쟁'이라고 규정하고 이를 실행한 마오쩌둥과 장 칭 일파는 '헬리콥터'식으로 최고 권력의 위치에 부상하기는 했으나, 최후에는 어쩔 수 없이 의기양양한 린뱌오 일파의 대두를 용납하지 않을 수 없었다. 또한 무수한 동료를 잃은 '실권파'=관료·엘리트 층 및 지식인·문화인들의 공포와 비분은 말할 것도 없다. 후에 정확히 밝혀진 공식 통계에서는 70여 만 명이 박해를 받았다고 하는데('린뱌오·4인방' 재판 기소장), 그 대부분이 이 부분에 해당한다고 볼 수 있다. 대중, 특히 청소년의 경우 열광적으로 마오쩌둥을 찬미하고 그에게 이용당했으나 남은 결과는 정치에 대한 불신과 상호 불신, 증오, 공포, 부모나 친구의 죽음에 의한 비탄뿐이었다. 이러한 모든 사람의 불만과 불신, 그리고 불안이 문혁을 종결시키지 못하고, '동란'을 5년이 아니라 10년으로까지 끌고 간 정치·사회·경제적 요인이었다고 말할 수 있다.[•]

무엇을 위한 혁명이고 개혁인가?

구화古華(고화)의 소설 『부용진』芙蓉鎭은 후난湖南의 궁벽한 산촌인 '푸룽진'芙蓉鎭에서 일어난 일련의 사건을 통해 문화대혁명으로 대표되는 좌경 노선이 평범한 인민의 삶을 어떻게 파멸시켰는가 하는 것을 형상화했습니다. 작자인 구화의 본명은 뤄훙위羅鴻玉(나홍옥)로 후난 성 쟈허 현嘉禾縣(가화현)에서 태어났습니다. 그는 농업학교를 졸업하고 천저우郴州(침주) 지구 농업과학연구소에서 14년간 농업노동자로 일했습니다. 1975년부터는 가무단과 문인연합회 등에서 문학 작품을 창작했습니다. 그는 거의 독학으로 글을 써 오다 1980년에 베이징의 중국작가협회 문학강습소에서 제대로 된 공부를 했습니다. 그 뒤에 발표한 『부용진』으로 크게 유명해지자 중국작가협회 이사와 후난 성 작가협회 부주석에 피선되었고, 현재는 캐나다에서 살고 있습니다.

• 히메다 미츠요시(姬田光義) 외, 편집부 역, 『중국근현대사』, 일월서각, 1985, 498쪽.

구화와
영화 〈부용진〉
의 포스터

이 소설의 시간적 배경은 1963년에서 1979년까지로, 대약진운동 실패 후 농촌 경제가 서서히 회복되던 시기와 앞서 말한 '전前 10조'가 반포된 시기, 문화대혁명을 거쳐 1978년 12월 중국공산당 제11차 중앙위원회 제3차 전체회의 시기입니다. 소설은 이 시간 순서에 따라 제1장 1963년, 제2장 1964년, 제3장 1969년, 제4장 1979년으로 구분해 이야기를 진행하고 있습니다. 곧 해당 연도에 푸룽진에서 일어난 사건들을 연대기적으로 서술하는 것입니다.

소설의 주인공 후위인胡玉音(호옥음)은 아름답고 마음씨가 고울 뿐 아니라 부지런하고 인정이 많은 여인으로, 백정인 남편과 함께 열심히 쌀묵米豆腐* 장사를 해서 돈을 모읍니다. 푸룽진에서 후위인의 쌀묵 장사를 도와주는 사람은 둘인데, 하나는 이곳 푸룽진의 식량사무소 주임인 구옌산谷燕山(곡연산)으로, 후위인에게 싸라기 65근(약 36킬로그램)을 대 주고 있습니다. 또 한 사람은 후위인과 의남매 사이

---

* 쌀을 갈아 묵처럼 만든 후난 성 벽촌의 음식으로, 만드는 과정은 두부와 같다. 중국의 남방 지역은 날씨가 따뜻하고 강수량이 풍부하기에 벼농사가 성행해 쌀밥이 주식이며, 국수도 쌀로 만든 쌀국수를 많이 먹는다.

이며 푸룽진 생산 대대의 당지부 서기를 맡고 있는 리만겅黎滿庚(여만경)으로, 장날마다 후위인의 가게에 찾아와 쌀묵 두 그릇을 먹고 감으로써 은연중에 후위인의 "노점의 합법성을 보증하고 모여든 장꾼들에게 이 점포가 당지부의 승인 아래 영업을 하고 있으며, 또 당지부가 지지하고 있다는 것을 말해" 줍니다.

그러나 세상사가 어찌 좋은 면만 있겠습니까. 푸룽진의 국영 식당 지배인인 리궈샹李國香(이국향)은 후위인의 쌀묵 노점이 장사가 잘 되고, 그로 인해 식당 손님을 빼앗긴다는 사실을 알고 나서는 후위인을 미워했습니다. 게다가 은근히 마음을 두고 다가갔지만 보기 좋게 거절당한 구엔산이 후위인을 후원하고 있음에랴.

구예산, 후위인, 너희들 어디 두고 보자. 아직 세월은 많고 갈 길은 멀었으니까. 이 리궈샹이 푸룽진에 살고 이곳에 뿌리를 내리는 한, 언젠가는 반드시 너희 둘의 이상야릇한 사이를 폭로해 창피를 주고야 말겠다.

그러나 그해(1963년) 가을 리궈샹은 전근이 되어 현 상업국으로 돌아가 과장에 취임했습니다. 해가 바뀌어 1964년이 되자 후위인은 그동안 모은 돈으로 2층집을 지었습니다.

그즈음 앞서 말한 '전前 10조'의 실행 방안인 '사청운동'四淸運動이 시작되었습니다. 이것은 대약진운동이 실패한 뒤 류사오치 등의 실용파에게 권력의 위협을 느꼈던 마오쩌둥이 예의 전가의 보도처럼 휘둘러 왔던 개혁 정책의 하나로 시행된 것이었습니다. 중국공산당은 급격한 사회 변화로 인해 생겨난 갈등과 불만을 해결하는 방법으로 대규모의 사상 정화 운동을 벌여 왔던 것입니다. 대장정을 끝내고 변방의 서북 지역에 겨우 근거지를 마련했던 1940년대 초반에 벌어진 '정풍운동' 이래 대약진운동 바로 직전의 '반우파 투쟁'도 같은 궤를 걸어왔습니다. 곧 이런 운동은 모두 초기에는 '올바른 사상의 함양'을 외치다가 결국에는 '반혁명 세력'과 '우파'에 대한 숙청으로 귀결되었던 것입니다.

'사청운동' 역시 명목상으로는 당의 관료주의와 수정주의를 청산하는 것을 목적으로 내걸었으나, 결국 그 칼끝이 겨누는 것은 실용주의 노선을 제시함으로써 마오쩌둥을 권좌에서 끌어내리려는 류사오치와 덩샤오핑 등 실권파였습니다. 사청운동의 구체적인 내용은 '회계 절차'와 '곡물 창고의 재고', '재산 축적', 그리고 '공사에서 수행한 노동 시간과 종류에 따른 작업 보상 점수의 할당'을 점검하는 것이었습니다. 그러나 여기서 한 걸음 더 나아가 이 운동은 프롤레타리아 계급 독재를 위한 강력한 정치 투쟁으로 연결되었으니, 결국 나중에 본격적으로 전개되는 '문화대혁명'의 시발점이 되었습니다.

리궈샹은 바로 이 '사청운동'을 시행하기 위해 파견되었던 것입니다. 후위인이 자신의 집을 짓고 마을 사람들을 불러 모아 성대하게 낙성식을 하는 동안 공작반 반장 리궈샹은 마을의 건달인 왕츄서王秋赦(왕추사)를 불러 은밀히 마을 상황에 대한 사전 조사를 마칩니다. 그리고 리궈샹은 후위인을 찾아가 그동안의 축재(?)에 대해 따져 묻습니다.

장날마다 당신은 쌀 약 50근 분량의 쌀묵을 팔죠. 이것을 부업이라고 말하는 사람도 있지만, 이것은 잠시 문제 삼지 않겠어요. 쌀 한 근 분량의 쌀묵은 대개 열 그릇쯤 되죠. …… 하루 장날에 팔리는 그릇 수가 500그릇, 다시 말하면 50위안인데, 상당한 매출액이에요. 한 달 여섯 번의 장에서 월수입은 300위안. 그 300위안 중에서 밑천 100위안을 제하더라도 매월 순수입은 200위안이군요. 이것은 적은 수입이라고 할 수 없지요. 이야기가 나온 김에 한마디 한다면, 당신의 수입은 성省급의 지도자 수준에 도달하는 금액이에요. 1년 12개월로 매년의 순수입은 2,400위안, 2년 9개월 동안의 누계는 6,600위안!

그러고는 리궈샹은 대중 집회를 열어 일종의 본보기 삼아 이미 반동 우파 분자로 찍힌 친수톈秦書田(진서전)을 집중적으로 성토합니다.

…… 5류 분자(지주, 부농, 반혁명 분자, 악질분자, 우파 분자)를 감독하고 개조하는 것은 원래 빈농과 하층 중농의 직책이며 권리입니다. 그런데 몇 안 되는 간부가 이 직책과 권리를 계급의 적에게 줘 버렸어요.
동지 여러분! 이것은 무슨 까닭인지 모르겠어요. 적과 우리 편을 구별하지 못하고 계급의 입장을 잊어버린 처사입니다. 이런 이상한 일들이 모두 우리 읍에 나타났어요. 오늘 공작반이 친수톈을 끌어낸 까닭은 그를 하나의 살아 있는 표적, 반면교사로서, 하나의 거울로서 일부 간부와 당원들의 얼굴을 비추어 그들이 어디에 앉아 있는지 보기 위해서입니다.

이것은 명백하게 후위인과 그를 도와주었던 식량사무소 주임 구엔산, 그리고 당지부 서기인 리만겅을 겨냥한 사전 포석이라 할 수 있습니다. 그날 밤 공포에 떨던 후위인 부부는 그동안 모아 놓은 돈 1,500위안을 믿고 의지하며 살았던 리만겅에게 맡기고, 후위인은 광시廣西(광서)의 슈저우秀州(수주)로 잠시 피신하기로 했습니다. 그러나 누가 알았겠습니까? 후위인이 슈저우에 피신해 있다가 두 달 만에 돌아와 알게 된 사실은 자기 남편은 이미 죽었고, 리만겅은 저 혼자 살자고 그가 맡겨 놓은 돈을 현 공작반에 갖다 바쳤으며, 구엔산은 연금 상태에 놓여 있다는 것이었습니다. 결국 후위인은 모든 것을 빼앗기고 신흥 부농 분자로 낙인찍힌 채 나락으로 떨어지고 말았습니다.

역사의 흐름에 유린된 개인의 삶

곧이어 문화대혁명이 일어나자 후위인은 한층 더 가혹한 상황에 놓이고, 별도로 우파의 골수분자로 낙인찍힌 친수톈과 함께 매일 아침 일찍 혁명 대중이 일어나기 전에 마을을 청소하는 처벌을 받습니다. 반면에 리궈샹은 현 상무위원으로 발탁되어 공사公社의 서기를 겸임했고, 백수건달 왕츄서는 푸룽진 대대 당지부 서기와 치안위원회 주임을 겸하는 등 마을의 유력자가 되었습니다. 그 와중에 후위인과 친수톈 사이에 애정이 싹트고 "우파 분자와 신 부농의 과부는 마을의 혁명 대중이 전혀 모르게 불법적인 동거 생활을 시작했"습니다.

두 사람은 부모들의 승낙도 없이 미리 정을 통하는 젊은이들처럼, 언제나 두려워하고 있었다. 그러나 그와 동시에 1분 1초도 소중하며, 달콤한 감정에 싸여 있었다. 같이 있는 동안이면 두 사람은 포옹을 하고 미친 듯 서로의 입술을 더듬었다. 오랫동안 억제되어 있던 감정이 다시금 폭발하자 불가사의한 정열로 나타났고, 또한 그것은 시간적 긴박감으로 나타나곤 했다. 언제 어느 때 거대한 손이 두 사람을 갈라놓고, 영원히 만나지 못하게 할는지 모를 일이었다. 그런 두려움이 언제든 가로놓여 있기 때문에 두 사람은 늘 조바심에 싸여 있었다.

그러다 후위인이 임신하자 더 이상 미룰 수 없어 친수톈은 결혼신청서를 왕츄서에게 제출합니다. 하지만 왕츄서는 이 일을 일소하고, 오히려 그들을 비판하는 흰색의 대련對聯을 집 앞에 붙이게 했습니다. 며칠이 지난 어느 날 밤, 두 사람은 조촐하게 술상을 마련하고 두 사람만의 결혼식을 올리는데, 어떻게 눈치 챘는지 구옌산이 자리를 같이하고 그들을 축하해 주었습니다. 그러고 나서 한 달 뒤 두 사람은 공사로부터 출두 명령을 받는데, 그것은 리궈샹과 왕츄서가 주도한 것으로 "반동 우파 현행범인 반혁명 분자 친수톈에게는 징역 10년이, 그리고 반동 부농의 과부 후위인에게는 징역 3년, 단 현재 임신 중이므로 불구속 집행"이라는 판결이 내려졌습니다.

친수톈의 경우에는 여러 차례, 후위인의 경우에는 한차례 이미 혹독한 비판을 받은 적이 있었습니다. 이전에는 그것을 두려워하고 또 받아들였지만, 이번에는 달랐습니다. 그만큼 두 사람은 오히려 당당했고, 주위 사람들의 동정마저 샀습니다.

친수톈과 후위인은 연단 위로 끌려 올라갔으나 자세가 완강하고 의기가 양양해 눈물도 보이지 않았다. 지난 수년 동안 두 사람은 투쟁에 이골이 나 있어서, 더러워 역겹기만 했다. 반혁명 수정주의 노선의 사회적 기반이 되고 있었다. 친수톈은 죄를 인정하지 않고 머리도 숙이지 않았다. 후위인은 위세라도 부리듯 모여 있는 사람들에게 부른 배를 내보였다. 천하에 비열한 재판관들이 판결문을 읽었다. 공안, 검찰, 재판관은 고도로 일원화된 한 패거리들이고, 하나의 절차만으로 모든 일은 끝나는 것이었다. 민병들은 두 '개새끼'의 머리를 누르지 않았다.

후위인과 친수톈은 마주 보고 서 있었다. 눈과 눈을, 얼굴과 얼굴을 서로 뚫어지게 바라보고 있었다. 두 사람은 아무 말도 하지 않았다. …… 그러나 두 사람의 반동의 심정은 서로 통했고, 무언의 소리를 듣고 있었다.

"살아야 해. 짐승처럼 살아남아야 한다."

그리고 무심하게도 시간이 흘렀습니다. 1976년 10월 사인방이 체포되었습니다. 1978년 12월에 열린 중국공산당 '3중전회'에서 문화대혁명이 부정되고 개방 정책이 채택되었습니다. "천지일월의 궤도가 시정되어 만 가지 어려움을 무릅쓰고 그때까지의 정책을 타파했습니다. 생활에는 활기가 살아났고 기쁨이 되돌아왔습니다." 그동안 마을을 장악했던 리궈샹과 왕츄서가 하루아침에 뒤바뀐 세상에 적응하는 것은 사뭇 달랐습니다. 투쟁의 법칙에 대해 훤히 알고 있던 외삼촌의 조언대로 리궈샹은 기민하게 노선 전환에 따른 결정을 내립니다. 푸룽진 혁명위원회의 왕츄서에게 친수톈과 후위인의 명예를 회복시키라는 전화를 건 것입니다. 그러나 단순하고 무지한 왕츄서는 이러한 사태 변화를 이해하지 못하고 화를 냅니다.

> 에이 더러워. 그러면 친수톈은 우파가 아니고 후위인은 계급 성분이 바뀐다. 구판조합 주임은 복직을 하고, 세무서장은 명예 회복이 된단 말인가! ……그렇다면 지난 10여 년간, 아니 20년 동안 이 읍에서는 아무도 잘못을 저지르지 않았단 말인가? 저 '북방 대병'인 구옌산만큼은 커다란 잘못을 저지르지 않은 것 같지만. 어쨌든 10여 년간 만일 이렇게라도 내가 투쟁하지 않았다면 나는 오늘의 신분이 되지 못했을 것이다. 여전히 개나 닭보다도 못한 '2층집의 주인'에 불과했을 것이다.

여기에 왕츄서는 경제적인 책임까지 져야 했습니다. 푸룽진 혁명위원회에서는 몰수한 후위인의 2층집을 소규모 초대소로 개조해 월 100위안 정도의 수입을 올려 이 돈으로 소소한 비용을 충당했는데, 이것도 반환해야 하고, 무엇보다 당시 몰수했던 후위인의 돈 1천 500위안도 보상해야 했던 것입니다. 그러나 사실상 왕츄서는 어느 것 하나 해결할 능력이 없었습니다. 어찌 할 바를 모르고 우왕좌왕하는 가운데 혼란과 착각에 빠져 왕츄서는 미쳐 갔습니다. 결국 새로 부임한 공사의 당위원회 서기는 친수톈과 후위인을 하루속히 명예 회복 시키지 않고 후위인의 집과 1천 500위안을 돌려주지 않았다는 것으로 왕츄서를 혹독하게 비판하고 모든 직책에서 해임했습니다. 회의 도중 뛰쳐나간 왕츄서는 우비도 걸치지 않고 빗속으로 사라졌습니다.

복직을 하고 집에 돌아온 리만경에게 그의 아내는 왕츄서가 비를 맞고 돌아와서는 다음과 같은 말을 떠들고 다녔다고 전해 줍니다.

월척을 놓치고 잔챙이만 잡았다, 월척을 놓치고 잔챙이만 잡았다고 계속 고함을 질러 댔어요. 그러고는 절대로 잊어버리지 말라고, 문화혁명은 5~6년 뒤에 다시 찾아온다고요. 또 계급투쟁은 먹느냐 먹히느냐의 싸움이라고요. 이것은 하늘의 보복이고, 그 쓸데없는 놈은 천벌을 받아 미쳤단 말이에요.

그때 두 사람은 비바람이 몰아치는 창밖에서 갑자기 집이 무너지는 것 같은 요란한 소리를 듣습니다. 그것은 이미 미쳐 버린 왕츄서의 2층집이 무너진 것이었습니다.

푸룽진 혁명위원회는 후위인에게 사람을 보내 모든 것을 바로잡고 돌려준다고 통보했습니다. 처음에 후위인은 이 사실을 꿈이라 여기고 있을 수 없는 일이라 생각했지만, 현 정부의 공문서를 보고 비로소 이것이 현실이라는 것을 받아들였습니다. 그리고 친수톈 역시 원래 직장으로 복귀된다는 말을 듣고는 크게 웃으며 말했습니다.

앗하하하……. 세상의 모든 게 다 착오였다는군. 친수톈의 인정도 착오였고. 하하하, 하느님, 새로운 사회가 찾아왔습니다. 공산당이 찾아왔습니다. 하하하. 이 새로운 사회는 이제 어디로 도망치지는 않겠지요. 이것 봐요, 그 사람에 대한 대우가 다시 되돌아왔어요.

어느 날 아침 후위인은 여느 때처럼 거리를 청소하러 나섰습니다.

되돌아서서 비를 잡았을 때 저만큼 앞에서 갑자기 손가방을 든 어떤 사람이 보이더니 성큼성큼 이쪽으로 다가왔다. 틀림없이 첫 버스를 타러 가는 여행자겠지. 아니, 저 손님은 길을 잘못 들고 있잖아? 버스 정류장은 저쪽이고, 반대 방향인데. 그래도 사나이는 성큼성큼 이쪽으로 걸어오고 있었다. 길을 알려 주는 것도 귀찮다. 여기까지 오면, 되돌아가라고 해 줘야지. 싸악, 싸악, 싸악……. 대나무 빗자루는 전석縛石 위를 쓸고 있었다.
"위인이지? 위인, 위인!"
누굴까. 이렇게 새벽부터 이름을 부르다니. 후위인의 눈은 침침해서 앞의 사람이 부옇게 보일 뿐이었다. 마르고, 키가 큰, 한 사나이가 눈앞에 서 있었다. 귀 언저리까지 수염을 기르고, 새 양복을 입고, 발치에 손가방을 놓고, 이 사나이는 그저 멍하니 나무토막처럼 거기에 서 있었다.

소설은 20년에 걸친 이들의 개인사를 통해 문화대혁명과 같은 극좌 노선이 인민에게 입힌 재난을 잘 형상화해서 보여 줍니다. 여기에 후난 성 시골 마을의 향토적인 정서가 잘 묘사되어 있으며, 간결하고 소박하며 해학적이고 지방색이 짙은 예술적 언어를 구사했습니다.

비록 부정적인 이미지를 갖고 있는 몇몇 반면 인물의 경우 그들의 추악함을 드러내기 위해 그들의 사생활을 지나치게 편벽되게 묘사하는 등의 결점이 있기는 하지만, 이 소설은 개인의 삶 속에 투영된 사회적 혼란과 역사적 사건을 잘 반영했다는 평을 듣고 있습니다.

반복되는 역사의
아이러니

상흔 傷痕

1974년 1월, 비린비쿵 운동 시작. 11월, 펑더화이 사망.
1975년 1월, 덩샤오핑, 중앙군사위원회 부주석 겸 총참모장에 임명. 중국공산당 제10기 2중전회, 덩샤오핑을 당부주석, 정치국 상무위원에 선출. 제4회 전국인민대표회의에서 저우언라이가 4개 현대화 실현 목표 제시. 4월, 장제스 사망.
1976년 1월, 저우언라이 사망. 4월 저우언라이 총리 추모를 위해 텐안먼 광장에 모인 군중들의 시위(제1차 텐안먼 사건). 9월, 마오쩌둥 사망. 10월, 장칭을 비롯한 사인방 체포.
1977년 7월, 덩샤오핑, 직무 회복. 사인방의 당적 박탈. 8월 중국공산당 제11차 전당대회(11전대회)에서 화궈펑이 문화대혁명의 종결 선언.
1978년 12월, 중국공산당 제11기 3중전회에서 4개 현대화 노선 결정.
1979년 1월, 중국과 미국의 정식 국교 수립.

사인방의 부상과 제1차 톈안먼 사건

1973년 8월 24일부터 28일까지 열린 중국공산당 10전대회에는 문혁파가 대거 진출했습니다. 불과 6년 전이던 1967년 장춘챠오張春橋의 지도 아래 조반파造反派를 이끌고 상하이 인민정부를 세웠던 왕훙원王洪文(왕홍문)은 30대의 나이로 일약 부주석의 자리에 올라 세상을 놀라게 했습니다. 하지만 이와 동시에 덩샤오핑을 필두로 노간부들 역시 당에 복귀했는데, 여기에는 새롭게 중앙정치국원으로 선출된 화궈펑華國鋒(화국봉)도 있었습니다.

 10전대회 이후 당권을 장악한 사인방四人幇 세력(쟝칭, 야오원위안, 왕훙원, 장춘챠오)은 1974년 초부터 본격적으로 '비린비쿵'批林批孔(비림비공) 운동을 펼쳤습니다. 이것은 표면적으로는 전통적인 유교 보수주의를 대표하는 쿵쯔孔子(공자)와 새롭게 대두한 보수주의를 연관시켜 얼마 전 반역을 꾀하다 비행기 사고로 죽은 부주석 린뱌오를 비판하는 것이었습니다. 그러나 실제로는 문혁기에 비판받았던 간부들이 복귀해 문혁 전으로 돌아가는 현실에 대한 우려에서 나온 것이었다고 보는 편이 타당할 것입니다. 이때 사인방 세력이 집중적으로 공격한 것은 '영원한 총리' 저우언라이였습니다. 그러나 당시 저우언라이는 1972년에 진단받은 암으로 병석에 누워 있어 무슨 정권에 도전한다는 것이 애당초 불가능한 일이었습니다.

 1974년 7월 17일 당 중앙정치국회의에서 마오쩌둥은 이들을 처음으로 '사인방'이라 지칭하며 함부로 패거리를 지어 행동하지 말 것을 경고했습니다. 같은 해에 저우언라이가 와병 중이라 실제로 집무를 할 수 없자 덩샤오핑을 제1부총리로 승진시켜 경제 건설과 사회 안정에 주력하게 했습니다. 이에 불안감을 느낀 쟝칭江靑은 마오쩌둥에게 왕훙원을 차기 '전인대'全人大 부위원장으로, 또 문혁파인 츠췬遲群(지군)을 교육부장으로, 또 누구누구를 정치국원으로 임명해 달라는 등 다양한 청탁을 해댔지만, 마오쩌둥은 이를 단호하게 거절하는 한편 이때부터 쟝칭과 거리를 두었습니다.

1975년 1월에는 제4차 전국인민대표대회가 열렸습니다. 병을 무릅쓰고 참석한 저우언라이는 '공작 보고'(업무 보고)에서 20세기 안에 '농업', '공업', '국방', '과학 기술'의 '4개 현대화'를 실현해 국민경제를 향상시키고 중국을 사회주의 강국으로 건설해야 한다고 주장했습니다. 아울러 여러 차례에 걸친 정치 비판 운동으로 위축된 지식 계층을 '4개 현대화'에 참여시키기 위해 당중앙의 명의로 '4대 자유'가 공표되었습니다. 이것은 첫째, 자신의 견해를 크게 외칠 수 있는 자유(大鳴), 둘째, 자신의 의견을 대담하게 발표할 수 있는 자유(大放), 셋째, 남들과 마음대로 변론할 수 있는 자유(大辯論), 넷째, 자기의 의견을 기록한 대자보를 붙일 수 있는 자유(大字報)를 말합니다.

저우언라이(1975년 1월, 78세)

같은 해 2월 사인방은 저우언라이와 덩샤오핑의 실용주의 정책을 경험주의라 비판했으나, 오히려 사인방에 대한 마오쩌둥의 비판으로 사태는 잠시 소강상태에 놓였습니다. 그러나 이미 83세의 고령이던 마오쩌둥은 그해 말부터 건강이 악화되어 외부인과의 접촉을 통제하고 있었습니다. 이 듬해인 1976년 1월 오랜 투병 끝에 저우언라이가 돌연 사망했습니다. 중국인들로부터 영원한 총리라는 이름으로 사랑받았던 저우언라이가 죽자 많은 이들이 그를 추모했습니다. 1월 15일, 베이징의 인민대회당에서는 저우언라이 추도식이 있었고, 이 자리에서 덩샤오핑은 저우언라이에 대한 흠모의 마음을 담아 추도사를 읽어 나갔습니다. 그러나 얼마 뒤 덩샤오핑은 다시 공식석상에서 사라졌고, 마오쩌둥은 사인방의 기대를 저버리고 저우언라이의 후임에 화궈평을 임명했습니다.

그러나 4월이 되자 상황이 아주 달라졌습니다. 3월 말부터 톈안먼 광장 중앙에 있는 인민영웅기념비에 저우언라이를 추모하는 이들이 모여들었던 것입니다. 4월이 되면서 조문 행렬은 점점 늘어 수천 명에 이르렀고, 이 가운데 어떤 이들은 사람을 모아 놓고 연설을 하고, 심지어 혈서를 쓰는 청년마저 나타났습니다. 청명절 전날인 4월 4일에는 수천 개의 화환과 추도의 글에 더해 사인방을 비난하고 심지어 마오쩌둥을 비난하는 글까지 나붙었습니다. 바로 그날 밤 중앙정치국회의가 긴급 소집되었고, 사태 수습을 위해 화환과 추도사를 모두 수거하기로 결정했습니다.

4월 5일 새벽 경찰 병력의 엄중한 감시 아래 수백 대의 트럭이 동원되어 화환과 플래카드 등을 모두 수거했습니다. 소식을 듣고 많은 이들이 몰려들어 항의하는 과정에서 충돌이 빚어졌고, 광장은 삽시간에 아수라장이 되었습니다. 결국 시위를 무력으로 진압한 뒤에야 사태가 수습되었고, 4월 7일 마오쩌둥은 중앙위원회 명의로 발표된 간단한 성명에서 덩샤오핑을 모든 공직에서 해임했습니다.

이것이 바로 '제1차 톈안먼 사건'입니다. 사건 직후인 4월 30일 마오쩌둥은 화궈펑에게 "네가 하면 나는 안심한다"는 자필 메모를 전달했다고 합니다. 5월 27일 마오쩌둥은 파키스탄의 줄피카 알리 부토 총리를 접견하는 것으로 그의 생애 마지막 공식적인 행사를 마감했습니다.

문혁의 종결과 '4개 현대화'의 제기

같은 해 7월 6일 인민해방군 총사령관이던 주더朱德(주덕)가 90세를 일기로 사망했고, 7월 28일에는 허베이 성 탕산唐山(당산)에서 사망자만 20여 만 명에 이르는 대규모 지진이 일어났습니다. 중국 역사에서는 전통적으로 큰 자연재해를 왕조의 몰락이나 심각한 정치 격변으로 연결해서 해석하는 경향이 있었습니다. 탕산 대지진 역시 많은 사람으로 하여금 오래지 않아 무언가 큰일이 일어날 것 같은 예감을 갖게 했고, 과연 같은 해 9월 9일 마오쩌둥이 사망했습니다. 온 나라가 큰 충격에 빠졌고, 일주일의 애도 기간이 선포되었습니다. 그러나 막후에서는 마오쩌둥 사후의 정국 주도권을 놓고 치열한 암투가 벌어지고 있었습니다.

9월 말에서 10월 초에 걸쳐 '사

화궈펑

인방'은 당 정치국회의를 열고, 쟝칭을 당 주석으로 임명하고 장춘챠오를 총리로 임명할 것을 제안했습니다. 사인방은 이에 그치지 않고 자신들의 의도에 장애가 되는 화궈펑을 제거하기 위해 상하이에서 쿠데타를 일으킬 계획까지 세워 놓았습니다. 그러나 역사의 주인공은 그들이 아니었습니다. 10월 5일 사인방의 발호에 불만을 품고 있던 군 원로들이 주축이 되어 사인방 제거를 논의했고, 화궈펑 역시 사인방이 자신을 제거할 것이라는 첩보를 입수했습니다. 이에 군 원로들은 화궈펑을 당 주석으로 추대하는 것을 조건으로 내걸고 화궈펑과 함께 사인방 제거에 합의했습니다. 10월 6일 사인방이 전격적으로 체포되었고, 이와 동시에 공산당 중앙위원회에서 당 원로들에 의해 화궈펑은 당 주석과 중앙군사위원회 주석으로 추대되었습니다.

그러나 화궈펑은 기본적으로 마오쩌둥 숭배자였습니다. 비록 사인방과의 불화로 문혁파를 몰아내기는 했지만, 그 후에도 그는 공공연하게 '문화대혁명'과 마오쩌둥을 찬양했습니다. 1977년 2월 7일 자 《인민일보》와 《홍기》의 공동 사설에서 화궈펑은 "무릇 마오 주석이 내린 결정은 모두 단호히 지킬 것이며, 무릇 마오 주석이 내린 지시는 시종 변함없이 따른다"라는 이른바 '양개범시兩個凡是'를* 주창했습니다. 3월에 열린 당 중앙공작회의에서는 천윈陳雲(진운)과 왕전王震(왕진) 등이 국가 경제 재건을 위해 덩샤오핑의 복귀를 요구했으나, 화궈펑은 이에 반대했습니다. 덩샤오핑의 복귀로 자신의 위상이 격하될까 하는 조바심에 더해, 덩샤오핑의 개방 정책이 마

---

* 문자 그대로 "마오쩌둥이 '결정한 것'과 '지시한 것' 두 가지는 모두 옳다"는 것을 의미한다.

오쩌둥의 노선과 상충된다는 우려 때문이었습니다. 그러나 결국 화궈펑은 주위의 압력에 못 이겨 덩샤오핑의 복귀를 받아들일 수밖에 없었습니다. 같은 해 7월 덩샤오핑은 당 중앙군사위원회 부주석, 국무원 부총리 자리에 올라 화궈펑에 이은 제2인자가 되었습니다.

마오쩌둥의 정신을 계승하자는 화궈펑과 실용주의 노선을 주창하는 덩샤오핑이 서로 엇갈리는 주장을 펴 나가는 가운데, 1977년과 1978년 사이에는 여러 부문에서 모순된 정책들이 혼재되어 나타났습니다. '인민공사'는 여전히 농촌 사회의 기본 조직으로 남아 있었고, 농민들은 여전히 과도한 과외 생산 활동에 참여하는 것을 금지당했습니다. 그러나 공업 분야에서는 제한된 범위에서나마 눈부신 성과를 냈습니다. 이제 중국 대륙을 서양 중세의 암흑기에 비견될 만큼 문화적으로 초토화시켰던 이른바 '문화대혁명'이 끝나고 새로운 시대가 열린 것입니다. 1977년 8월 중국공산당 제11차 전당대회('11전대회')가 소집되었습니다. 당 주석인 화궈펑은 "11년에 걸친 우리나라의 제1차 무산계급 문화대혁명은 '사인방'의 분쇄를 표지로 승리한 가운데 폐막되었다"는 말로 '문화대혁명'의 종결을

화궈펑과 덩샤오핑

공식적으로 선언했습니다.

문혁이 남긴 상처의 흔적(傷痕)들

1977년 11월 《인민문학》이라는 잡지에 『담임선생』班主任이라는 소설이 발표되었습니다. 작자는 1961년 사범학교를 졸업한 후 베이징 13중학에서 10여 년 넘게 교사 생활을 했던 류신우劉心武(유심무, 1942~)라는 젊은이였습니다. 류신우는 교사 생활 중 10년 동안 담임선생을 맡아 하면서 겪었던 사실을 바탕으로 이 소설을 썼다고 합니다.

> 나는 15년 동안의 중학 교편생활에서 10년 동안 담임선생을 맡았다. ······나는 불량 학생들에게서 어떤 공통점을 발견했다. 그것은 지식이 극단적으로 부족한 데도 조금도 심각하게 느끼지 않는 점이었다. 이들에게 지식이란 쓸데없는 것이고, 오히려 지식이 있는 사람들을 비판해야 한다고 여겼다. ······이것은 린뱌오林彪와 쟝칭江青이 만든 나쁜 결과다.

류신우

소설의 내용은 비교적 간단합니

다. 베이징의 광밍중학 光明中學(광명중학) 중3 담임선생 장쥔스張俊石(장준석)는 다른 학교에서 문제아로 찍힌 쑹바오치朱寶琦(송보기)라는 전학생을 받습니다. 그런데 장 선생과 사범대학 동기인 인다레이尹達磊(윤달뢰) 선생은 그의 이러한 처사를 이해하지 못하고 장 선생을 비난했습니다.

무엇 때문에 승낙했나? 지금 전 학년이 당면한 과제는 교육의 질을 높이는 것이 아닌가? 그런데 그까짓 불량배 따위를 데려와서 너저분한 일에 휘말려 들다가는 무슨 정력으로 교육의 질을 향상시키겠나? 자칫하면 쥐똥 한 알에 죽 한 솥을 버리는 격이 되지 않겠는가. 냉정하게 일을 바라보지 않고 덥석 승낙해 버리다니, 정말 이해할 수가 없네.

장 선생은 이와 같은 인 선생의 의견에 편파적인 점이 없지는 않지만, 그렇다고 전혀 근거가 없는 것도 아니라고 생각해 담담하게 말했습니다.

이제 쑹바오치를 공안국에 다시 잡아넣을 필요가 없는 것처럼, 그를 원래 있던 학교로 되돌려보낼 필요도 없지 않은가. 나 또한 내가 담임선생인 이상 학생이 들어오면 돌봐 주는 게 내 일 아니겠나.

하지만 문제는 또 있었습니다. 장 선생이 맡은 반 학생들 역시 불량 학생이 전학 오는 것을 꺼렸던 것입니다. 장 선생 반을 대표해 단지부(중국공산주의청년단의 지부) 서기인 셰후이민謝惠敏(사혜민) 학생이 그를 찾아와서는 이렇게 말했습니다.

쑹바오치가 온다는 소식을 반 학생들이 알고 있어요. 남학생들은 그가 '깡패'라며 무서워하고, 여학생들은 쑹바오치가 내일부터 등교하면 아예 학교에 나오지도 않겠대요.

장 선생이 아이들이 그를 무서워한다면 그럼 어떻게 하면 좋겠냐고 되묻자, 셰후이민은 오히려 간단하게 대답했습니다.

무섭긴요? 계급투쟁인데요! 그 애가 문제를 일으킨다면 그 애와 투쟁하면 되지요.

셰후이민은 같은 반의 선전위원 스훙石紅(석홍)이 "꽃무늬가 있는 반소매에 주름진 짧은 치마"를 입은 것을 "영락없는 부르주아적 작태에 물든 꼴"이라고 여길 만큼 교조주의적인 사고를 갖고 있는 여학생이었습니다. 그러나 이것은 그 또래의 아이들로서는 어쩔 수 없는 것이었는지도 모릅니다. 그 아이들이 글을 익히고 책을 접했던 시기는 문혁이 한창 진행되던 때였던 것입니다.

셰후이민의 의식 속에는 서점에서 판매하지 않거나 도서관 밖에서 빌린 책은 모두 반동서요, 음서라는 인식이 박혀 있었다. 그러나 그를 탓할 수만은 없었다. 셰후이민이 책을 만난 것은 사인방의 문화 독재가 극성이던 때였다. 가엾은 셰후이민은 그들이 새롭게 발간했던 책들을 맹목적으로 믿었으며, 사인방이 언론계를 지배하던 수년 동안 오직 정규 간행물들만 읽으면서 그들에게 열렬히 동조하는 글들을 써서 청소년들을 암암리에 해쳐 왔던 것이다.

심지어 셰후이민의 부모마저도 크게 다르지 않았습니다.

그의 부모는 셰후이민은 물론 그의 동생들에게도 마오 주석의 말씀을 따라야 한다고 가르쳤고, 열심히 방송을 듣고 신문을 탐독하면서, 나아가 그 규율을 준수하고, 선생님을 존경하며 열심히 공부하라고 일렀다. ……셰후이민은 이런 가정 교육 덕분에 강렬한 프롤레타리아 계급 의식과 노동자의 후예다운 기질을 가졌지만, 부르주아 계급과 수정주의가 미녀의 탈을 쓰고 나타나 선동하는 정치 환경 속에서 소박한 프롤레타리아 의식만으로는 경솔하게 믿어 버리거나 맹종을 범하기 일쑤였다. 이렇게 셰후이민은 젊은 나이의 혈기로 훌륭한 혁명가로서 대목표를 위해 분투하고자 했으나 사인방에 의해 시야가 좁아졌음은 물론 옳고 그름을 제대로 판단하지 못하게 되었다.

이러한 경향은 모범생인 셰후이민뿐 아니라 문제 학생인 쑹바오치 역시 마찬가지였습니다. 그들은 막상 어떤 특정한 책을 읽어 보지도 않고 음서라고 단정하고 죄의식마저 느꼈습니다. 결국 그 당시 어린 학생들은 셰후이민 같은 모범생이나 쑹바오치 같은 불량 학생이나 누구라 할 것 없이 모두 이런 반동적인 우민 정책의 희생자였던 것입니다.

> 고개를 숙이고 침대에 앉은 채 근육이 튀어나온 팔뚝을 침대 맡에 기대고 하얀 신을 신은 두 발을 무료하게 비벼 대며, 인류 문명의 유익한 지식과 아름다운 예술의 결정을 받아들이기를 거부하는 쑹바오치를 바라보면서 장 선생은 마음속의 불꽃이 치밀어 오르는 것 같았고 형용할 수 없는 힘이 그의 목구멍에서 튀어 올라 하마터면 이렇게 소리칠 뻔했다.
> '사인방에게 피해를 입은 아이들을 구하자!'*

현재의 시각으로 보면 거친 습작 수준에 머물러 있는 이 소설이 일으킨 반향은 예상외로 컸습니다. 사실상 셰후이민의 경직된 사고와 좁은 시야는 당시 사람들의 일반적인 모습과 크게 다르지 않았습니다. 문혁 중에 태어나 교육을 받았던 당시 젊은 청년들은 자신의 내부에서 셰후이민과 다르지 않은 모습을 발견하고 경악했습니다. 류신우의 『담임선생』은 사람들로 하여금 자신들이 쓰고 있는 안경을 벗고 새롭게 세상을 바라볼 수 있게 만든 하나의 기폭제였습니다.

1978년 8월에는 상하이에서 발행되는 《문회보》에 루신화盧新華(노신화, 1954~)라는 젊은 대학생이 쓴 소설 『상흔』傷痕이 발표되었습니다. 이것은 문혁 기간에 일어났던 가정의 비극을 다룬 소설로, 제목에서 알 수 있듯 사람들이 문혁으로 인해 입었던 상처를 최초

---

* 이 말은 루쉰의 소설 『광인일기』 말미에 나오는 중국이라는 식인食人 사회로부터 "아이들을 구하라"는 외침을 연상시킨다.

로 언급했습니다. 문혁은 끝났지만 사람들에게는 그 상처가 오랫동안 지워지지 않을 하나의 흔적으로 남았던 것입니다.

소설은 비교적 짧고 내용도 단순합니다. 상하이의 어느 중학교 교장인 엄마가 문혁 때 반역자로 몰리자, 딸인 왕샤오화王曉華(왕효화)는 주위의 학대를 피해 동북 지방의 농촌으로 하방下放*합니다.

> 엄마가 반동으로 몰린 뒤부터 그는 가장 절친한 친구들을 잃기 시작했고, 집도 어두컴컴하고 조그마한 곳으로 옮겨야 했다. 더구나 엄마로 인해서 그의 홍위병 직위도 말소되었고, 전에 없던 질시와 차갑고 쌀쌀한 눈총을 한 몸에 받았다. 그래서 그는 엄마가 더욱더 싫어졌고, 엄마의 나약성과 치욕적인 행위를 증오했다. ……그는 마음 안팎의 비난의 소리에 따라 자신의 부르주아 계급적인 사상과 감정을 비판하고 철저하게 엄마와 뚜렷한 선을 그어야 했다. 가능한 한 빨리 엄마와 멀리 떨어져야 했다.

왕샤오화는 랴오닝 성遼寧省(요령성) 보하이만渤海灣(발해만)에서 그리 멀지 않은 농촌에 정착한 뒤 열심히 공작에 참여해 좋은 성적을 거두었습니다. 그럼에도 공산당 청년단에 입단하기 위해 지원서를 냈지만 받아들여지지 않았습니다. 왕샤오화는 단지부 서기를 찾아가 자신의 결백을 주장하며 가족과의 관계를 완전히 끊었다고 강변했습니다. "저는 엄마가 없어요. 집과 완전히 관계를 끊었어요." 주위의 친구들마저 옆에서 그것을 보증하는 증언을 해 주었습니다.

* 당 간부나 지식 청년들이 농촌이나 공장에 들어가 노동자와 농민에 대한 봉사 정신을 기르기 위한 운동.

"샤오화의 엄마는 샤오화가 이곳에 있는 것을 알고서 옷과 음식물을 한보따리 보내왔지만, 샤오화는 그것을 뜯어보지도 않고 그대로 돌려보냈어요. 게다가 엄마의 편지 역시 보지도 않은 채 받은 즉시 되돌려 보냈습니다." 그러나 단지부 서기는 난처한 표정으로 두 손을 들며, "공사단위원회가 상하이의 전출 편지를 받은 데다

루신화

가 성에서도 계속 강조하니……"라고 쓴웃음을 지을 뿐이었습니다.

결국 왕샤오화는 그로부터 4년 뒤에 겨우 입단을 하지만, 그때는 이미 샤오화의 뜨거운 열정이 식어 버린 지 오래였습니다. 그러는 사이 상하이에서 함께 내려왔던 쑤샤오린蘇小林(소소림)이라는 남학생이 샤오화에게 호감을 품고 두 사람은 자연스럽게 가까워졌습니다. 쑤샤오린은 샤오화를 대신해서 그의 처지에 분개했습니다.

마오 주석께서 성분이 중요하다고는 하셨지만, 너무 성분만을 볼 것이 아니라 정치 실적을 중시해야 한다고 말씀하셨는데, 여기는 아버지가 영웅이면 아들도 영웅이요, 아버지가 반동이면 자식도 반동이니.

그러나 그 이듬해 가을, 샤오화는 우연히 쑤샤오린의 일기를 보게 됩니다.

…… 오늘은 머리가 아프다. 오전에 리李 서기가 말하길, 나를 선전부로 데려가려고 현縣 위원회가 심사하고 있다고 한다. 나와 샤오화의 관계는 세계관의 문제이며, 계급 노선의 문제이기 때문에 관계가 지속된다면 선전부의 배치 문제는 재검토를 받을 것이라고 한다. 정말이지 이해할 수가 없다.

결국 그를 옥죄고 있는 현실은 어딜 가더라도 그를 힘들게 했습니다. 그때부터 샤오화는 쑤샤오린을 멀리하고 자신의 일에만 빠져들었습니다. 그러던 어느 날 왕샤오화는 엄마가 보낸 편지를 받고 상하이로 되돌아가지만, 엄마는 이미 세상을 뜨고 없었습니다. 샤오화보다 먼저 달려와서 엄마를 간호했던 쑤샤오린은 그에게 엄마가 남긴 일기장을 보여 줍니다.

오늘까지 기다려도 샤오화는 돌아오지 않는다. ……그 애는 나처럼 심한 사인방의 채찍을 맞지는 않았지만, 마음속의 상처는 나보다 더 깊을 것이다. 그 애가 하루빨리 돌아오기를 바란다. 며칠을 더 넘기지 못할 것 같다. 어떻게 해서든 며칠 더 버텨야 할 텐데. 그 애가 돌아올 때까지…….

소설은 왕샤오화의 독백으로 마무리됩니다. "엄마, 사랑하는 엄마, 안심하세요. 이 딸은 영원히 엄마와 제 마음속의 상처를 누가 남긴 것인지 잊지 않겠어요." 상처의 아픔은 시간이 지나면 가시지만, 그 흔적은 흉터가 되어 남았던 것입니다.

화궈펑 체제에서 덩샤오핑 체제로의 전환

『상흔』은 내용이 비교적 간단하고 표현 기법이나 예술적 성취 역시 그리 보잘것없었지만, 그 파급력만큼은 대단했습니다. 작자인 루신화는 이 소설에서 마오쩌둥의 문예 이론을 과감하게 비판했습니다.

> 마오쩌둥의 「강화」는 1942년에 발표되어 이미 30여 년이 지났다. ……이론은 당연히 시대 상황의 추세에 따라 적응하는 것이지, 시대 상황이 이론에 적응하는 것은 아니다. 따라서 이런 문학과 사회주의 문학관은 서로 충돌되지 않는 것이다.

루신화의 이와 같은 주장은 그보다 앞서 『담임선생』을 발표했던 류신우의 조심스러운 태도와는 사뭇 다른 것이었습니다. 류신우는 그때까지 견지해 왔던 마오쩌둥의 「문예이론」을 벗어나는 글을 쓰는 것에 상당한 부담을 느껴, 『담임선생』을 발표한 뒤 다음과 같은 글을 썼습니다.

> 나는 반드시 「강화」가 이끄는 길을 따라 세계관 개조를 위해 노력하고 생활의 원천으로부터 출발하는 것을 견지하겠다고 천 번 만 번 스스로 다짐했다. 마르크스 레닌주의와 마오쩌둥 사상체계를 망원경과 현미경으로 삼아 실사구시의 태도로 관찰, 체험, 분석해서 전투 생활을 표현하고, 동시에 전형화의 원칙을 견지하고 학습해, 엄숙하고 착실히 창작을 진행하겠다. ……나는 영원히 마오 주석의 강화 '정신'을 받들어 뛰어난 문예 공작자가 되고,

진심으로 노동자·농민·병사 가운데서, 불타는 투쟁 속에서, 유일하고 가장 크고 가장 풍부한 원천 속에 들어가서 새롭고 좋은 작품을 쓰기를 원한다.

류신우는 그때까지 아무도 생각하지 못했던 콜럼버스의 달걀을 깼지만, '문혁'을 종합적인 시각에서 바라보고 본격적으로 비판하기는 아직 시기적으로 일렀던 것일까요? 이에 비하면 루신화의 태도는 당당하기까지 합니다. 그리고 이러한 자신감은 사실상 자신의 생각에 대한 인민들의 지지에 힘입은 바 큽니다. 그렇다고는 해도 현실의 권력에 대해서는 루신화 역시 자유로울 수 없었습니다. 소설의 말미를 장식하는 샤오화의 독백은 다음과 같이 마무리됩니다.

화 주석의 은덕을 기억하고, 화 주석을 위시한 중앙당을 따라 당의 사업을 위해 제 일생을 다 바치겠어요.

당시의 실권자는 화궈펑華國鋒이었던 것입니다.

이 소설이 나오고 나서 문단에는 문혁을 비판하는 소설들이 봇물처럼 나타나 하나의 흐름을 형성했는데, 이것을 '상흔문학'이라고 합니다. '상흔문학'은 과거에 대한 애도哀悼 문학과 과거에 입은 상처의 아픔을 다룬 문학이 주류를 이룹니다.『상흔』이 발표된 뒤 중국 사회에서는 이에 대한 찬반양론이 팽팽하게 맞섰습니다. 여기에는 마오쩌둥 사후 정치권 안에서 진행된 주도권 다툼이 배후에 깔려 있었습니다. 곧 마오쩌둥의 사상을 맹종하는 화궈펑을 중심으로 한 '범시파'凡是派와 실천이야말로 마르크스주의의 기본 원칙이라고 주장하는 덩샤오핑을 중심으로 한 '실천파'가 바로 그것입니다. 당시 '실천파'를 이끌었던 후야오방胡耀邦(호요방)의 논지는 다음과 같은 것이었습니다.

"실천만이 진리를 검증할 수 있는 유일한 기준이다"라고 하며 '실사구시론'을 발표했다. '실사구시'라는 용어는 과거 마오쩌둥이 자주 사용하던 것이었다. 후야오방은 "아무리 마오쩌둥이 수립한 정책이나 지시라 하더라도 실천한 결과 그것이 잘못되었다는 결론이 나오면 비판하고 수정해야 한다"고 하면서 화궈펑의 '양개범시론'을 공격했다.*

결국 '상흔문학'이 등장했던 1970년대 말은 마오쩌둥의 잔영이라 할 화궈펑 체제가 무너지고, '4개 현대화'를 기치로 내세운 덩샤오핑 체제로 전환하는 일종의 과도기였다고 할 수 있습니다. 덩샤오핑은 화궈펑 세력을 일소하기 위해 1975년에 저우언라이에 의해 제창되었던 '4대 자유'를 은연중에 옹호했습니다. 1978년에는 나라 안팎에서 여러 의미 있는 사건이 일어났습니다. 중국과 일본이 평화 우호 조약을 체결했고, 비슷한 시기에 소련과 베트남이 우호 협력 조약을 맺자 중국공산당은 이것이 태평양 지역의 평화와 안전을 위협할 것이라 비난했습니다. 반면에 미국과는 이듬해인 1979년 1월에 국교를 수립하고, 3월에는 대사를 교환할 것이라고 선포했습니

---

* 김시준, 『중국당대문학사조사연구 1949~1993』, 서울대학교출판부, 2001, 219쪽.

다. 국내적으로는 1976년 저우언라이의 사망으로 촉발되었던 '제1차 톈안먼 사건'을 혁명적인 행위로 규정했고, 1957년의 '반우파 투쟁' 때 부당하게 처벌당했던 사람들이 복권되었습니다. 그리고 11월 9일에는 베이징 중심부인 시단西單(서단)에 민주화를 요구하는 대자보가 나붙었습니다.

이러한 국내외적 상황하에 1978년 12월 중국공산당 제11기 중앙위원회 제3차 전체회의('3중전회')가 열렸습니다. '3중전회'의 성과는 한마디로 문혁을 사실상 부정하고 '4개 현대화'를 정면으로 제기한 것으로 요약할 수 있습니다. 이는 중국공산당 역사상 '위대한 대전환'으로 평가받는데, 이를 통해 문혁 기간 중에 숙청되었던 인사들이 명예를 회복했고, '제1차 톈안먼 사건'이 혁명적인 사건으로 인정되었습니다. 회의에서 덩샤오핑은 당과 국가가 '실사구시'적으로 운영되어야 한다고 말했고, 화궈펑은 자아비판을 통해 자신의 '양개범시론'이 잘못된 것이라는 사실을 인정했습니다. '3중전회' 즈음해서 베이징 시내에는 다양한 의견을 담은 대자보가 곳곳에 나붙었습니다. 처음에는 '범시파'에 속하는 인사들에 대한 비판이 주류를 이루었으나, 점차 그 내용이 확대되어 문혁 자체나 마오쩌둥에 대한 비판까지 이어지더니, 급기야 현 정권에 대한 비판의 목소리도 들려왔습니다.

여러모로 어수선한 가운데 해가 바뀌어 1979년이 되자 대자보뿐 아니라 다양한 의견을 담은 지하 출판물들도 쏟아져 나왔습니다. 1950년대의 '쌍백운동'* 이후 또 한차례의 자유로운 의견 개진이 가능한 '베이징의 봄'이 찾아온 것입니다. 그러나 사태는 다시 한 번 돌변했습니다. 같은 해 3월 29일 '베이징의 봄'을 대표하는 인물이

덩샤오핑과 3중전회

라 할 웨이징성魏京生(위경생)이 군사 기밀 누설과 반혁명 혐의로 체포된 것입니다. 그는 1978년 12월 5일 시단의 민주벽 대자보에 기왕의 '4개 현대화'에 '민주주의'라는 항목을 추가한 '5개 현대화'라는 글을 발표해 일약 유명인사가 되었습니다. 1979년 1월에는 《탐색》이라는 잡지의 권두언에서 이러한 주장을 더욱 확대해 발표했습니다. 그가 체포된 다음 날 덩샤오핑은 당의 이론공작학습회의에 참여해 작금의 사태에 대한 우려를 표명했습니다. 그리고 화궈펑 당 주석의 해임이 거의 굳어졌던 1979년 말 민주벽은 돌연 폐쇄되었습니다.

'쌍백운동'* 이후 다시 한 번 불이 붙었던 민주주의에 대한 인민의

---

* '백가제방百家齊放 백화제방百花齊放'의 줄임말로, 1956년 4월부터 시작되었다. 초기에는 중국공산당의 오류를 누구나 지적하고, 이를 바탕으로 대약진운동의 실패로 말미암은 국내의 위기를 극복하겠다는 취지로 시작되었다. 그러나 비판의 강도가 날로 거세지자 위기 의식에 사로잡힌 마오쩌둥 일파는 이를 역이용한 '반우파 투쟁'을 통해 자유주의적 우파 분자를 색출했다.

열망은 또 한번 철퇴를 맞고, '베이징의 봄'은 허망하게 끝이 났습니다. '베이징의 봄'이라는 허울은 결국 화궈펑 일파를 제거하기 위해 덩샤오핑 등이 쳐 놓은 그물에 지나지 않았습니다. 그런 정치적인 의도를 알지 못했던 일부 인사들은 마치 '쌍백운동'에 뒤이은 '반우파 투쟁'의 희생자가 그러했던 것처럼 권력자의 의도에 놀아난 꼭두각시 신세가 되어 버렸습니다. 결국 중국의 민중에게 허용된 것은 아래로부터의 민주화 요구가 아닌, 상부로부터 허용된 제한된 민주화였던 것입니다. 문혁이 끝나고 새로운 시대가 도래했다고 하지만, 사람들이 확인할 수 있는 것은 상처의 흔적에 불과했을 뿐입니다. 그들은 새삼 과거를 돌아보고 자신이 얻은 게 무엇인가를 회의하기 시작했습니다.

먼 길 에둘러 돌아온 그 자리엔

사람아 아, 사람아 人啊, 人!, 중년에 들어섰건만 人到中年

1980년　1월, 덩샤오핑, 간부회의에서 세계평화·조국통일·경제건설(4개 현대화 추진) 강조. 8월, 제5기 전인대 제3차 회의에서 화궈펑이 총리직에서 물러나고 덩샤오핑 노선의 추종자인 자오쯔양이 새로운 총리에 선임됨. 11월, 사인방 재판.

1981년　3월, 마오둔 사망. 6월, 중국공산당 제11기 6중전회, '건국 이래 당의 약간의 역사적 문제에 관한 결의' 채택.

1982년　9월, 중국공산당 12전대회, 「사회주의 현대화 건설의 신국면을 전면적으로 창시하자」 발표.

1984년　2월, 덩샤오핑, 대외 개방, 경제 특구 건설 강조.

새로운 도약으로의 길

1978년 12월에 열렸던 중국공산당 제11기 중앙위원회 제3차 전체회의('3중전회')가 사실상 덩샤오핑이 야심차게 기획했던 개혁 개방의 서막을 알리는 신호탄이었다면, 1980년 2월에 열린 중국공산당 제11기 '5중전회'는 새로운 도약을 위한 바탕이 마련된 대회였다고 할 수 있습니다. 이때 문혁 기간 중에 숙청당했던 지식인 300만 명에 대한 복권이 이루어졌고, 무엇보다 1974년 당에서 영구 제명되었던 류사오치의 명예가 회복되었습니다. 나아가 덩샤오핑의 계승자인 후야오방胡耀邦이 당 총서기에 선출되었고, 화궈펑을 지지하는 '범시파' 세력이 정치국에서 배제되었습니다.

3월에는 광둥 성의 선전深圳(심천)과 주하이珠海(주해), 산터우汕頭(산두)와 푸젠 성의 샤먼厦門(하문)에 설치된 수출 특구에 대한 특별조례가 제정되어 국내법과는 다른 외환 취급법 등을 심의하고, 8월에는 '광둥성 경제특구조례'가 공포되었습니다. 그리고 같은 해 8월에는 제5기 전국인민대표회의 제3차 회의에서 화궈펑이 총리직에서 물러나고 덩샤오핑 노선의 추종자인 자오쯔양趙紫陽(조자양)이 새로운 총리에 선임되었습니다. 이로써 덩샤오핑은 명백하게 화궈펑과의 권력 투쟁에서 우위에 설 수 있었습니다.

1981년 6월에 열린 '6중전회'에서는 바로 전해에 덩샤오핑이 당 중앙에 요구한 '건국 이래 당의 약간의 역사 문제에 관한 결의'가 많은 논의를 거친 뒤 확정되어 통과되었습니다. 여기에는 다음과 같은 세 가지 주요 내용이 담겨 있습니다. 첫째, 건국 이후 32년 동안 일어났던 여러 역사적인 사실을 변증법적 유물론과 사적 유물론에 입각해 '실사구시'적으로 분석하고 일부 책임 있는 이들의 공과를 평가합니다. 둘째, 마오쩌둥이 중국 혁명 과정에서 차지하고 있는 역사적인 지위를 확립합니다. 특히 문화대혁명은 마오쩌둥이 저지른 착오이긴 하지만, 그의 전 생애를 통해 볼 때 과오보다는 공적이 더 크기에 그의 공적이 우선이고 오류는 그다음입니다. 셋째, 이번 결의를 통해 과거의 역사에 대한 기본적인 총결산을 하되, 이것은 모두 일치단결해서 새로운 사회주의 사회 건설을 위한 '4개 현대화'로 나아가기 위한 것입니다.

이렇게 해서 문화대혁명의 악폐를 청산하고 새로운 도약을 위한 발판이 마련되자 곧바로 린뱌오와 사인방에 대한 재판이 시작되었습니다. 기소장에 명시된 린뱌오와 사인방의 죄상은 이른바 '4대 죄상'을 기본으로 모두 48개 조항에 달했습니다. 1980년 11월에 시작된 재판은 12차례의 공판을 진행하면서 이듬해 1월까지 이어졌습니다. 사인방은 끝까지 자신들의 무죄를 강변하며 문화대혁명은 어디까지나 마오쩌둥의 지시에 따른 것이라고 변명했습니다. 최종적으로 쟝칭과 장춘챠오는 사형을 언도받았으나 그 집행이 2년 뒤로 유예되었고, 왕훙원은 무기징역, 야오원위안은 20년 형을 선고받았습니다. 린뱌오 일파는 이미 사망했기에 불기소 처분되었고, 나머지 사람은 모두 16년에서 18년 형을 받았습니다.

그러나 사실상 문화대혁명을 일으킨 주역이라 할 마오쩌둥에 대한 비판은 제쳐 두고 그 하수인들이라 할 사인방과 주변 인물만을 단죄했다는 의미에서 보자면, 사인방 재판은 한계가 분명하게 드러난 정치 쇼에 불과했는지도 모릅니다. 무엇보다 '범시파'를 비롯해 여전히 사회 각 계층에 남아 있는 문혁에 연루된 사람들 모두를 색출해 처벌한다는 것은 애당초 불가능한 일이었기에 문혁을 완벽하게 청산하는 일은 하나의 역사적인 과제로 남았습니다. 마오쩌둥은 문혁에 대한 책임자로 비판받았으나, 그가 신중국 수립에 절대적으로 기여한 점을 고려할 때 그를 부정하는 것은 공산당 자체와 중화인민공화국의 존재를 뿌리부터 부정하는 것일 터였습니다. 그렇기 때문에 그에 대한 비판은 신중을 기해야 할 문제였습니다. 결국 고육책으로 '문혁의 지도자'인 마오쩌둥을 '혁명의 영웅' 마오쩌둥과 분리하는 선에서 타협하지 않을 수 없었습니다.

 1981년 11월 제5기 전인대 제4차 회의에서 총리인 자오쯔양은 사회주의 정치체제에 시장경제 원리를 접목한 새로운 경제 정책 방향을 제시하고 경제 건설 10개조를 발표했습니다. 이로써 중국 사회는 '중국 특색의 사회주의'를 표방하고 '사회주의의 현대화'를 이루기 위해 본격적으로 '개혁 개방'에 나서는 첫걸음을 내디뎠습니다. 이듬해인 1982년 2월 제5기 전인대 상무위원회 제22차 회의에서는 13명이나 되었던 부총리를 두 명으로 줄이고 당 주석제를 공식적으로 폐지하는 등 마오쩌둥 시절 방만하게 운영되어 왔던 당 기구를 축소하는 조치를 취했습니다. 이제 화궈펑 사임 후 당 주석직을 겸임했던 후야오방은 총서기직만 유지하고, 자오쯔양과 덩샤오핑은 각각 총리와 군사위원회 주석직을 맡아보는 트로이카체제가 확립되었습니다. 1983년 1월 1일 《인민일보》에 실린 '신년사'에서는 이해가 중국 현대화 계획에서 중요한 한 해가 될 것이라는 사실을 천명했습니다. 과연 덩샤오핑이 주도한 경제 발전 계획의 결과 시장경제가 활성화되고 국민경제가 호전되어 소득이 증가하는 등의 효과가 나타나기 시작했습니다.

새로운 시기의 문학

1984년 12월 29일에 열린 중국작가협회 제4회 대표대회에서 당중앙 서기처 서기 후치리胡啓立(호계립)는 다음과 같은 연설을 했습니다.

> 문학 창작은 일종의 정신노동이다. 이런 유의 노동의 성과가 작가 개인의 뚜렷한 특색을 갖추기 위해서는 개인의 창조력이나 통찰력, 상상력을 최대한으로 발휘하게 하고, 생활에 대한 깊은 이해와 독특한 견해를 구비하며, 개성적인 예술 기교를 갖추지 않으면 안 된다. 그러므로 창작은 자유롭지 않으면 안 된다. 이것은 곧 작가는 자신의 두뇌로 생각하고, 제재·테마·예술적 표현 수법 등을 고르는 데 충분한 자유를 가지며, 자기의 감정을 모조리 털어놓거나 자기의 사상을 표명하는 데 충분한 자유를 가질 때 비로소 진정으로 사람을 감동시키고, 교육적 역할을 완수하기에 충분한 작품을 쓸 수 있다는 것이다. 사회주의 문학은 참으로 자유로운 문학이라고 레닌은 말한 바 있다. 우리 당·정부·문예 단체, 더 나아가서 사회 전체가 작가의 이러한 자유를 확고히 보장하지 않으면 안 된다.

이것은 일견 문예계에서의 창작의 자유를 천명한 획기적인 발언으로 보이지만, 지나온 역사는 중국공산당의 이러한 태도 변화가 갖는 의미를 반추하게 했습니다. 1950년대의 '쌍백운동'과 곧바로 진행된 '반우파 투쟁'은 이른바 자유로운 의견 개진을 뜻하는 '방'放과 그 반대인 '수'收의 길항 관계(『산향거변』 참조)를 극명하게 보여 주는 하나의 예라 할 수 있는데, 이러한 패턴은 이후에도 반복적으로 나타났습니다.

1979년 10월에 열린 중국문학예술공작자 제4차 대표대회에서는 당중앙을 대표해 덩샤오핑이 "문예라는 복잡한 정신노동에는 문예가가 개인의 창조 정신을 발휘할 필요가 있다. 무엇을 쓰고, 어떻게 쓸 것인가는 단지 문예가가 예술 실천 속에서 탐색하고 추구해 해결할 수 있을 뿐이다. 이 점에 있어서는 멋대로 간섭해서는 안 된다"는 내용의 축사를 했습니다. 그러나 이것은 이보다 앞선 같은 해 3월 30일 덩샤오핑이 언급한 '4개 기본'과는 배치되는 것이었습니다. 이날은 바로 앞 장 끄트머리에서 언급한 바 있는 '베이징의 봄' 당시 웨이징성이 체포된 그다음 날이었습니다. 덩샤오핑은 "① 사회주의의 길을 견지하고, ② 프롤레타리아 독재를 견지하며, ③ 공산당의 지도를 견지하고, ④ 마르크스 레닌주의와 마오쩌둥 사상을 견지한다"는 이른바 '4개 기본'을 강조했습니다. 결국 중국에서의 민주화란 아래로부터 분출된 게 아니라 상부로부터 강요된 제한적인 민주화였고, 창작의 자유 역시 좀 더 자유로운 분위기 아래 작가의 창의를 마음껏 발휘하려는 문단의 요구와 그것을 적절한 선에서 제한하고자 하는 정치적인 고려 사이의 줄다리기라고 할 수 있습니다.

그러나 어느 쪽이든 개방이라고 하는 흐름은 거스를 수 없었습니다. 그리하여 사회 분위기는 확실히 문혁이나 그 전 시대와는 다르게 흘러갔고, 쏟아져 나온 작품들 역시 그 전과는 확연하게 다른 풍격을 보여 주었습니다. 그래서 문학사가들은 이 시기를 별도의 시기로 구분해 '신시기 문학'이라 명명했습니다. 곧 '신시기 문학'이란 문화대혁명이 끝난 뒤 새롭게 등장한 중국 문학을 가리키는 것입니다. 구체적으로는 마오쩌둥이 사망하고 사인방이 체포된 1976년 10월 이후의 문학이 여기에 해당합니다. 그러나 '신시기 문학'이 본격적으로 등장한 것은 그보다 약간 뒤인 1979년 이후라고 봐야 할 것입니다. 이 시기의 문학은 다음과 같은 특징을 갖고 있습니다.

> 첫째, 문화대혁명에 대한 비판과 문학의 주체성 회복이다. 이는 문학의 자율화 추세를 가리킨다.
> 둘째, 서양 문학의 수용과 전통문화에 대한 탐구다. 이는 문학의 개방화 추세를 가리킨다.
> 셋째, 거대 담론에 대한 거부와 문학 자체에 대한 관심이다. 이는 문학의 심미화 추세를 가리킨다.
> 넷째, 시장경제의 심화와 인문정신의 위기다. 이는 문학의 상품화 추세를 가리킨다.
> 대체로 말해서 문학의 자율화와 개방화는 1985년을 정점으로 그 중요성이 점차 약해졌고, 문학의 심미화와 상품화 추세가 1987년을 기점으로 더욱 가속화되는 실정이다.*

이러한 특성을 갖고 있는 신시기 문학의 시작을 알리는 작품이 바로 앞서 살펴본 '상흔문학' 계열의 작품들입니다. 주지하는 대로 '상흔문학'이 문혁으로 인한 상처를 드러내 보이고 확인한 것이었다면, 그 뒤를 이어 등장한 것은 그토록 엄청난 비극이 나오게 된

---

* 김언하·이정훈, 「이데올로기를 넘어 포스트 시대로」, 『중국 현대문학과의 만남』, 동녘, 2006, 95쪽.

근본 원인에 대한 성찰이었습니다. 작가들은 문화대혁명이라는 역사적 과오가 어떻게 일어났는지 그 근본 원인을 깊이 있게 성찰하고 반성함으로써 문학이 갖고 있는 고유한 주체성을 회복하려 했습니다. 1979년부터 1984년까지 쏟아져 나온 이런 유의 작품들을 '되돌아보기反思 문학'이라 부릅니다.

당시 작가들이 치열하게 '되돌아보려' 했던 것은 1949년부터 1976년까지의 시간이었습니다. 그들은 문화대혁명이라는 비극이 단순히 몇 사람의 농간에 의한 우연한 사건이 아니라, 신중국 수립 이후 약 30년간 진행되어 온 사회주의 중국 건설 과정에서 배태된 심각한 결함으로 말미암은 것이라 생각했습니다. 그런 측면에서 보자면 문화대혁명 직전에 나타난 '반우파 투쟁' 역시 문혁과 동일 선상에서 파악해야 한다는 주장이 설득력을 얻습니다. 그리고 이러한 '되돌아보기' 과정을 통해 그들이 얻은 결론은 역사의 동란 가운데 잃어버렸던 '인간성을 회복'해야 한다는 것이었습니다.

'반사소설' 혹은 '반사문학'에 오면 위에서 말한 대로 과거 역사에 대한 이성적 사유와 비판적 사유를 할 여유를 가지면서 역사와 인간의 문제에 대해 보다 심도 있는 고민과 성찰을 하게 된다. 이 민족적 대성찰의 가장 중요한 문제는 역시 '인간의 문제'였다.'

다이허우잉戴厚英(대후영, 1938~1996)의 『사람아 아, 사람아』人啊, 人!는 바로 이 점에 주목해 새로운 시기에 살고 있는 "중국인들이 자신

* 임춘성, 앞의 책, 205쪽.

다이허우잉과
『사람아 아, 사람아』 표지

들의 과거에 대해 무엇을 반성하고 비판했는지, 나아가 인간성 회복을 위해 인간에 대해 얼마나 심도 있는 고민과 성찰을 했는지"에 대해 서술한 소설입니다.*

지식인들이 걸어온 고난의 길에 대한 반추

다이허우잉은 1938년 안후이 성安徽省(안휘성)에서 태어났습니다. 아버지는 시골 상점의 점원으로 사숙私塾에서 2년간 공부했을 따름이고, 어머니는 봉제 공장의 미싱사로 글을 읽을 줄 몰랐습니다. 7남매 가운데 넷째로 태어난 다이허우잉은 집안에서 최초로 학교에 들어갔습니다. 고등학교까지는 고향에서 다니다 해방 후에 상하이로 가서 1956년 화둥사범대학華東師範大學에 입학했습니다. 재학 당시 중문학부 주임교수인 쉬제許傑(허걸)가 우파로 지목되어 비판받을

---

* 임춘성, 앞의 책, 205쪽.

때, 대자보를 붙여 쉬 교수와 당위원회의 공개 토론을 요구한 일이 있었습니다. 당시 그는 사회주의 신중국에 대해 흔들리지 않는 신념을 갖고 있었습니다.

> 나도 과거에는 정열적이고 또 단순한 젊은이였다. 당을 뜨겁게 사랑하고 새로운 중국을 뜨겁게 사랑하며 학습에 힘쓰고 인민에게 봉사하는 것 외에는 아무것도 염두에 두지 않았다. 나의 마음 속에는 당과 사회주의에 대한 단 한 점의 거짓도 없었다. 조국의 해방은 나에게, 우리 집안 선조 대대로 어느 누구도 나아가 본 일이 없는 길을 마련해 주었기 때문이었다. 나는 우리 집안에서 최초로 학교에 들어간 딸, 그리고 최초로 대학 교육을 받은 사람이었다. 또 사회주의와 공산주의의 희망찬 미래가 나의 젊은 영혼을 이끌었고 고무했다. 우리의 사업은 정의 그 자체이고, 미래는 광명으로 가득 차 있으며, 길은 평탄할 것이라고 굳게 믿었다. 아무런 걱정도 두려움도 없었으며, 마음은 따뜻함과 우애로 넘치고 있었다. 『사람아 아, 사람아』 '작가 후기'

다이허우잉은 1960년 대학을 졸업하자마자 상하이작가협회 문학연구소에서 한동안 문예 이론을 연구하며 수십 편의 문학평론을 발표했습니다. 1961년에는 소꿉친구와 결혼을 하는데, 남편의 직장이 안후이 성에 있어 계속 떨어져 살아야 했습니다. 결혼하던 해에 입당 신청을 했지만, 아버지가 우파고 그 자신도 사상적 동요가 있다는 이유로 받아들여지지 않았습니다. 그럼에도 당에 대한 그의 신념은 확고한 것이어서 1966년 문화대혁명이 일어나자 "'대비판'

의 '박격포'가 되고, '붉은 사령부'의 '조반 병사'造反兵士가 되어" 적극적으로 활동했습니다. 1968년에는 유명한 시인이었던 원졔聞捷(문첩)가 비판당할 때 베이징에서의 그의 행적을 조사하기 위해 파견된 심사단의 일원으로 참가했습니다. 그때 원졔의 처가 자살하고, 그의 두 딸은 헤이룽쟝 성으로 이주하는 모습을 지켜봤습니다.

그 이듬해인 1969년 다이허우잉은 당의 정책에 따라 상하이 교외에 있는 '5·7 간부학교'에 들어갔는데, 이곳에서 원졔를 다시 만납니다. 이때 다이허우잉은 반혁명 분자로 비판받았으며, 남편에게서도 이혼을 요구받았습니다. 원졔는 그런 시련을 겪으면서도 꿋꿋한 태도를 보인 다이허우잉에게 호감을 느꼈고, 급기야 두 사람 사이에 애정이 싹터 당에 결혼을 신청했습니다. 그러나 당은 '검은 시인'과 '수정주의의 싹'의 결합을 허가하지 않았습니다. 실망한 원졔는 격렬하게 항의했으나 아무 소용이 없자, 1971년 1월 자살하고 맙니다. 그 후 다이허우잉은 그곳에서 2년간 더 생활한 뒤, 1972년 12월 상하이 시 당위원회의 창작 그룹에 배치되었습니다. 그곳에서는 4년간 대학의 문과 교재를 편집하고 외국 문학을 소개하는 등의 업무에 종사하다 1979년 1월 상하이의 푸단대학復旦大學(복단대학) 중문학부로 전임되었습니다. 그리고 이듬해인 1980년에는 같은 대학의 분교인 상하이대학으로 전근되었다가 다시 푸단대학으로 돌아왔습니다.

사회주의 중국에 대한 신념을 저버리지는 않았지만, 사인방의 몰락과 뒤이은 개혁 개방의 새로운 흐름은 다이허우잉에게도 큰 영향을 주었습니다. 여기에 간단치 않았던 그의 인생 역정 또한 다이허우잉으로 하여금 지나온 모든 것을 돌아보고 그 의미를 되새김질하게 만들었습니다.

> 20년 전 나는 상하이의 화둥사범대학을 앞당겨 졸업하고 풍파 심하고 고난으로 가득 찬 문예계에 발길을 내디뎠다. 돌이켜 보면 맹종과 무지가 힘이 되고 자신감을 부여해 주던 시절이었다. 스스로는 이미 마르크스 레닌주의의 기본 원리를 마스터하고 사회에 대해서나 인간에 대해서 정확하게 이해했다는 생각을 하고 있었다. 나는 연단에 서서 지도자의 의도에 따라 작성된 원고를 소리 높여 읽었고, 나의 선생님이 주창했던 휴머니즘을 비판했다.
>
> 『사람아 아, 사람아』 '작가 후기'

그 결과 다이허우잉은 자신이 겪어 온 일들을 바탕으로 소설 창작에 나섰습니다. 최초의 작품인 『시인의 죽음』은 그 자신과 시인 원제의 비극적인 사랑을 다룬 것이고, 두 번째 소설이지만 『시인의 죽음』보다 2년 먼저 발표된 『사람아 아, 사람아』 역시 작자 자신의 경험에 바탕한 것이었습니다.

『사람아 아, 사람아』는 장마다 등장인물들 각자의 시선으로 이야기를 서술하는 독특한 형식을 취하고 있습니다. 주인공 격인 쑨웨孫悅(손열)와 동시에 대학을 졸업한 몇 명의 지식인이 각자 걸어온 길을 각각의 장에서 화자를 달리하며 토로하는 것입니다. 이들은 1957년의 '반우파 투쟁' 이후 문화대혁명을 거치며 서로 사랑하고 현실에서 좌절했다가 다시 복권復權되는 과정을 통해 서로 다른 인식과 태도를 보여 줍니다.

쑨웨는 중학교 때부터의 동급생인 자오전환趙振環(조진환)에 대한 변함없는 사랑을 지켜 나가지만, 대학 동기인 허징푸何荊夫(하형부)는 은근하게 쑨웨에 대한 사랑을 키워 나갑니다. 그럼에도 대학 졸업 후 쑨웨는 당연하다는 듯이 자오전환과 결혼하는데, 쑨웨는 대학에 남고 자오전환은 신문기자가 되어 멀리 떨어진 곳에 부임합니다. 그러나 '반우파 투쟁'과 뒤이은 문화대혁명의 격랑은 이들의 운명을 송두리째 뒤바꿔 놓습니다. 멀리 떨어져 사느라 서로의 생각을 확인할 방법이 없던 차에 아내인 쑨웨가 비판의 대상이 되고, 급기야 아내가 근무하는 'C시 대학 당위원회 서기의 첩'이라는 비판까지 당하는 지경에 이릅니다. 자오전환은 자신의 아내가 그럴 리가 없다고 생각하지만, 쑨웨가 그런 비판을 받는 사실 자체를 견딜 수 없었습니다. 그때 그의 앞에 펑란샹馮蘭香(풍란향)이라는 아름다운 여인이 나타나자, "본능이 점점 이성을 압박하더니 급기야는 거의 짓눌러 버리고 마"는 지경에 이릅니다. 결국 펑란샹은 임신을 하고, 자오전환은 쑨웨에게 이혼을 요구합니다.

　결혼한 지 5년 만에 이혼당한 쑨웨는 한한憾憾(감감)이라는 이름의 딸을 키우며 중학교 교사 노릇을 합니다. 사실 그가 비판을 받은 것은 문혁 기간 동안 당 위서기인 시류奚流(해류)를 두둔하는 발언을 했기 때문입니다. 시류는 이 소설에서 주인공들 간의 갈등을 일으키고 증폭시키는 반면 인물로 등장하는데, C시 대학의 당위원회 서기로 사상이 경직되고 군중에서 이탈한 인물로 그려지고 있습니다. 그는 '반우파 투쟁' 시기에는 우파 색출에 혈안이 되었으나 문혁이 일어나자 비판의 대상이 되었고, 사인방이 분쇄된 뒤 복직되었습니다. 그의 행적은 '과거의 공적, 10년의 고통, 지금의 권력'으로 요약되는바, 현재는 유뤄수이游若水(유약수)라는 인물을 앞세워 자신이 겪었던 10년간의 고통과 손실을 만회하는 데 전념하고 있습니다. 그러나 막상 그의 내면을 들여다보면, 정통 마르크스주의자로 자처하지만 정작 원전을 읽어 본 적은 없고, 단지 상부에서 하달된 정책에서 단장취의斷章取義 식으로 얻어들은 단편적인 지식만을 갖고 있는 팸플릿 마르크스주의자입니다. 따라서 그는 자신의 콤플렉스를 자극하는 지식인을 싫어하고 지식 자체를 적대시합니다.

그런 시류를 공개적으로 비판했다가 젊은 날을 빼앗겨 버린 존재가 바로 허징푸였습니다. 허징푸는 학창 시절 귀국 화교인 셰謝(사)라는 학생이 병에 걸린 어머니를 만나기 위해 출국 신청을 했으나 시류가 거부한 것을 비판하는 대자보를 붙였습니다. 허징푸의 비판은 너무나 상식적인 것이었기에, 당시 쑨웨와 쉬헝중許恒忠(허항충)을 포함한 많은 학생의 호응을 이끌어 냈습니다. 그러나 1957년 당시의 '반우파 투쟁' 확대에 힘입은 시류의 반격으로 허징푸는 궁지에 몰리고, 애당초 그를 지지했던 쑨웨와 쉬헝중마저도 그를 비판합니다. 그에게 붙여진 죄명은 "부르주아적 인간성론에 의해 당의 계급 노선을 반대하고 수정주의적인 휴머니즘에 의해 계급투쟁을 부정했으며, 중상과 모략에 의해 당의 지도를 공격했다는 것"이었습니다. 그가 이에 맞서 자신의 견해를 굽히지 않자 그의 죄는 한 등급 더 높아지고 일기까지 압수당하는데, 그의 일기는 쑨웨에 대한 애정으로 가득 차 있었습니다. 자신의 깊은 내면이 송두리째 까발려지자 허징푸는 침묵했고, 학교에서 제적당했습니다.

그러나 문화대혁명이 일어나자 모든 이의 인생이 뒤틀리고 혼란에 빠졌습니다. 그리고 문혁이 끝난 뒤에는 그로 인한 후유증이 치유되지 않은 채 여전히 등장인물들의 일상을 긴박緊縛합니다. 시류가 복직하자 쑨웨 역시 다시 C시 대학 중문과의 당 총지서기로 복직합니다. 학교에서 제적당한 뒤 20년 동안 외지를 떠돌며 유랑 생활을 하던 허징푸 역시 대학으로 돌아왔습니다. 그렇게 모든 것이 제자리를 찾은 듯이 보였지만, 실상은 그들 모두 이미 과거의 그들이 아니었습니다. 이혼당한 뒤 홀로 딸을 키우며 살아왔던 쑨웨는 삶에 대한 환상을 잃어버렸고, 젊은 시절에 가졌던 뜨거운 열정 역시 식어 버렸습니다. 그런 쑨웨를 깊은 잠에서 일깨운 것은 허징푸였습니다. 오랜 유랑을 끝내고 대학으로 돌아온 허징푸가 다시 만난 쑨웨는 본래의 자연스럽고 순진한 품성을 잃어버린 채 무기력하게 살아가는 당 간부일 따름이었습니다.

허징푸는 쑨웨가 자오전환과의 불행한 결혼을 마감하고 혼자 딸을 키우며 사는 모습을 보고 마음이 복잡해집니다. 어떻게 보면 지난 20년간 그를 지탱해 준 힘은 쑨웨에 대한 변함없는 사랑이었습니다. 쑨웨가 홀로 되었다는 것은 그 사랑을 이룰 기회가 왔다는 것을 의미하기도 했지만, 여전히 쑨웨가 자기를 어떻게 받아들일지 자신할 수 없는 허징푸는 갈등합니다. 허징푸는 자기 혼자만의 사랑이 아닌 쑨웨의 자발적인 사랑을 원했습니다. 그렇게 기다리는 사이 쑨웨의 전남편 자오전환이 쑨웨에게 참회의 편지를 보내고, 급기야 그를 찾아옵니다. 이번에도 허징푸는 자신의 속마음을 숨긴 채 쑨웨에게 자오전환을 용서하고 받아들이라고 충고합니다. 그러나 쑨웨는 이미 자오전환에 대한 애정이 식어 버린 터였습니다. 쑨웨는 자오전환을 오랜 친구로서 용서하지만 남편으로는 받아들이지 못합니다. 자오전환 역시 과거 자신의 언행에 대한 죄책감 때문에 애당초 쑨웨와의 관계 회복은 크게 기대하지 않았기에, 딸에 대한 아버지로서의 자격을 회복한 것에 만족하고 돌아갑니다. 결국 쑨웨와 허징푸는 젊은 시절 그들을 사로잡았던 감성적인 차원의 사랑이 아니라 이성과 감성이 서로 결합한 진정한 동지 관계에 이릅니다.

그때그때의 상황에 따라 극과 극을 오갔던 다른 등장인물들과 달리 허징푸는 자신의 생각을 꿋꿋하게 견지해 온 유일한 인물이라 할 수 있습니다. 그의 아버지는 가난한 농부였는데, 대약진운동 때 당의 정책을 비판하다가 반혁명 분자로 몰려 어려움에 처했습니다. 그때 그는 진정한 인민이었던 그의 아버지가 인민이 주인이라고 하는 사회주의 국가에서 내침을 당한 것을 이해할 수 없었습니다. 이에 대한 의문은 그가 평생 품고 살았던 하나의 과제였고, 오랜 방황과 시련을 끝낸 뒤 그 나름의 해답을 『마르크스주의와 휴머니즘』이라는 한 권의 책으로 정리해 냅니다. 그는 천하를 유랑하는 동안에도 변증법적 유물론과 사적 유물론이라는 정신적 지주를 포기하지 않은 채 역사와 인간에 대한 낙관과 이상을 버리지 않았습니다. 그가 평생 견지했던 화두는 '마르크스주의와 휴머니즘'의 결합이었던 바, 이것은 작가인 다이허우잉이 추구했던 '인간성 회복을 위한 절규'이기도 했습니다.

> 커다란 문자가 갑자기 눈앞에 떠올랐다. '인간!' 오랫동안 버려지고 잊혀 왔던 노래가 내 목을 뚫고 나왔다. 인간성, 인간의 감정, 휴머니즘!
> ……두 편의 소설에서 공통되는 테마는 '인간'이다. 나는 인간의 피와 눈물의 흔적을 썼고, 비틀린 영혼의 고통스런 신음을 썼고,

암흑 속에서 솟아오른 정신의 불꽃을 썼다. '영혼이여, 돌아오라!'고 외치며 무한한 환희와 더불어 인간성의 회복을 기록했다.

중년이 되어 돌아본 세월들에 대한 회한의 기록

문화대혁명의 목표는 모든 옛것을 부정하고 타파하는 것이었습니다. 그렇기에 문혁으로 가장 큰 피해를 본 것은 당시 중국 사회에서 가장 활발하게 활동하던 기성세대, 그중에서도 1950년대에 대학을 다녔던 이들이었습니다. 이들은 신중국 수립 이후 나라와 당의 도움으로 대학을 다녔지만, 그들이 한참 활동했어야 할 나이에 '반우파 투쟁'과 '문화대혁명'으로 인해 인생에서 가장 소중한 시간을 허비하고 고난의 세월을 보냈습니다. 문혁이 끝나고 나니 어느덧 중년이 되어 버린 이들은 자신이 견뎌 낸 시간을 돌아보며 많은 상념에 빠질 수밖에 없었습니다. 천룽諶容(심용, 1936~)의 『중년에 들어섰건만』人到中年은 문혁 이후 중년이 된 이들이 자신의 과거를 회고하며 새로운 길을 모색하는 가운데 느꼈던 회한을 담담하게 그려 낸 소설입니다.

천룽은 우한武漢에서 태어났으며, 원적은 쓰촨 성입니다. 아버지는 국민당 정부의 최고 재판장이었으며, 태어난 지 얼마 되지 않아 중일전쟁이 일어나서 고향을 떠나 이곳저곳을 떠돌아다녔습니다. 그래서 천룽은 훗날 자신의 유년 시절을 회고하며 자기에게는 "목가적인 유년의 기억이 없노라"고 술회했습니다. 그의 인생의 전기가 된 것은 1951년 열다섯의 나이로 자립하기 위해 집을 나와 서남

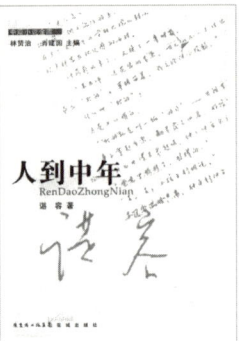

천룽과
『중년에 들어섰건만』 표지

공인출판사西南工人出版社의 사원이 된 일이었습니다. 그때 출판사 영업부에 속했던 천룽은 책을 지고 공장이나 광산 등지로 돌아다니면서 팔았습니다. 천룽은 이때의 일을 뒤에 "책을 팔러 다니다 책을 쓰게 되었다"從賣書到寫書고 회고했습니다. 바쁜 틈을 쪼개 독학으로 러시아어를 익힌 천룽은 1954년 베이징러시아어전과학교에 입학하고, 1956년에는 공청단共靑團에 입단합니다. 나중에 《인민일보》 주임이 된 판융캉范永康(범영강)과 결혼하고, 1957년 졸업과 동시에 중앙인민방송국에 배속되어 근무했습니다. 그러나 이후에는 신경계통의 여러 질병으로 인해 방송국에서 나와 몇 군데 직장을 전전하다 베이징 시 교육국으로 자리를 옮겼습니다. 1963년에는 산둥성의 농촌으로 거처를 옮겨 요양 생활을 하며 여가를 이용해 글을 쓰기 시작했습니다. 1979년에는 중국작가협회에 가입하고 전업 작가가 되었습니다. 『중년에 들어섰건만』은 천룽의 대표작으로, 그의 문명을 널리 알린 출세작이라 할 수 있습니다.

1979년 가을의 어느 날 밤, 중년의 안과 의사 루원팅陸文婷(육문정)에게 동료 의사인 류쉐야오劉學堯(유학요)와 쟝야펀姜亞芬(강아분)이 찾아옵니다. 그들은 내일 캐나다로 이민을 가기 전에 오랜 친구인 루원팅 부부와 작별 인사를 하기 위해 찾아온 것이었습니다. 그런데 그다음 날 루원팅은 오전에 세 번의 수술을 해치운 뒤 귀가 도중 급성 심근경색으로 쓰러집니다. 남편인 푸쟈졔傅家傑(부가걸)에 의해 간신히 병원에 입원한 루원팅은 생사의 갈림길, 꿈도 아니고 현실도 아닌 몽롱한 의식 속에서 지난 시간들을 회상합니다.

 어렸을 때 루원팅의 아버지가 집을 나가 버리자 어머니가 고생고생 해 가며 그를 키워 냈습니다. 그런 까닭에 루원팅에게는 즐거움으로 충만한 어린 시절의 기억이 없습니다. 의과대학에 입학한 뒤에는 기숙사에서 숙식을 해결하며 밤낮없이 공부에 열중했습니다. 그리고 졸업과 동시에 병원에 배속되어 안과를 지원했습니다. 이때 야금학연구소 기술자인 푸쟈졔가 눈병에 걸려 입원한 것을 계기로 둘 사이가 가까워져 결혼했습니다. 결혼한 뒤에 두 사람은 아무런 혜택도 받지 못하는 열악한 생활 조건 아래서 밤늦게까지 연구와 치료에 온 힘을 쏟았습니다. 그러나 두 아이가 태어나자 그렇지 않아도 열악한 두 사람의 생활은 더욱 궁핍해졌습니다. 아이를 낳기 전에는 단칸방이나마 두 사람만의 행복한 보금자리였으나 두 딸인 위안위안圓圓(원원)과 쟈쟈佳佳(가가)를 낳은 뒤에는 생활 공간이 턱없이 비좁아졌습니다. 게다가 문혁으로 푸쟈졔가 직장에서 쫓겨나자 루원팅의 월급만으로 꾸려 나가야 하는 그들의 생활은 궁핍 그 자체였습니다. 하지만 문혁이 끝났다고 생활이 더 나아진 것도 아니었습니다. 오히려 남편이 복직하고 나자 가사의 부담이 가중되어 생활은 더 팍팍해졌습니다.

 근년 들어 그녀는 점점 가사 노동의 부담이 무겁게 느껴졌다. 푸쟈졔는 문화혁명 기간 동안 실험실이 혁명파에 의해 폐쇄되었고, 연구 주제도 취소되어 '8923부대'에 근무했다. 그는 매일 8시에 출근했다가 9시에 퇴근하곤 했다. 그는 하루 종일 별로 할 일이 없어서 자신의 정력과 총명, 재치를 총동원해 가사를 돌봤다. ……그 결과 루원팅은 가사 잡무에서 완전히 벗어날 수 있었다. 그런데 '사인방'을 분쇄한 후 과학 연구 사업이 중시되면서 다시 바쁜 사람이 되었다. 이렇게 되자 가사 노동의 커다란 부분이 루원팅의 어깨에 떨어질 수밖에 없었다.

루원팅과 쟝야펀은 병원에서 근무한 지 이미 18년이 되었으니 마땅히 주임급 의사여야 했습니다. 그러나 문혁으로 승급할 길이 끊어져 버려 그들은 진급은커녕 여전히 수련의에 머물러 있었습니다. 오히려 중년이 된 그들은 업무상으로 더 바빠졌을 뿐입니다. 캐나다로 떠나기 전날 송별연 삼아 루원팅 부부를 찾아온 쟝야펀의 남편 류쉐야오는 자조적으로 이렇게 말합니다.

옛말에 이런 말이 있지요. '중년이 되면 만사가 끝이다'人到中年萬事休. ……그렇지만 지금은 한 글자를 바꾸어야 할 겁니다. '중년이 되면 만사가 바빠진다'人到中年萬事忙라고.

사실 그날 루원팅은 정신없이 바쁜 하루를 보냈습니다. 밀려드는 환자들을 돌보느라 겨를이 없는 가운데 둘째 아이 쟈쟈의 유아원 보모로부터 전화가 왔습니다.

쟈쟈가 어제 저녁부터 열이 나요. 당신이 바쁜 줄 알기 때문에 말씀드리지 않고 응급실에 데려가 주사를 맞혔어요. 그런데 아직도 열이 내리지 않고 줄곧 끙끙거리며 엄마를 찾아요. 오실 수 있으세요?

루원팅은 어쩔 수 없이 곧 가겠노라고 대답은 했지만, 많은 환자를 내버려 둘 수 없었습니다. 그래서 남편 직장에 전화를 했지만, 남편 역시 회의 참석차 외출했다는 전언에 루원팅은 수화기를 내려놓고 망연해 할 따름이었습니다.

그녀는 지금까지 다른 사람이나 조직을 귀찮아 한 적이 없었다. 그녀는 우선 진찰부터 끝내고 유아원에 가도 되겠지라고 생각하고는 다시 진찰실로 돌아와 진찰을 계속했다. 처음에는 쟈쟈가 끙끙거리며 엄마를 찾는 모습이 눈에 밟혔으나, 차츰 환자들의 눈이 쟈쟈의 모습을 대신했다. 환자의 진찰을 모두 끝내고 루원팅은 비로소 서둘러 유아원으로 향했다.

유아원에 들어서자마자 유아원 보모는 "루 의사님, 왜 이제야 오세요?"라며 원망하듯 말을 건넸습니다. 격리실에 혼자 누워 있던 딸아이는 엄마를 보자 집으로 가자고 보챘습니다. 아이를 안고 소아과에서 응급 진료를 받으니, 의사는 아이가 폐렴이라고 말하며 며칠 잘 돌봐 주라고 당부했습니다. 치료를 마치고 아이를 다시 유아원으로 보내려는데, 아이는 한사코 유아원에 가지 않겠다고 도리질을 쳤습니다. 집에 돌아오니 큰딸인 위안위안은 입을 삐죽거리며 말했습니다. "엄마, 왜 이제야 왔어요?" 루원팅은 순간적으로 짜증이 일어 "동생이 아픈 게 보이지도 않니?" 하고 쏘아붙이고, "그를 돌아볼 틈도 없이 방을 나가 연탄아궁이를 열었습니다. 오전 내내 막아 놓았던 연탄불은 짧은 시간 안에 불길이 피어오르기 어려울 정도로 가물가물했습니다. 솥뚜껑을 들어 보고 찬장을 열어 봤지만, 전부 텅 비어서 아무것도 남아 있지 않았습니다." 겨우겨우 위안위안을 학교에 보내고 나니 쟈쟈를 맡길 일이 까마득했습니다. 루원팅은 어쩔 수 없이 이웃집 아주머니에게 아이를 맡기고 다시 병원으로 돌아가 환자를 돌보고 난 뒤 해가 뉘엿해서야 귀가할 수 있었습니다. 쟈쟈를 다시 찾아와 주사를 놔 주고 나니 남편이 류쉐야오, 쟝야펀과 함께 돌아왔습니다.

네 사람은 조촐한 술자리로 환송연을 대신했습니다. 적지 않은 나이에 타국으로 이민을 떠나는 심사가 어찌 편할 수 있겠습니까! 류쉐야오는 푸념하듯 말했습니다.

인생, 인생, 인생은 정말 예측하기 어렵구나. 우리 아버님은 의사지만 고전 공부를 많이 하셨어요. 나도 어려서부터 시가나 사부를 좋아해서 줄곧 문인이 되려고 했지요. 그런데 운명은 나로 하여금 가업을 계승하게 해서 벌써 30년이나 지나갔습니다. 아버님은 평생 근엄하셔서 '말이 많으면 실수가 많다'는 격언을 좌우명으로 삼으셨는데, 안타깝게도 나는 이 처세 철학을 배우지 못했어요. 나는 말하기를 좋아하고 의견 내기를 좋아합니다. 그 결과 항상 설화를 입었지요. 1957년에 졸업하면서는 우파로 몰릴 뻔했고, 문화혁명 기간에 수모당한 것은 말할 필요도 없어요. 나는 중국인입니다. 내가 높은 정치 견해를 가졌다고 감히 말할 수는 없지만, 나는 항상 나라를 사랑하고 내 조국이 부강해지기를 희망했습니다. 그런데 쉰 살이 다 되어 갑자기 조국을 떠나리라고는 예상하지 못했습니다.

대학 졸업 후 '반우파 투쟁'에 이어 문화대혁명까지 동란의 시간을 견뎌 냈지만, 그 뒤에도 문제는 여전히 남아 있었습니다. 새로운 사회를 건설하기 위해 구성원 전체가 분투노력해야 했던 것입니다. 결국 인생의 가장 소중한 시간을 헛되이 보내 버리고 난 뒤 중년이 된 지금은 조국의 부강을 위해 다시 희생해야 했습니다.

"불행은 바로 그들이 가장 성과를 올릴 수 있었던 황금 세월을 린뱌오와 사인방에 의해 방해받았기 때문입니다." 류쉐야오가 길게 한숨을 쉬며 말했다. "당신 같은 사람〔푸쟈졔를 가리킴〕도 무직자가 되었죠. 그런데 막상 이들 중년인이 '4개 현대화'의 중책을 맡자 힘이 달리는 것을 느끼지 않을 수 없는 것입니다. 지력, 정력, 체력이 모두 따라갈 수 없게 된 거죠. 이처럼 과도한 부담을 지고 일하는 것이 바로 이 시대 중년인의 비극입니다."

류쉐야오, 쟝야펀 부부는 그러한 상황을 견디지 못했을 뿐 아니라 미래에 대한 희망도 장담할 수 없는 가운데 이민을 선택했던 것입니다. 이런 예는 곳곳에서 일어났습니다. 루원팅과 함께 안과에서 근무하는 궈루칭郭汝清(곽여청)은 귀국한 화교와 결혼했는데, 동남아에서 잡화상을 경영하던 장인이 사망하자 그 가업을 잇기 위해 출국했습니다. 그가 의사라는 직업을 포기하고 잡화상을 경영하기 위해 출국한 것은 의사가 이발사보다 못한 대우를 받고 있는 현실에 좌절했기 때문입니다. 병원 원장 자오톈후이趙天輝(조천휘)는 그 말을 듣고 깜짝 놀랍니다.

뭐라구요? 네 식구가 단칸방에 산다구요? 그래요, 바로 이런 상황을 말하는 겁니다. 월급은요? 월급이 얼마입니까? 56위안 5마오라구요? 당신 생각에도 사람들이 의사보다 이발사가 낫다고 말하는 것이 조금도 이상하지 않죠? 그렇죠?

그러나 그들이 병원에서 감당해야 할 일들은 그 이상이었습니다. 이런 현실이 루원팅을 쓰러지게 하고, 쟝야펀을 이민 가게 내몰았던 것입니다. 안과 주임 쑨이민孫逸民(손일민)은 창밖을 바라보며 상념에 잠깁니다.

눈앞의 두 중년 의사는 안과의 실력 있는 핵심이었다. 그런데 한 사람은 쓰러져 다시 일어설지 여부도 아직 모르고, 또 한 사람은 곧 이곳을 떠나 다시 돌아올지 역시 예측할 수 없다. 그녀들은 이 유명한 병원의 안과를 지탱하는 두 기둥이었다. 이들 두 기둥이 빠지면 안과 전체가 가을바람 속의 오동잎처럼 하루하루 쇠락할 게 뻔했다.

이러한 인식은 병원 원장인 자오톈후이 역시 공감하는 것이었습니다.

중년 의사는 우리 병원의 핵심 역량입니다. 그런데 업무량이 많고 생활의 부담도 커서 건강 상태가 매년 악화되어 가고 있습니다. 이 상태가 계속되어 하나씩 쓰러진다면 선배님(쑨이민을 가리킴)과 저도 윗사람 노릇을 할 방법이 없습니다.

그런 의미에서 루원팅의 남편 푸쟈졔가 자신의 아내에게 던진 한마디는 시사적입니다. "금속도 피로해지는 법이오. 피로해지면 처음에는 미미하게 금이 가지만, 어느 정도까지 확산되면 파열하게 돼." 이 비유는 중국 사회 전체에도 해당한다고 할 수 있습니다. 2천 년을 이어 온 봉건 왕조를 타도하고 새로운 중국을 수립했다고는 하지만, 인민 위에서 군림하는 권위주의적인 관료주의와 그에 대한 맹목적인 추종 등이 여전히 중국 사회 곳곳에 남아 있는 게 현실입니다. 여기에 더해 공산당 일당 독재의 장기 집권에 따른 비생산성과 융통성이라고는 찾아볼 수 없는 비효율적인 정책 집행 등은 중국을 더 이상 인민을 위해 복무하는 사회주의 사회라 부르기 어렵게 만드는 요인이 되고 있습니다. 천룽의 『중년에 들어섰건만』은 과거에 대한 반성을 통해 새로운 도약을 꿈꾸는 1980년대 초반의 중국 상황을 그려 낸 한 편의 보고서라 할 만합니다.

전통으로의 회귀와
문학의 상업화

장기왕棋王, 사회주의적 범죄는 즐겁다

1984년 12월, 중국과 영국, 홍콩 반환에 관한 공동성명에 조인.
1986년 3월, 딩링 사망. 12월, 상하이에서 민주화를 요구하는 학생 시위 발생, 전국으로 파급되어 7개 성에서 민주화 운동이 일어남.
1987년 9월, 티베트자치구에서 라마교 승려 등 독립 요구 시위. 11월, 타이완, 중국 대륙 친척 방문 허용.
1988년 1월, 타이완 총통 쟝징궈 사망. 리덩후이가 후임. 3월, 티베트 라사에서 시위 발생하자 강제 진압함.
1989년 4월, 후야오방 사망. 5월, 후야오방 추모 대회에서 민주화 요구, 학생들 단식 시작. 베이징 계엄령 공포. 6월, 인민해방군이 베이징 톈안먼 광장에서 민주화를 요구하던 학생들을 무력으로 진압함(제2차 톈안먼 사건). 11월, 제13기 5중전회에서 덩샤오핑, 당군사위원회 주석을 비롯한 모든 공직에서 사임, 군사위원회 주석에 쟝쩌민 취임.
1990년 1월, 베이징 계엄령 해제. 3월 쟝쩌민, 평양에서 김일성과 회담. 4월, 쟝쩌민, 국가 중앙군사위원회 주석 취임. 9월, 베이징 아시안게임 개최.
1991년 4월, 타이완, 중국과의 내전 종결 선언.
1992년 1월, 중국, 중국인의 타이완 왕래 허용. 덩샤오핑, 선전과 주하이 등 남방 경제 특구 시찰에서 개혁 개방 노선의 가속화 주장('남순강화'). 8월, 중국과 한국, 국교 수립. 9월, 노태우 한국 대통령, 중국 방문.

변화의 기로에서

1984년 9월 26일 홍콩 반환을 위한 협정문이 정식으로 조인되었습니다. 이에 따라 홍콩은 1997년 7월 1일 공식적으로 중국에 반환되는 것으로 확정되었습니다. 본래 이름 없는 바닷가 마을이었던 홍콩은 1840년에 일어난 아편전쟁에서 패배한 뒤 1842년에 체결된 난징조약으로 홍콩섬이 영국에 영구 할양되고, 1856년에 일어난 제2차 아편전쟁에서 패배한 후 1860년에 맺은 베이징조약으로 쥬룽九龍반도 등이 영국에 할양되었습니다. 무려 157년 만에 반환되는 홍콩이기에 그간의 역사를 고려해 향후 50년간은 '1국 2체제'의 원칙하에 자본주의 경제를 유지하는 '특별 행정구'로 남을 것이라는 사실이 명시되었습니다.

같은 해 12월 '대약진운동' 시기에 만들어졌던 '인민공사'가 공식적으로 소멸되었습니다. 이듬해인 1985년에는 새롭게 소련의 지도자가 된 고르바초프가 중국에 보낸 화해의 손짓에 화답해 양국 간에 해빙 무드가 조성되었습니다. 덩샤오핑 등이 의욕적으로 추진한 개혁 개방 정책은 여러 방면에서 성과를 올리고 있었지만, 그에 못지않게 사회 곳곳에서 여러 문제가 튀어나왔습니다. 특히 문혁 이후 진출한 세대는 제대로 된 교육과 훈련을 받지 못했기에 지식이나 기술 수준이 현저히 낮아 사회에서 중추적인 역할을 맡기도 전에 밀려남으로써 사회의 불만 세력이 되었습니다. 혁명 세대는 급격한 사회 변화 앞에 알 수 없는 불안감을 느꼈고, 젊은 세대들에게는 분출하는 욕구를 해소할 비상구가 필요했습니다.

1986년이 되자, 1957년 '반우파 투쟁' 때 당에서 제명당했다가

1970년대 말에 복권된 천체물리학자 팡리즈方勵之(방려지)와 언론인 출신 작가 류빈옌劉賓雁(유빈안), 문학평론가 왕뤄왕王若望(왕약망) 등이 '사상해방운동'을 활발하게 전개했습니다. 팡리즈는 1936년에 베이징에서 태어나 베이징대학 물리학과를 졸업했습니다. 그는 대학에서는 이론물리학을 전공했고, 이후 중국에서 가장 유명한 천체물리학자로 명성을 떨쳤습니다. 그러나 1980년대 이후 '과학이 공산당 이론에 지배되어서는 안 된다'는 신념을 갖고 공개적으로 공산당 독재를 비판하고 인권 개선과 민주개혁을 촉구하는 글들을 잇따라 발표했습니다. 1986년 말 안후이 성의 성도인 허페이슴肥(합비)에서 인민 대표를 선출하는 데 안후이 성 당위원회가 개입해 선거가 비민주적으로 치러졌다고 항의하는 대학생들의 시위가 연이어 일어났습니다. 이 소식은 삽시간에 전국으로 퍼져 나가 베이징과 상하이, 광저우, 쿤밍 등의 대도시에서도 민주화를 촉구하는 시위가 잇따랐습니다.

이 같은 사태를 걱정스러운 눈길로 바라보던 당 원로들은 덩샤오핑에게 적극적으로 대처하라고 요구했습니다. 덩샤오핑은 당 총서기 후야오방과 총리 자오쯔양, 부총리 리펑 등을 불러 책임을 추궁하고, 학생들의 시위를 부추겼다는 명목으로 팡리즈와 류빈옌, 왕뤄왕 등을 체포하고 당적을 박탈했습니다. 후야오방이 이에 책임을 지고 이듬해인 1987년 1월에 사퇴하자 자오쯔양이 그의 후임으로 자리를 옮기고, 부총리인 리펑이 총리가 되었습니다. 같은 해 10월 중국공산당 제13차 전국대회가 소집되었습니다. 당 총서기인 자오쯔양은 '중국 특색의 사회주의 길을 따라 전진하자'라는 정치 보고에서 다음과 같이 선언했습니다.

우리나라의 사회주의는 아직 초보적인 단계에 처해 있다. 우리들은 반드시 실제에서 출발해야 하나 이 단계를 초월하지 못하고 있다. ……나는 생산력의 거대한 발전만이 바로 사회주의의 초급 단계를 초월할 수 있다고 여긴다. ……전면적인 정치 개혁은 반드시 견지되어야 하고, 대외 개방도 반드시 견지되어야 한다.

당 총서기 자오쯔양은 83세임에도 군사위원회 주석직을 유지하면서 여전히 인민해방군에 대한 절대적인 통제권을 갖고 있던 덩샤오핑을 후견인으로 삼고 중국의 경제 개혁을 추진해 나갔습니다.

1988년에는 쟝졔스의 아들로 타이완을 통치하던 쟝징궈蔣經國(장경국)가 사망하고, 타이완 출신의 리덩후이李登輝(이등휘)가 그의 자리를 대신했습니다. 리덩후이는 취임하자마자 중국에 거주하는 친척을 방문하고자 하는 모든 타이완인의 대륙 방문을 전면 허용했습니다. 당시에 타이완 기업들의 대륙 진출 역시 봇물처럼 이어졌습니다. 바야흐로 개혁과 개방이 그 실효를 거두고 있는 표지들이 여기저기서 나타났습니다. 경제 상황이 나아진 중국 인민들은 그에 걸맞은 소비재와 새로운 거주지에 대한 욕구를 새롭게 가졌습니다. 그러나 이에 따라 물가 상승이 이어져 오히려 수많은 도시인의 생활 수준이 하락하고, 정부 주도 사업의 축소 등으로 일자리가 없어져 수많은 실직자가 양산되는 등의 부작용이 나타났습니다.

같은 해 6월 〈황허의 죽음〉河殤이라는 다큐멘터리 프로그램이 CCTV에서 방영되었습니다. 이 프로그램의 요지는 중국 사회가 황허 문명의 신화에서 벗어나 세계 문명의 대열에 뛰어들어야 살아남을 수 있다는 것으로, 이를 본 많은 지식인은 충격에 빠졌습니다.

이를 계기로 중국 내에서는 '사상 해방'과 '민주화', '대외 개방'을 요구하는 목소리가 잇따라 터져 나왔습니다. 그 이듬해인 1989년 4월 15일 개혁 개방의 선봉장 역할을 하다 보수파에 의해 실각했던 후야오방이 심근경색으로 사망했습니다. 당시 대학생들 사이에 개혁 개방의 기수로 추앙받던 그의 사망 소식이 알려지자 베이징대학 구내에는 '죽어야 할 자는 죽지 않고, 죽지 말아야 할 사람이 죽었다'는 내용의 대자보가 나붙었습니다.

머나먼 민주화의 길, 그리고 '사회주의 시장경제'의 표방

1989년은 중화인민공화국 수립 40주년이 되는 해인 동시에, 미국과 외교 관계가 재개된 지 10년이 되는 해였습니다. 무엇보다 '사인방'을 몰아내고 개혁과 개방 정책을 펴 나간 지도 10년이 넘어가고 있었습니다. 그럼에도 사람들은 개혁과 개방의 강도가 그들이 기대하는 요구 수준에 못 미친다고 느끼고 있었습니다. 그런 가운데 개혁과 개방을 상징하는 아이콘이던 후야오방의 죽음이 알려졌던 것입니다. 4월 18일이 되자 톈안먼 광장에는 시내 각급 학교의 학생들이 모여들기 시작했고, 시단의 민주벽에는 대자보가 다시 등장했습니다. 4월 22일에는 톈안먼 광장에서 후야오방의 추도식이 거행되었습니다. 그러나 경찰들은 식장에 들어가려는 학생들을 막아섰습니다. 학생 대표인 왕단王丹(왕단)과 차이링柴玲(시령), 우얼카이시吾爾開希(오이개희) 등은 경찰에게 식장 진입을 차단한 이유가 무엇인지 해명하라고 요구하면서 리펑 총리와의 면담도 요청했습니다.

제2차 톈안먼 사건 당시의 모습

　공산당 내 보수파들은 사태의 진전을 우려 섞인 눈으로 바라보았습니다. 그러나 덩샤오핑은 학생들이 자진해서 해산하기를 기다렸습니다. 5월 15일에는 소련의 지도자 고르바초프가 중국과의 관계 정상화를 위해 베이징을 방문했습니다. 그는 1985년 소련공산당 서기장에 취임한 뒤 '재건' 또는 '재편'을 의미하는 '페레스트로이카'를 표방했는데, 그 주요한 내용은 '개방'과 '공개'를 의미하는 '글라스노스트'를 바탕으로 공산당과 소비에트의 기능을 분리하고, 복수 정당제와 복수 입후보제의 선거를 도입하는 등 정치체제의 민주화를 추진해 나가는 것이었습니다. 시위에 참여한 학생들은 그의 방문이 국면 전환의 한 계기가 될 것이라 기대했습니다. 5월 19일에는 당 총서기 자오쯔양이 학생들과 직접 면담하고 단식 농성을 중단할 것을 호소했습니다. 그러나 별다른 성과가 없는 가운데, 그 다음 날 강경파들의 주장으로 자오쯔양의 공식 논평 없이 국가주석인 양상쿤과 총리인 리펑의 명의로 계엄령이 선포되었습니다.

이에 자극받은 학생들은 5월 29일 자유의 여신상을 앞세우고 톈안먼 광장에 나타나 격렬한 시위를 벌였습니다. 5월 30일 당 중앙정치국회의가 소집되었고, 사태를 제대로 수습하지 못한 데 대한 책임을 물어 당 총서기 자오쯔양을 해임했습니다. 이제 남은 것은 강경파에 의한 시위대의 강제 진압뿐이었습니다. 운명의 날인 6월 3일 밤, 톈안먼 광장에 진입한 중국 인민해방군의 무력 진압 작전으로 1천여 명의 사상자가 발생했습니다. 계엄군이 시위대에 무차별 총격을 가하는 한편 전속력으로 탱크를 몰아 수많은 사상자가 나왔던 것입니다. 하루 사이에 톈안먼 광장은 아수라장이 되었고, 계엄군은 짧은 시간 안에 광장을 봉쇄했습니다. 광장 안에 남아 있던 학생들이 어쩔 수 없이 해산을 결의하고 광장을 빠져나가자 군인들은 학생들이 쳐 놓은 텐트를 부수고 자유의 여신상을 박살 냈습니다. 시위를 주동했던 학생들은 체포되거나 해외로 도피했습니다. 베이징 이외의 지역에서도 비슷한 소요 사태가 있었다고 알려졌으나, 정부의 통제로 자세한 실상은 외부에 알려지지 않았습니다. 같은 이유로 정확한 사상자 수는 제대로 파악조차 되지 못했습니다.

　해임된 당 총서기 자오쯔양의 후임으로 상하이 당 서기 쟝쩌민(江澤民, 강택민)이 선임되어 사태 수습에 나섰습니다. 6월 9일 덩샤오핑은 시위자를 혹독하게 비난하는 연설을 했지만, 그렇다고 중국이 다시금 쇄국을 하고 경제를 죽음으로 몰고 갔던 옛 시절로 돌아가지는 않았습니다. 톈안먼에서 일어났던 비극적인 사건은 이내 사람들의 이목에서 벗어나 수면 아래로 잠복했습니다. 그러나 문화대혁명과 마찬가지로 '제2차 톈안먼 사건'으로 명명된 이 사건은 사람들의 가슴속에 지워지지 않을 상처가 되어 오랫동안 남았습니다.

그해는 세계사적으로 의미 있는 전환이 이루어진 역사적인 시기로 기록되었습니다. 1989년 10월 헝가리에서는 신헌법이 제정되고, 동구권 국가들 가운데 최초로 다당제와 시장경제가 도입되었습니다. 이것을 신호탄으로 삼아 1990년에는 체코에서 비공산주의자 대통령이 선출되고, 폴란드에서는 자유 노조 연대를 이끌던 바웬사가 대통령에 선출되는 등 동구권 사회주의 정권들이 속속 붕괴되었습니다. 결국 1991년에는 이들 사회주의 정권의 지주 노릇을 하던 소련마저 공산주의 포기와 공산당 해체가 단행되고 소비에트연방에 속해 있던 공화국들이 독립함으로써 연방이 붕괴되었습니다. 이로써 제2차 세계대전 이후 세계를 양분했던 미국과 소련의 '냉전' 체제가 종언을 고하고, 미국이라는 초강대국을 정점으로 세계 질서가 새롭게 재편되었습니다.

중국 내부에서는 개혁 개방 정책을 둘러싼 논란이 심화되었고, 몇몇 보수적인 그룹은 '자본주의냐 사회주의냐'의 논쟁을 일으키기도 했습니다. 그러나 무엇보다 시급했던 것은 '제2차 톈안먼 사건'으로 일시 경색 국면에 빠졌던 경제를 활성화하는 일이었습니다. 1990년에 베이징에서 열린 아시안게임은 이 사건으로 실추되었던 국가 이미지를 개선하고 다시 한 번 개혁과 개방으로 나아가겠다는 중국 정부의 의지를 대변한 하나의 이벤트였다고 할 수 있습니다. 이러한 노력의 연장 선상에서 덩샤오핑은 1992년 1월 18일부터 22일까지 당시 경제 개발의 첨병 노릇을 하던 선전深圳과 주하이珠海 등 남방 경제 특구를 순시했습니다. 이것이 이른바 '남순강화'南巡講話로, 그 주요 내용은 과거의 계획경제체제에서 벗어나 시장경제체제로 전환하는 것이었습니다. 비록 일부 반대가 있기는 했지만, 덩샤오핑이 제기한 '사회주의 시장경제'를 뼈대로 한 '남순강화'의 주요 내용은 같은 해 10월에 열린 중국공산당 제14차 전인대회의 보고서에 거의 전문이 수록되면서 추인되었습니다.

또 하나의 모색, 뿌리 찾기

문혁 기간 중에 입었던 '상처의 흔적'傷痕을 확인하고, '지나온 시간들을 되돌아본'反思 뒤 문학의 흐름은 크게 '뿌리 찾기'尋根와 '모더니즘'으로 나아갔습니다. 양자는 모두 문혁 기간 중에 집중적으로 비판당했던 대상들이었습니다. 중국의 전통문화를 숭상하는 일은 낡아 빠진 봉건 문화에 덜미가 잡혀 허우적대는 한심한 작태로 여겨졌고, 서양의 문학 작품을 읽고 그들의 문학 이론을 학습하는 일은 타락한 부르주아 문학에 투항하는 것으로 치부되었던 것입니다. 문혁이 끝나고 일정한 기간이 지나자 그에 대한 반작용으로 서구의 모더니즘 문학에 대한 경도가 나타났고, 전통문화에 대한 탐구를 축으로 하는 뿌리 찾기 문학이 대두했습니다.

'뿌리 찾기' 문학은 개혁과 개방으로 외부 세계와의 접촉이 빈번해지면서 나타났던 문학의 세계화에 정확하게 조응하는 하나의 안티테제로 등장한 문학 경향이었습니다. 갑작스럽게 맞닥뜨린 서구 문화에 대해 '중국 문학이 내세울 수 있는 것은 무엇인가'라는 문제 제기에, '가장 중국적인 것이 세계적인 것'이라는 지극히 상식적인 답안을 제시한 것이 바로 빛나는 중화 민족의 전통문화에 대한 새로운 조명이었던 것입니다. 이것은 "그들보다 앞서 같은 문제를 고

아청과
영화 〈장기왕〉
포스터

민한, 제3세계에 속하는 남미의 소설가들, 특히 가브리엘 마르케스의 『백년 동안의 고독』이나 미국의 흑인 소수민족 작가인 알렉스 헤일리의 『뿌리』 같은 작품에서 크게 영향* 받은 것이라 할 수 있습니다.

아청阿城(아성, 1949~)은 '뿌리 찾기' 계열에 드는 대표적인 작가입니다. 아버지는 영화미학가인 중뎬페이鍾惦棐(종점비)로 중학생 때 문혁을 맞아 산시 성山西省과 내몽골, 윈난 성雲南省(운남성) 등지의 농장에 하방당해 육체노동을 했습니다. 아청은 1984년 《상하이문학》上海文學이라는 잡지에 발표한 『장기왕』棋王으로 일약 문단에 이름을 떨치는데, 1년 뒤 정식 출판된 이 소설의 '서문'에서 그는 다음과 같이 말했습니다.

〔나의〕이러한 경력이 일반적인 중국인의 상상력을 초월하는 것은 아니다. 모두가 살아온 것처럼 나도 그렇게 살아온 것이다. 다

---

* 한국중국현대문학학회, 『중국 현대문학과의 만남』, 동녘, 2006, 100쪽.

만 다른 점은 나는 글을 써서 출판해 주는 곳으로 보내고, 돈으로 바꿔 가계에 보탬이 되게 한다는 점이다. 그러나 그것도 역시 목수가 다른 곳에서 하는 아르바이트와 마찬가지로 하나의 직업적인 일인 것이다. 그러므로 나는 여러분과 아무런 다른 점도 없다.

생계를 위해 글을 쓴다는 아청의 고백은 사실상 그때까지 중국 문단을 지배해 왔던 "문학과 예술은 첫째로 노동자·농민·병사를 위해 봉사해야 한다"는 마오쩌둥의 「옌안 문예강화」의 기본 노선을 뿌리째 흔들어 놓은 대담한 선언이라 할 수 있습니다. 문혁 기간 중 하방을 당했던 신세대들은 이전 세대와 달리 탈이데올로기적인 경향을 거침없이 드러냈던 것입니다. 아청의 작품에는 무슨 사회주의 건설이니 조국과 인민을 위한다느니 하는 심각한 이념 추구 대신, 소박한 현실에 만족하는 개인의 행복이 그려져 있습니다. 문학에 의해 배움의 기회를 빼앗기고 팍팍한 현실로 내몰렸던 젊은 세대들은 오히려 하층 사회와 접촉하면서 공허한 이상이 아닌 생생한 현실의 문제에 눈을 떴던 것입니다.

소설 『장기왕』의 이야기는 문혁으로 부모를 잃은 한 젊은이의 시각으로 전개됩니다. 부모의 죽음으로 오갈 데가 없어진 젊은이는 결국 변경 지역의 농장으로 하방되는데, 그곳으로 가는 기차 안에서 우연히 빈약한 체구의 또래 청년을 만납니다. 그는 화자에게 다짜고짜 장기나 한 판 두자며 접근하고, 이를 계기로 두 사람이 서로의 처지를 이야기하는 사이에 우정이 싹틉니다. 화자는 뒤에야 그가 바로 동창생들 가운데 장기로 유명한 왕이성王一生(왕일생)이라는 사실을 알게 됩니다. 열차가 목적지에 도착하자 두 사람은 헤어져 각각의 농장으로 향합니다.

  그로부터 반년여의 시간이 지난 어느 여름날, 화자가 있는 농장에 찾아온 왕이성은 자칭 장기의 명문 집안 출신이라는 니빈倪斌(예빈)과 맹장기盲將棋(장기판을 사용하지 않고 기억에 의지해서 입으로 두는 장기)를 둡니다. 왕이성의 솜씨에 감복한 니빈은 그에게 반년 뒤에 열리는 지역 장기 시합에 참가할 것을 권유합니다. 그러나 정작 왕이성은 자신이 속한 농장에서 대회 참가를 허락받지 못해 대회에 참가할 수 없게 됩니다.

  반년 동안 내내 휴가를 신청해 이곳저곳 돌아다니면서 장기를 두었거든. 내가 등록을 해야 한다는 것을 알고 생산대에 돌아가니까 나의 작업 태도가 좋지 않았기 때문에 경기에 참가하는 것을 허락할 수 없다고 해서 이름도 올리지 못했어. 막 구실을 붙여 휴가를 얻어 경기가 어떻게 진행되는지라도 보려고 나온 거야.

  그의 대회 불참으로 실망한 것은 오히려 그의 친구들과 니빈이었습니다. 결국 니빈은 자기 집안에 가보로 전해 오는 장기를 서기에게 뇌물로 바치고 왕이성의 참가를 약속받습니다. 그러나 왕이성은 하룻밤을 곰곰이 생각하더니 그의 제안을 거절합니다.

  나는 어쨌든 출전하지 않겠어. 장삿속으로 나에게 편의를 봐주다니. 내가 이기든 지든 그건 나 자신의 문제야. 이렇게 해서 경기에 나간다는 것은 남에게 등골을 빼 주는 꼴이지.

대회가 끝난 뒤 왕이성은 수천 명의 마을 사람이 지켜보는 가운데 2위, 3위를 한 사람을 포함해 모두 아홉 명과 동시에 번외 시합을 벌여 이들을 모두 꺾습니다. 마지막으로 남은 이번 대회의 우승자는 고령으로 직접 나서지 못해 중간에 심부름꾼을 두어 그와 승부를 겨룹니다. 최후의 순간 왕이성의 장기 말이 상대방의 궁을 향하자 상대의 말이 한참 동안 움직이지 않더니 우승자 노인이 직접 그 자리를 찾아왔습니다. 노인은 그를 부축하던 사람들을 물리치고 왕이성에게 말했습니다.

젊은이, 늙은이가 몸이 불편해 직접 나오지 못하고 사람을 시켜 장기를 전했으니 면목이 없구먼. 자네는 어린 나이에 벌써 이런 장기를 두다니, 내가 보기에 도가道家와 선가禪家가 하나의 화로에 녹아들었으니, 그야말로 신기묘산神機妙算일세. 먼저 소리쳐 세를 잡고, 뒤에 일어나 상대를 제압하니, 용을 내려보내 물을 다스리고 기가 음양을 관통하는 형국이니, 고금의 어떤 장수도 이와 같지 못했네. 늙은이가 요행히도 자네와 한 수 두면서 느낀 바가 적지 않았다네. 중국의 장기의 도가 필경은 쇠락하지 않았어. 원컨대 자네와 망년지교忘年之交를 맺고 싶네. 늙은이는 이번 판은 여기까지 두고 잠시 감상하고자 하네. 자네가 비긴 것으로 해서 이 늙은이 체면을 살려 주지 않겠나?

대국이 끝나고 극도의 긴장에서 풀려난 왕이성은 화자가 어머니의 유품인 글자 없는 장기 알을 보여 주자 그제야 "엄마, 저 오늘……, 엄마"라고 울부짖습니다.

뒤에 아청이 발표한 일련의 소설 가운데 『아이들의 왕』孩子王을 영화로 만들었던 천카이거陳凱歌(진개가) 감독은 그의 작품에 '도가 사상'이 있다고 평한 바 있습니다. 과연 『장기왕』에 등장하는 젊은 이들은 어려운 환경 속에서 하루를 때우고 넘길 수 있는 소중한 한 끼 식사에 행복감을 느끼고, 장기 대회가 열리는 도시까지 사흘 동안 걸어가면서도 아무런 불평도 하지 않는 현실에 달관한 태도를 보이고 있습니다. 이러한 달관은 소설의 말미에서 화자의 입을 통해 다음과 같이 설파됩니다.

> 나는 생각했다. '속세의 인간이 되지 않는다면 어디 가서 이런 즐거움을 알 수 있겠는가? 집안이 망하고 사람이 죽어 고만고만하게 매일을 수고롭게 살지만, 오히려 그 속에 인생의 진면목이 있거늘. 거기에 생각이 미치면 곧 행幸이고 복福이러니, 먹고 입는 것은 삶의 근본이라. 인류가 생겨난 이래로 매일을 이것 때문에 바쁘게 살아가나니, 하지만 그 가운데 매이면 종당에는 사람 꼴을 하고 살지 못하는 것이다.

이러한 달관이 있기에 아청은 문혁으로 인해 보내야 했던 고통스러운 시간을 비판적으로 바라보면서도 결코 과거에 매몰되지 않고 미래에 대한 낙관적인 태도를 견지할 수 있었던 것입니다. 이러한 태도는 '뿌리 찾기' 문학에서 공통적으로 나타나는데, 그런 의미에서 이들이 "전통문화에 각별한 관심을 기울인 것은 단순히 회고하기를 좋아해서가 아니라 전통과 현대를 이어 주는 어떤 접점을 찾아내고, 나아가 현대인과 현대 사회가 상실한 항구적인 문화적 동력을 재발견하려는 적극적인 의도 때문"이었다고 할 수 있습니다.

1980년대의 아이콘, 왕쉬 현상

1989년 6월의 '제2차 톈안먼 사건'은 문혁 시대의 청산과 개혁 개방으로 한껏 들떠 있던 중국 사회 일각의 자유화 흐름에 찬물을 끼얹는 일대 사건이었습니다. 중국 정부는 자오쯔양을 퇴진시키고 새롭게 부상한 쟝쩌민江澤民을 중심으로 한 당의 제3대 지도 집단을 형성한 뒤, 1990년 제13기 7중전회에서 '국민경제와 사회 발전 10년 계획 제정과 제8차 5개년 계획에 관한 중국공산당 중앙의 건의'를 심의, 통과시킴으로써 중국의 사회주의 현대화 건설의 새로운 단계에 접어들었습니다." 1992년 1월 덩샤오핑의 '남순강화'는 그러한 흐름을 총정리한 것으로, 이제 중국은 사회주의 시장경제라는 미명 아래 사회주의와 자본주의가 공존하는 인류사에 일찍이 없던 사회적 실험장이 되었습니다.

 1960년대에 열심히 돈을 모아 작은 2층집을 지었다는 이유로 주자파로 몰려 가정이 파탄 났던 『부용진』의 후위인胡玉音은 이제 와서는 오히려 사람들의 선망의 대상이 되어 누구라 할 것 없이 '돈의 바다에 뛰어들었습니다'. 이러한 현상을 '하해'下海라 부르거니와, 돈을 추구하고 물질적인 풍요를 갈구하는 광란의 파도가 중국 사회를 휩쓸면서 잠시 동안이나마 중국 사회를 풍미했던 역사와 인간에

* 한국중국현대문학학회, 『중국 현대문학과의 만남』, 동녘, 2006, 101쪽.
** 임춘성, 앞의 책, 244쪽.

대한 반성적 사유와 인간성 회복에 대한 진지한 물음은 가뭇없이 스러지고 말았습니다.

문학 역시 상업화의 길로 들어서 순전히 생계를 잇기 위해 글을 쓰는 전업 작가들이 대거 등장했습니다. 이들은 돈을 벌기 위해 감각적인 필치로 대중의 기호에 영합하는 시답지 않은 내용의 가벼운 읽을거리를 만들어 냈습니다.

> 그들 중 왕쉬王朔(왕삭)는 최근 들어 매우 인기 있는 작가다. 그는 어떤 단위單位(여기서는 직장을 말함)에도 속해 있지 않아 월급도 받지 않으며, 어떤 사회복지 혜택도 받지 않는다. 그는 앞에서 언급한 베스트셀러 시인들과는 다르다. 그는 유행가류의 작품을 쓰지 않는다. 그의 성공은 주로 그의 아름다운 베이징어, 가볍게 내뱉는 시니컬한 유머, 신성 모독(정치, 애정, 도덕, 예술을 포함하는)의 도전성, 그리고 그의 작품에 등장하는 천박한 젊은이들에 의한 것이다.*

왕쉬(1956~)는 만주족으로 군인의 아들로 태어났습니다. 중학교 다닐 때부터 유치장을 드나들 정도로 분방한 측면이 있었지만 영민한 구석이 있었던지 크게 사고를 치지는 않은 채 학창 시절을 보내고, 1976년 고등학교를 졸업하자마자 아버지의 뜻에 따라 군에 입대했습니다. 왕쉬는 구축함의 위생병으로 근무하면서 군대 안의 부조리한 측면들을 많이 목격하고, 당시 '마오쩌둥의 사상 대학'이라

---

* 왕멍王蒙, 「중국의 선봉소설과 신사실주의」(김양수 편역, 『중국 신시기문학 입문』, 토마토, 1995, 264쪽).

왕숴

일컬어지던 군대 자체에 환멸을 느껴 점차 엄격한 군 생활로부터 일탈을 일삼았습니다. 그러면서 소설 창작에 눈을 돌려 1978년 《해방군문예》라는 잡지에 『기다림』이라는 작품을 실었는데, 이 작품이 호평을 받아 아예 《해방군문예》로 전출되었습니다. 그러나 그곳에서 일하면서도 정작 원고를 보거나 일을 익힐 생각은 하지 않고, 당시 중국 사회에 불었던 '돈의 바다에 뛰어들어' 下海 암거래를 일삼아 용돈벌이에 열중했습니다.

1980년 군에서 제대한 왕숴는 베이징의 제약회사에 판매원으로 발령을 받아 근무했지만, 제대로 일을 한 적은 거의 없었습니다. 1982년 이전에 암거래를 같이하던 친구들이 다른 일로 경찰에 검거된 뒤 왕숴를 불었습니다. 그 일로 벌금형을 받아 그 돈을 갚기 위해 다시 범죄에 뛰어든 왕숴는 그 뒤로 되는 대로 인생을 살아갔습니다. 그러다 광저우 廣州에서 스튜어디스를 꾀어 그와 동거하면서 1984년 자신의 체험을 바탕으로 한 『스튜어디스』라는 소설을 발표했습니다. 그러나 남녀 간의 청순한 사랑을 그린 이 소설의 내용과 달리 왕숴는 당시 현재의 아내인 다른 여자와 사귀고 있었습니다. 스튜어디스와 정식으로 이별하고 아내와 결혼한 왕숴는 곧바로 딸을 낳고, 가족을 부양하기 위해 본격적으로 소설 창작에 나섰습니다. 곧 그가 소설을 쓰게 된 동기는 무슨 문학적 사명감이나 그런 것이 아닌, 순수하게 생계를 위한 것이었습니다. 그런 만큼 왕쉬는 자신이 갖고 있는 한계를 정확하게 알고 있었습니다.

『사회주의적 범죄는 즐겁다』 표지

> 나는 내가 어떤 놈이라는 것을 잘 안다. 기껏해야 다른 사람들을 위해 할 수 있는 것이라면, 또 우리 인민을 위해 할 수 있는 일이란 구두를 닦아주는 정도밖에 없을 것이다. 사실 나는 특별한 재주가 아무것도 없다. 이렇게 나이가 들도록 주둥이를 놀리는 것 외엔 다른 기관을 제대로 써 보지도 못했다. …… 나는 아직까지도 나 자신이 소설의 기본 기법을 완전하게 갖췄다고 말할 수는 없다. 우선 말이라도 제대로 할 수 있어야 사색이니 철학이니 하는 것들을 이야기할 수 있지 않겠는가…….

그러나 왕쉬는 자신의 경험에 바탕해 대중이 원하는 것을 본능적으로 잡아내서 그것을 이야기로 풀어내는 재주가 있었습니다. 1986년 왕쉬는 『절반은 불꽃, 절반은 바닷물』一半是火焰 一半是海水(우리말 번역본은 『사회주의적 범죄는 즐겁다』. 이하 번역본의 제목으로 대신함)과 『고무인간』橡皮人을 잇따라 내놓았습니다. 이들 일련의 작품에 등장하는 인물들은 개혁 개방 이후 베이징 같은 대도시의 음지에서 피어난 독버섯과 같이 사회에 해독을 끼치는 부랑아들입니다. 이들은 음주와

흡연을 일삼고 아무런 생산 활동에 참여하지 않으면서 도박과 사기, 절도, 매춘 등에 의지해 살아갑니다. 그럼에도 이들은 자신들의 행위에 대한 반성은커녕 오히려 자신들을 솔직하고 진지하며 자아를 존중하는 존재로 내세우면서 그들을 비난하는 사회야말로 가식과 위선 덩어리라고 매도합니다. 그의 초기작 가운데 하나인 『사회주의적 범죄는 즐겁다』의 주인공 장밍張明(장명)은 이런 부류의 젊은 이를 대표하는 인물이라 할 수 있습니다.

장밍은 팡팡方方(방방)이라는 동료와 함께 홍콩이나 타이완 등지에서 온 호텔 투숙객을 상대로 윤락 행위를 하게 만들고 경찰관 행색으로 현장을 덮쳐 금품을 뜯어내는 일로 살아갑니다. 소설은 크게 두 부분으로 나뉘는데, 각각의 부분을 이끌어 가는 것은 장밍과 관계를 맺는 우디吳迪(오적)와 후뎨胡眛(호질)라는 전혀 다른 성격의 소녀들입니다. 우디는 대학생 신분의 지식 청년답게 세속적인 견해를 경멸하고 자아를 중시하지만, 동시에 '순종'과 '인내'라는 전통적인 미덕을 갖고 있는 순수한 소녀입니다. 그런 우디가 장밍에게 끌리는 것은 한마디로 그가 '나쁜 남자'이기 때문입니다. 그의 행실이 나쁘다는 것을 알지만, 그의 막힘없는 언변과 활달한 행동거지는 묘하게 우디의 마음을 흔들어 놓아 자기도 모르게 그에게 빠져들어갑니다. 우디는 그런 장밍을 사랑의 힘으로 범죄의 늪에서 끌어올려 자신과 함께 새로운 삶을 살아가게 만드는 것이라고 합리화합니다. 그러나 우디를 장난삼아 건드렸을 뿐인 장밍은 우디의 진지한 사랑을 애써 무시합니다.

"너 정말 처음이니?"

그녀는 아무 말도 하지 않았다. 나는 다소 당황했다. 나는 '처음'이 그녀에게 무엇을 의미하는지 잘 알고 있었다. 이는 다음 단계의 유혹에 정말로 불리한 걸림돌인 것이다. 나는 그녀에게 죽을 때까지 매달릴지도 모른다. 하지만 나는 그녀를 사랑하지 않는다. 아니, 앞으로도 아무도 사랑하지 않을 것이다. '사랑'이라는 단어는 내가 보기에는 너무나 가소로운 감정에 불과했다. 물론 내가 늘 입에 달고 다니는 것이긴 하지만, 그것은 '퉤'하고 내뱉어 버리는 가래 같은 단어였다.

하지만 장밍이 우디를 무시하면 무시할수록 우디는 더욱더 절망의 나락으로 떨어지고 자기 파멸의 길로 걸어 들어갑니다. 마지막이라는 심정으로 장밍과 대면해 그의 본심을 알게 된 우디는 결국 희망의 끈을 놓아 버립니다.

"맘 상했어?"
그녀는 눈을 가리며 고개를 끄덕였다.
"앞으로도 전처럼 사이좋게 지낼 수 있을까?"
그녀는 세차게 고개를 저었다.
"그럼 끝났단 말이야?"
그녀는 고개를 끄덕이며 마침내 울음을 터뜨렸다.
"그것도 좋겠지. 원래 나 같은 놈은 너에게 어울리지 않아. 나는 이렇게 마음 상해할 가치도 없는 놈이야."
"말해 봐요. 처음부터 나를 속였나요?"
그녀의 목소리는 흐느낌 때문에 떨리고 있었다.

"그래, 처음부터 너를 속였지. 다 너를 꼬이기 위해서였지."
"그럼 전에 나를 사랑한다고 한 말은 전부 거짓이었나요?"
"……"
"말해 봐요. 전부 거짓이었나요?"
"그래, 그게 어쨌단 말이야? 그게 마음 아파? 왜 네가 상상했던 것만큼 아름답고 순결한 이야기가 아니라서? 아니면 네가 상상했던 것만큼 아름답고 순결한 사람이 아니라서?"
"나는 끝났어요."
"그렇게 생각하지 마. 넓게 생각해. 지금은 뼈에 사무치는 참담한 고통일 수도 있지만, 수십 년 후에 되돌아보면 별것 아니었구나 라고 생각하게 될 거야."
내가 웃어 보였다.
"너는 아직 젊고 여전히 아름다워."
우디는 컵을 들고 내던졌다. 그것이 내 얼굴에 무겁게 와 부딪쳤다.

우디의 말은 의미심장한 것이었습니다. 그러나 장밍은 그 모든 것을 애써 외면할 뿐 자신이 사실은 우디를 사랑하고 있다는 것마저도 인정하려 하지 않았습니다. 그는 철저하게 자신을 방기하고 싶었던 것일까요? 그러나 사실상 장밍은 이미 스스로 무너져 내리고 있었습니다.

나는 나 자신을 현실에서 초탈한 사람이라고 여겨 왔다. 내 주변 환경에서 일어나는 온갖 위기와 고통의 세월을 지나오면서 나는 매우 단단한 각질로 다져져 있었다. 그래서 갖가지 부류의 사람들을 만나고, 또 그 속에서 일어나는 온갖 이상한 사건에 부딪쳐도 전혀 이상하게 생각하지 않았으며, 동요되지도 않았다. 갑작스런 상황에 처해도 결코 놀라지 않는 침착한 성격을 길러 왔던 것이다. 그 덕분에 수차례나 위기를 모면할 수 있었고, 악조건을 오히려 전화위복으로 만들기도 했다. 거의 같은 시기에 이 길에 발을 대디딘 많은 친구가 잇따라 법망에 걸려들 때도 나만은 법 밖에서 유유자적했다.

그러나 이번만은 전혀 달랐다. 우디와 헤어진 그날 이후 어느 가을밤이었다. 나는 그날 다시 우디를 만날 수 있었고, 마침내 냉정을 잃고 말았다.

그날 밤 장밍과 팡팡이 호텔 방을 덮쳤을 때, 남자 아래 있던 여자는 바로 우디였습니다. 그때 "그녀는 나를 보자 뒤룩뒤룩 살찐 상인을 옆으로 밀치고 실오라기 하나 걸치지 않은 전라의 몸으로 일어나 앉았습니다. 그녀는 무표정한 얼굴이었습니다. 침대에 오도카니 앉아 무릎을 껴안은 채 나를 물끄러미 쳐다보고 있을 뿐이었습니다. 그녀의 그 표정은 결코 '득의양양'한 것이 아니었습니다. 그렇다고 당황하거나 수치스러워하는 표정은 더욱 아니었습니다." 순간 이성을 잃은 장밍은 애꿎은 상대방 남자를 사정없이 구타했습니다. 그사이 방을 빠져나간 우디를 찾아 나선 장밍은 자신의 동료인 웨이닝衛寧(위녕)과 함께 있는 우디를 발견합니다. 장밍은 웨이닝이 우디를 그렇게 만들었다고 오해하고 그를 다그치지만, 우디는 이 일은 웨이닝과 아무 상관이 없다고 그를 두둔했습니다.

"이 일은 웨이닝과 아무 상관도 없어."

"들어가라니까!"

웨이닝이 그녀를 밀치고 우리와 함께 계단을 내려왔다. 그는 구석으로 우리를 데려가더니 침착하게 말했다.

"그 여자가 날 찾아왔어. 돈이 떨어졌다고 쉬운 돈벌이를 하고 싶다고 했어. 너와는 아무 관계도 없다고 했어. 조금도 관계가 없다고 해서 그 여자에게 일거리를 물어 주기로 한 거야. 무슨 오해가 생겨도 내 탓은 아니라고, 그렇게 말했어."

내 손은 힘없이 내려갔다. 팡팡도 칼을 거두었다.

"그럼 너희 둘, 완전히 헤어진 게 아니었단 말이야?"

"그 짓 한 지 얼마나 됐지?"

"벌써 한 달이 넘었어. 오늘 밤은 그 여자가 나더러 방 번호를 너에게 알려 주라고 했어. 너에게 장난을 좀 치겠다면서."

우디는 자신의 순수한 사랑을 농락한 장밍에 대한 복수로 자기 자신을 처절하게 방기하고 파괴해 나갔던 것입니다.

그녀는 이제 공개적으로 우리와 함께 어울렸다. 밤에는 호텔에 가서 손님을 받고, 낮에는 우리와 하루 종일 뒹굴었다. 누구든 그 여자와 자고 싶어 하면 그녀는 생글생글 웃으며 품에 안겼다. 방탕하기가 야훙 亞紅(아훙) 같은 애들보다 더하면 더했지 결코 못하지 않았다. 그러나 내게만큼은 갈수록 인색하게 굴었다. 내 이름조차 제대로 부르는 법이 없었다. 입만 열었다 하면 '깡패'니 '건달'이니 하면서 욕지거리였다. 여러 사람이 있는 데서도 큰 소리로 다른 여자들에게 흉을 보곤 했다.
"저 새끼, 형편없어. 난 알아. 그게 일흔 살 먹은 늙은이보다도 못하더라니까. 저 새끼하고 자는 건 정말이지 곤욕이야. 병이 있는 거 아닌가 몰라."

장밍은 그런 우디의 행동에 아무렇지도 않아 하지만, 이미 평정심을 잃은 그의 행동은 예전의 신중함과 달랐고, 결국 경찰에게 꼬리를 잡혀 그와 그의 동료들은 모두 징역형을 언도받습니다. 그러나 우디는 이런 모든 소란을 피해 갈 수 있었습니다. "그날 우리가 일을 나간 후 그녀는 방문을 잠그고 면도칼로 손목의 동맥을 끊어 자살했던 것입니다. 그러나 그녀는 유서조차 남기지 않았습니다."
장밍은 노동 개조 농장에서 2년간 포도를 재배하며 수형 생활을 하지만, 예전의 방탕한 생활로 인해 간염에 걸려 병원에 입원하게 됩니다. 그러나 병이 호전될 기미가 없자 법원이 형 집행 정지와 병 보석을 결정해 장밍은 고향 집으로 돌아옵니다. 고향 집에 돌아와 하릴없이 소일하던 장밍은 그를 보호관찰하는 경찰관과 친해져 그에게 우디의 최후에 대해 듣게 됩니다. "숨이 끊어진 그 여자의 얼굴에는 눈물도 채 마르지 않았더군요!" 그리고 그 순간 방 안에는 카세트테이프가 하나 돌아가고 있었다고 했습니다. 장밍이 그 테이프를 찾아 틀자, 그것은 예전에 그가 우디에게 들려주었던 노래였습니다. 며칠 뒤 다시 만난 경찰관에게 장밍은 우디가 자살한 게 붙잡힐까봐 두려워서가 아니라고 말합니다. "그 여잔 나를 사랑해 봤자 희망이 없다는 걸 깨달았던 거예요." 결국 우디는 자신을 타락시킨 장밍에 대한 보복으로 자기 자신을 영원히 파멸시키는 길을 택했던 것입니다.

 그 뒤 우디에 대한 자책으로 인해 정신적으로 육체적으로 허물어져 가던 장밍은 집을 떠나 남쪽 지방으로 여행을 떠납니다. 그리고 동해 바다의 어느 작은 섬으로 향하는 배 안에서 후데胡昳라는 아가씨와 만납니다. 언뜻 우디를 연상케 하는 후데의 성격과 언행은 장밍에게 다시금 고통의 나락으로 떨어지는 듯한 느낌을 받게 합니다. 섬에 와서도 후데는 장밍과 함께 지내는데, 그와의 만남을 통해 장밍은 서서히 과거를 반성하고 자아를 회복합니다. 그리고 그에 대한 보답으로 위험에 처할 뻔한 후데를 구원합니다. 상대가 어찌 되든 아랑곳하지 않겠다던 그가 상대방을 배려하고 걱정하는 존재로 변신한 것입니다. 그러므로 이 작품의 전반부가 '바닷물'海水로 은유된 타락한 현실로의 끝없는 침잠 과정이라면, 후반부는 그렇게 나락으로 떨어진 그의 영혼이 새로운 부활의 '불꽃'火焰으로 되살아나는 과정을 그린 것이라 할 수 있습니다.

 왕쉬는 이 작품뿐 아니라 그의 다른 소설에서도 자신의 체험을 바탕으로 개혁 개방 이후 '돈의 바다에 뛰어들어'下海 방황하는 젊은 군상들의 모습을 적나라하게 그려 냈습니다. 주인공은 장밍과 같은 부랑아들이지만, 독자들이 그들의 범죄 행각에 신선한 충격을 받았던 것은 배금주의에 물들어 버린 현실이 소설보다 더 지저분하고 드라마틱했기 때문입니다. 그래서 문예 비평가이자 시인인 왕멍王蒙(왕몽)은 그의 소설의 풍격을 '탁신'濁新이라 칭했습니다. 이것은 중국의 전통적인 비평 용어로 '맑고 신선하다'는 의미인 '청신'清新을 비틀어 놓은 것인데, 진흙 밭에 뿌리내리고 있으면서도 맑은 꽃망울을 피워 내는 연꽃을 은유합니다. 사인방 몰락 이후 이른바

"'신시기'의 반성적 사유가 이성적인 측면에서 잘못된 것을 바로잡는 일에 치중되었고, 그것의 문학적 표현이 다이허우잉을 중심으로 한 '반사反思문학'이었다고 한다면,"* 왕숴의 소설은 현실에 대한 즉물적인 감성을 통해 사람들로 하여금 현재를 '되돌아보게' 한 것이라 할 수 있습니다.

---

* 임춘성, 앞의 책, 247쪽.

한 시대의 종언을 알리는
조종弔鐘

폐도廢都

1992년 1월, 덩샤오핑, 선전과 주하이 등 남방 경제 특구 시찰에서 개혁 개방 노선의 가속화 주장 ('남순강화'). 8월, 중국과 한국, 국교 수립. 9월, 노태우 한국 대통령, 중국 방문.
1993년 9월, 웨이징성 가석방.
1995년 2월, 티베트 라사에서 소요 사태 발생. 11월, 웨이징성, 정부 전복 혐의로 체포(12월 28일 베이징 시 고급인민법원, 14년 징역형 확정. 이후 1997년 11월 미국으로 보내짐).
1997년 2월, 덩샤오핑 사망.

1990년대 인문정신 논쟁

덩샤오핑의 '남순강화'로 중국 사회는 명목적으로는 사회주의를 표방하나 실제로는 시장경제체제로 돌아섰습니다. 이것은 '제2차 톈안먼 사건'으로 인해 침체되었던 중국 경제를 살리기 위한 고육책이라 할 수 있는데, 같은 시기 동구권의 몰락과 맞물려 거스를 수 없는 대세로 자리 잡았습니다. 과연 그 효과는 바로 나타났습니다. 많은 사람이 '돈의 바다에 뛰어들어' 열심히 일한 결과 과거에 비해 월등하게 큰 경제 효과를 낳았던 것입니다. 그러나 이로 인한 부작용 또한 심각하게 나타났습니다. 특정 지역을 앞세워 경제 발전을 도모한 결과, 우선적으로 개방된 광둥 성 연해 지역과 그렇지 못한 내륙 지역과의 격차가 크게 벌어져 이에 대한 사회적인 불만이 생겨났습니다. 그리고 경제 발전이 우선시되면서 물질만능주의가 팽배해 관료들의 권력 남용과 부정부패가 심각한 수준에 이르렀습니다. 아울러 개혁 개방 정책에 내재한 모순 때문에 경제적·사회적으로 큰 혼란이 야기되었습니다. 무엇보다 중요한 것은 시장 가격 자유화로 인해 행정력에 의해 억제되던 물가가 앙등하고 가격이 불안정해지는 상황이 초래되었다는 사실입니다.

흔히 문학은 그 사회를 비춰 보는 거울이라고 말합니다. 개혁 개방 이후 변화된 중국 사회를 발 빠르게 작품에 그려 낸 왕숴 같은 작가들이 등장하자, 이를 두고 일련의 지식인들 사이에서 열띤 논쟁이 벌어졌던 것은 결코 무리가 아닙니다. 마오쩌둥이 1940년대에 모든 문예 창작은 노동자·농민을 위해 복무해야 한다고 천명한 이래로 중국에서의 문학은 당의 이념을 대중에게 어떻게 선전할 것인가에 맞춰져 왔다고 해도 지나친 말이 아니었습니다. 그러나 이제 사태는 또 한번 아주 달라졌습니다. 시장경제의 신속한 발전에 발맞추어 대중의 심미적 욕구 또한 다양하게 분출했고, 이에 영합하는 왕쉬 같은 작가들이 등장했던 것입니다. 이것은 지식인들의 경우도 마찬가지였습니다. 예전과 같이 나라를 걱정하고 대중에게 나아갈 바를 제시하는 존재로서의 지식인의 모습은 사라지고, 생존을 제일의 가치로 두고 상업적 이익을 위해 작품 활동을 해 나가는 지식인들이 등장한 것입니다.

예전에는 작가들의 창작 활동이 금전적인 것과는 무관하게 이루어졌다고 할 수 있었지만, 이제 시장경제가 도입되면서 상업적 이익을 추구하는 작가들이 나타났습니다. 이것은 필연적인 사회 현상으로 치부할 수 있는 것이었지만, 전통적인 의미에서 작가의 사회적 책임을 강조하는 입장을 지녔던 일군의 지식인에게는 받아들이기 어려운 것이기도 했습니다. 이들은 대중문화나 상업문화가 판을 치는 현실을 비판하면서, 이러한 풍조가 만연해 있던 1990년대의 상황을 문학의 위기 또는 인문정신의 상실 등으로 규정했습니다.

장훙張宏(장굉)은 문학의 위기를 초래한 원인으로 '세속에 아부하고'媚俗, '자기만족에 빠지는 것'自娛을 들었습니다. 중국에서는 전통적으로 문장은 '나라를 다스리는 위대한 사업이고, 영원히 없어지지 않는 성대한 일'經國之大業 不朽之盛事이라는 관념이 있었습니다. 현대에는 문학의 '도를 싣는'載道 기능이 인민을 대신해 뜻을 세우는 일로 바뀌었습니다.

그러나 지금에 이르러서는 문학의 이러한 기능은 점점 다른 전파

매체가 대체하고 있고, 인민들의 발언 능력이 발달하다 보니 문학의 '도를 싣는' 일 또한 개점휴업 상태가 되었다. 이러한 상황에서 문학의 기능은 하는 수 없이 '사랑 타령'戀情이 되어 버렸는데, 이것이 바로 '자기만족에 빠지는' 행위를 예쁘게 꾸민 말에 지나지 않는다.*

장훙은 그러한 예로 왕쉬王朔를 들면서, 그의 문학을 '건달문학'이라 칭하고, 왕쉬가 말하는 것은 '사회 풍자'가 아니라 단지 '조롱'일 뿐이라고 비판했습니다. 풍자는 엄숙한 태도로 인생을 비판적으로 대하는 것인 데 반해, 조롱은 생존의 엄숙함을 소멸시키고 인생을 가벼운 웃음거리로 만들어 버리는 것입니다.

조롱과 조소라는 대중의 허위 신앙에서 조소로 대중에게 추파를 던지기까지 왕쉬는 하나의 커다란 동그라미를 그리고 있다. 설령 그가 더욱 철저하게 대중 심리에 영합한다 하더라도, 그것은 대중이 필연적으로 가질 수밖에 없는 도덕적 허영심을 충족시키는 것일 뿐이다.**

왕샤오밍王曉明(왕효명)은 장훙의 말을 받아 왕쉬류의 문학이 직접적으로 사회에 끼친 해악에 대해 다음과 같이 개괄했습니다.

---

* 왕사오밍王曉明 등, 「문학의 위기와 인문정신」(백원담 편역, 『인문학의 위기』, 푸른숲, 1999, 91쪽).
** 왕사오밍 등, 앞의 글.

최근 이태 동안 유행한 조소와 조롱을 특색으로 하는 소설과 시가에 이르면, 우리가 앞서 말한 문학의 신성함에 대한 배반이 더욱 적나라하게 드러난다. 물론 근 몇 년 동안 중국 문학이 처한 상황은 매우 복잡하며, 이러한 상황이 조성된 원인은 너무 다양해서 한 가지로 개괄할 수가 없다.

그러나 이러한 결코 상관없는 현상에서 우리는 오히려 강렬하게 공통적인 후퇴 경향, 정신적 입각점의 자진 후퇴, '문학은 반드시 인간의 생활에 대한 감응 능력을 강화하고 발전시키는 데 도움을 주어야 한다'는 그런 입장의 후퇴, 심지어는 '이 세계에 확실히 정신적 가치가 존재한다'는 그런 입장의 후퇴를 감지할 수 있다.*

그러나 사실상 이러한 비판의 이면에는 그동안 누려 왔던 사회적 지위와 기능을 상실하고 주변부로 밀려난 지식인들의 정신적 혼란과 정체성 위기 등이 자리 잡고 있었습니다.

내가 느낀 인문정신의 위기는 두 가지다. 우선, 우리들은 바야흐로 선진先秦 시대에 견줄 만한 가치 관념의 일대 전환기에 처해 있다는 것이다. 5천 년 동안의 신앙, 신념, 신조가 회의와 조롱을 받지 않은 것이 없는데, 오히려 진정으로 건설적인 비판은 결여되어 있다. 그리고 문학뿐 아니라 전체 인문정신의 영역이 모두 쇠락한 형세를 드러내고 있다.

* 왕사오밍 등, 앞의 글.

상품 경제의 거대한 흐름이 가져다준 충격 속에서 궁박한 중국인들은 뿔뿔이 돌진하고 있고, 많은 문화인은 마음이 더할 수 없이 산란해 하루에도 몇 번씩이나 놀란다. 자신의 업을 귀하게 여기는 마음이나 자존적 인격도 없다. 좀 더 내재적인 위기는 바로 여기에 있다. 돈만 있으면 만사형통이고 스스로 만족해 편안하며 정신생활은 필요치 않으니, 인문정신의 위기라는 것도 알고 보면 문화인들의 생존 위기에 지나지 않을 뿐이다.

이런 주장에 대해 비판의 대상자인 왕숴는 "어떤 이들이 크게 떠들어 대는 인문정신 상실이란 사실상 자신들이 과거처럼 사회의 관심과 주목을 받지 못하는, 그들에 대한 관심의 시선을 상실한 것이고 그들에 대한 숭배의 눈길을 상실한 것"이라는 비난을 퍼부었습니다. 뒤이어 저명한 작가인 왕멍王蒙은 다음과 같은 질문을 던지면서 이른바 '돈벌이에 나섰던'下海 왕숴와 같은 작가들의 입장을 옹호했습니다. "시장경제가 비감한 상실감을 불러일으킨 것인가요?" "금전을 중시하는 실리주의가 도덕의 상실을 초래하고 사회 기풍을 타락시킨 원인인가요?" "만약 지금 상실되었다면, 묻겠는데, '상실되기' 전에 우리의 인문정신이라는 것은 어떤 상태였나요?" "상실감 중 어떤 것들은 통속적인 대중 문예를 겨냥해서 일어난 것입니다. 그렇다면 통속적인 대중 문예가 제대로 발달하지 못했던 과거 1950년대와 1960년대, 1970년대 같은 시기에 우리는 휴머니즘을 충만하게 가지고 있었습니까?"*

---

* 왕멍, 「인문정신은 처음부터 존재하지 않았다」,(백원담 편역, 『인문학의 위기』, 푸른숲, 1999, 141쪽).

여기서 한 걸음 더 나아가 왕멍은 "물질적인 기초에서 분리된 정신의 관점에서만 보면 계획경제가 시장경제보다 훨씬 더 '인문적'"이라고 주장하면서도 "계획경제의 비극은 바로 그것의 거짓 인문정신에 있다"고 강변했습니다. 이에 반해 시장경제는 "낭만주의나 영웅주의 경제가 아니라는 사실은 말할 나위가 없"을 뿐더러 "시장의 운행은 비교적 공개적이어서 자신의 갖가지 약점이나 자유 무역 상황에서 드러나는 인간의 결함과 죄악을 감출 수 없"기에 오히려 "경제 활동 자체의 법칙에 비교적 잘 맞는 편이며, 인간의 실제적인 행위 동기와 행위 제한에 부합되는 것이라 말할 수 있다"고 했습니다. 그런 까닭에 왕멍은 "계획경제가 아니라 시장경제가 더욱더 인간의 역할과 인간의 주체성을 인정한다"고 보았습니다.*

이들의 논쟁은 그 뒤로도 몇 차례 더 이어졌습니다. 그러나 여기서는 그것을 상세하게 논의할 겨를이 없기에 그 의의와 한계만 짚고 넘어가기로 합니다. 어떻게 보면 당시 중국의 지식인들은 개인적인 차원에서 '돈의 바다에 뛰어드는' 것을 놓고 옳고 그른 것을 따질 게 아니라, 사회주의에서 자본주의로 넘어가는 전환의 계기를 제공한 국가 권력 자체를 문제 삼아야 했는지도 모릅니다.

> 1990년대 문화적 상황의 흐름은 본질적으로 중국이 자본주의적인 성향을 가진 사회로 전환되면서 야기된 것이다. 그런 의미에서 인문정신 담론은 1990년대 중국 문화의 현상들이 사회주의 시장경제제도를 채택한 데 따른 물적 토대의 변화와 그에 따른

---

* 왕멍, 앞의 글.

사회 문화의 변화, 그리고 세계적인 자본의 이동에 영향받은 정치·경제·사회·문화의 전반적인 전환을 총체적으로 인식해 내지 못한 채 문제를 개인의 도덕적 실천 차원에 머물게 한 한계를 가지고 있었다. 사회체제의 변화와 혼란에 대한 처방을 개인의 도덕적 자질 문제로 한정시키는 것은 그 문제를 해결하는 데 진정한 도움을 줄 수 없다. 이들이 이런 수준에 머물 수밖에 없었던 것은 바로 지식인들이 국가 권력 자체에 비판의 화살을 돌리지 못하고 있었기 때문이다.*

1990년대 인문정신 논쟁은 갑작스런 변화 앞에 갈피를 못 잡고 혼란스러워했던 당시 지식인들의 실상을 적나라하게 보여 준 하나의 바로미터라고 할 수 있습니다. 이 논쟁이 의미하는 바는 명백합니다. 그동안 대중을 앞장서서 이끌어 간다고 생각했던 고급 문학 작가들이 시장경제의 도입으로 입지가 좁아지자 그로 인한 위기감을 표출하고 새로운 출로를 모색하는 가운데 그들을 대신해 대중의 인기를 끌었던 왕숴 같은 작가들에 대해 인문정신이 부족하다는 비판을 퍼붓고, 이에 맞서 대중문학을 선도하고 옹호하는 입장에 섰던 이들이 반론을 폈던 것입니다. 그러나 "대중문학을 긍정하느냐 부정하느냐에 관계없이 대중문학은 시장경제가 심화되는 현실 속에서 '독자에게 감각적인 즐거움을 제공하는 세련된 문화 상품'이라는 존재 가치를 상실하지 않을 것이며, 대중문학을 비난한다고 해서 고급 문학의 입지가 넓어지지 않을 것임은 명백한 사실"이었

---

* 박승현, 「90년대 중국 문화의 전개 방향: 인문정신 논쟁을 중심으로」, 『중국은 왜 한류를 수용하나』, 학고방, 2004, 45쪽.

습니다.˙ 결국 도도하게 흐르는 역사의 흐름 앞에서 전통적인 의미에서 지식인의 사명과 인문학적 이상을 견지하고자 했던 지식인들은 좌절할 수밖에 없었고, 그로 인한 상실감을 맛볼 수밖에 없었습니다.

황폐해 가는 도시

한때 말 그대로 '낙양의 지가'를 올렸던 쟈핑와賈平凹(가평요, 1952~)의 『폐도』廢都는 이들 지식인들이 갖고 있던 비애와 문화적 좌절감을 적나라하게 드러낸 문제작입니다. 쟈핑와는 산시 성 상저우商州(상주) 단펑丹鳳(단봉) 출신으로, 어린 시절 교사였던 아버지가 문화대혁명 기간 중에 비판을 받자 반동분자의 자녀로 낙인찍혀 중학교를 그만두고 고향에서 5년 남짓 농사를 지으며 살았습니다. 1973년부터 문학 창작에 몰두해 시, 소설, 산문 등 다양한 장르의 글을 써냈습니다. 1976년 시베이대학西北大學을 졸업한 뒤 산시런민출판사陝西人民出版社(섬서인민출판사)와 창안문학잡지사長安文學雜誌社(장안문학잡지사)에서 편집을 맡아보았고, 나중에는 시안문예협회西安文藝協會(서안문예협회)에 소속되어 전업 작가로 활동했습니다. 그는 자신의 고향인 상저우를 배경으로 한 일련의 작품들을 창작해 '뿌리 찾기'尋根 문학의 대표 작가로 손꼽히기도 했습니다.

　『폐도』는 중국의 고도古都로 유명한 시안西安(서안)을 공간적 배경

＊ 한국중국현대문학학회, 『중국 현대문학과의 만남』, 동녘, 2006, 107쪽.

 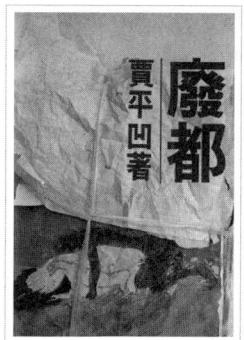

자핑와와
『폐도』표지

으로 다양한 인물에 대한 이야기를 통해 개혁 개방 이후 지식 분자들이 현실에 적응해 가는 과정을 그려 낸 소설입니다. 주인공인 좡즈뎨莊之蝶(장지접)는 시안을 대표하는 '4대 명인' 가운데 한 사람입니다. 작품 전체를 이끌어 가는 것은 그와 옛 연인 징쉐인景雪蔭(경설음) 사이에 벌어진 재판 과정으로, 사건의 발단은 그의 명성을 이용하려는 잡지사 직원 저우민周敏(주민)이 쓴 한 편의 글 때문이었습니다. 저우민은 유명인사의 스캔들을 다룸으로써 사람들의 주목을 끌고자 했는데, 그 대상이 된 징쉐인이 명예 훼손으로 고발하면서 재판이 시작된 것입니다. 좡즈뎨는 자신의 뜻과 무관하게 시작된 재판에 점차 휘말려 들면서 파멸의 길에 들어섭니다. 그리고 그 와중에 다른 사람들이 연루되어 뇌물 수수와 상납, 인간관계에 얽매어 많은 일이 처리되는 등 당시 사회의 부정적인 측면들이 적나라하게 드러납니다.

좡즈뎨를 포함한 '4대 명인'의 파멸은 개혁 개방 이후 급격하게 변화한 중국 사회로 말미암은 듯이 보입니다. 그러나 사실상 파멸의 단초는 그들 자신이 제공한 것이라고 할 수 있습니다. 곧 현실의 변화는 어쩔 수 없는 하나의 추세였다고 할 때, 그들의 문제는 그러한 변화를 초래한 근본 원인에 대해 비판적으로 성찰하기보다는 철저하게 자기 자신을 방기한 데 있었던 것입니다. 화가인 왕시몐王希眠(왕희면)은 돈벌이를 위해 대학 교수직도 포기하고 전업 작가로 나섰을 뿐 아니라 작가의 양심을 저버리고 남의 작품을 모사하는 일까지 서슴지 않고 행합니다. 서예가인 궁징위안龔靖元(공정원)은 글씨를 써 주고 쉽게 벌어들인 돈을 도박으로 날려 버리고, 그의 아들은 아편 중독자가 되어 결국 자신의 소장품들을 모두 빼앗긴 채 자살하고 맙니다. 악단의 단장이자 전통기예 전수자인 롼즈페이阮知非(완지비)는 가무단과 댄스홀을 동시에 경영하며 향락에 빠져 살아갑니다.

이번에는 세 번째 유명인사로 서부 악단의 단장이신 롼즈페이 선생에 대해 소개하겠네. 이분은 원래 판소리꾼이었는데, 스승으로부터 몇 가지 기막힌 서커스 묘기도 전수받았지. 한때 판소리가 몰락하자 따로 독립해서 악단을 조직했어. 단원들은 모두 계약으로 들였는데, 일반 악단에서는 꺼리는 인물도 과감히 채용하고, 또 일반 악단에서 꺼리는 노래나 복장도 과감히 부르고 도입하면서 근 5년 사이에 전국적으로 폭발적인 인기를 누리고 있지. 돈도 많이 벌었고. 그러나 요즘은 악단 경기가 예전 같지 않아서 악단을 두 그룹으로 분할시켜 버렸지. 한 그룹은 전국 지방 도시로 순회공연을 시키고, 나머지 한 그룹은 시안 시내의 네 군데 극장식 비어홀로 분산 수용했는데, 입장권이 무려 30위안을 호가하는데도 사람들이 미친 듯이 몰려들고 있다네.

좡즈뎨는 나머지 세 사람과는 달리 최소한의 작가적 양심을 갖고 살아가려 노력합니다. 그는 본래 시안 교외에 있는 퉁관潼關(동관)이라는 시골 출신으로, 초기에는 한 잡지사에 근무하면서 동료들의 멸시와 구박을 견뎌 내며 정진한 결과 대작가의 반열에 오른 인물이었습니다. 그렇게 쉽지 않은 과정을 겪었기에 그는 일관되게 작가로서의 자존심을 저버리지 않고 다른 인물들처럼 돈벌이에도 일정하게 선을 그었습니다. 그렇기에 서점을 경영하는 아내가 유명작가인 자신의 이름을 간판에 내세우자는 제안 역시 일언지하에 거절했습니다. "나는 작가야. 작가는 작품으로 먹고살아야지, 안 그래? 내가 서점을 열었다는 사실을 사람들이 알면 어떻게 생각하겠나?" 그러나 서점 직원인 훙쟝洪江(홍강)은 물러서지 않고 그에 맞섰습니다.

"선생님, 지금이 어떤 시절입니까? 작가가 장사를 하는 게 뭐가 부끄럽습니까? 명예도 일종의 재산이에요. 무형의 재산이란 말입니다. 원고료 가지고 몇 푼이나 벌 것 같습니까? 중편소설 한 부라고 해 봐야 궁징위안의 서예 한 글자만도 못한 게 현실이지 않습니까?"

〔좡즈뎨의 아내인〕 뉴웨칭牛月淸(우월청)은 좡즈뎨가 수세에 몰리고 있다고 판단되자 내친김에 몰아치기로 작정하고 훙쟝을 향해 눈짓을 했다.

"훙쟝이 상의할 문제가 있다고 했지? 선생님께 지금 말씀드려 봐."

"그간 서점을 경영해 보니까 저도 돌아가는 판을 어느 정도는 알겠습니다. 책을 쓰는 것보다 책을 파는 게 수입이 낫고, 책을 그냥 파는 것보다는 편집하는 게 돈 버는 데는 훨씬 수월하지요. 그래서 요즘 서점들은 자기네 스스로 책을 편집해서 내거나, 아니면 아예 출판사를 하나 차리거나 혹은 부도 직전의 출판사를 인수받아 가지고 남의 책을 몰래 찍어 내고 있답니다. 근간에 찍어 낸다거나 편집하는 것은 대부분 폭력이나 섹스 관계 서적들인데, 교정도 대충 넘어가면서 한번 찍어 냈다 하면 수십만 부라지요. 돈다발이 콸콸 들어온답니다."

그러나 좡즈뎨는 끝내 이들의 주장에 동의할 수 없었습니다. 그럼에도 홍쟝은 끈덕지게 좡즈뎨를 설득했습니다.

"그러실 줄 알았습니다. 제가 아까 사모님께 말씀드린 건수가 하나 있는데요, 어떤 출판 중개상이 무협소설 한 부를 들고 찾아와 도매 가격의 절반으로 넘기겠답니다. 류더劉德(유덕)라는 사람이 쓴 모양인데, 잘 팔리지 않아 그런답니다. 제가 가만히 생각해 보니까 그 책의 겉표지를 뜯어내고 취안융金庸(전용)이라고 작가 이름을 새로 멋있게 붙여 놓으면 틀림없이 한몫 잡을 수 있습니다."
좡즈뎨는 잘 이해가 안 간다는 듯 다시 물었다.
"그게 무슨 뜻이야?"
"진융金庸(김용)의 책이 지금 불티나지 않습니까? 이 책의 내용이 당연히 진융보다는 못하니까 우리는 두 획을 빼고 취안융이라고 하자 이 말입니다. 취안융이라는 이름을 초서로 확 갈겨 버리면 언뜻 봐서 진융이라고 보이죠. 만에 하나 걸리더라도 우리는 충분히 버틸 수가 있습니다. '이건 진융이 아니라 취안융입니다' 하면 끝이에요."

돈이 되기만 한다면 무슨 짓이라도 할 수 있다는 훙쟝의 말은 개혁과 개방 이후 많은 사람이 '돈의 바다에 뛰어들었던' 당시 세태를 반영하고 있습니다. 그런 흐름에서 벗어나 있는 좡즈뎨은 점점 자신감을 잃어 갔고, 그에 따라 시간이 갈수록 창작의 원천이 고갈되고 아무런 영감도 떠오르지 않는 상황에 놓이게 됩니다.

내가 이런 상황에서 좋은 작품을 써낼 수 있을까? 전혀 아무런 영감도 떠오르질 않아! 그럴수록 마음은 더욱 조급해지고, 그러다 보면 괜히 하늘을 탓하고 사람들을 원망하고, 더 나아가 하루 종일 공중에 붕 뜬 풍선처럼 갈피를 못 잡고, 또한 퍼뜩하면 화를 내는 이상한 사람으로 변해 버렸어. 이제 나는 창작의 원천이 고갈되고 만 거야. 나는 이제 끝장이라고 생각했지.

그는 몰랐지만, 아니 애써 부인하려 했지만, 그의 무력감은 사실 그의 내부의 문제라기보다는 급격하게 변화한 현실과의 부조화 때문에 생긴 것이었습니다. 수천 년의 역사를 자랑하는 시안에는 수많은 골동품이 남아 있습니다. 그것들 대부분은 알아보는 이조차 없이 퇴락해 가고 있으며, 심지어 도시 개발에 밀려 철거될 운명에 처해 있었습니다.

좡즈뎨는 길게 한숨을 내쉬고는 천천히 입을 열었다.

"상전벽해라더니, 그 당시 호화의 극치를 이루었던 대저택이 오늘날 이 지경이 되어 버렸구나. 게다가 얼마 안 있으면 불도저로 깨끗이 밀릴 운명이야. 내 고향 통관도 역사적으로 말하자면 천하의 요새로서 엄청난 사건이 수도 없이 벌어졌지. 그런데 10년 전에 도회지를 다른 곳으로 옮기자 옛 성터는 얼마 못 가 폐허로 변했다네. 얼마 전에 다시 그곳에 간 적이 있었는데, 폐허더미 위에 서서 고금의 흥망성쇠를 회고하며 한참 동안 망연자실했지."

그런 문화유산이 갖고 있는 의미는 퇴색하고, 오로지 돈 되는 것만이 세상 사람들의 관심사가 되어 버린 세태 앞에서 좡즈데 같은 지식인들은 속수무책일 수밖에 없었습니다. 게다가 기본적인 성품이 선량하고 남에 대한 배려심이 많은 좡즈데는 작가의 양심을 지키고자 하는 자신의 의지와 반대로 주위의 부탁을 거절하지 못하고 받아들임으로써 점차 허물어져 갑니다.

지식인의 파멸

새로 부임한 시안의 시장은 자신의 업적을 만들어 내기 위해 단기간에 효과를 볼 수 있는 사업을 찾던 중 황더푸黃德福(황덕복)라는 이의 제안에 따라 시안의 풍부한 문화재를 이용한 관광 사업을 육성하기로 합니다.

이곳 시안은 역대 왕조의 수도를 몇 차례나 차지했었기 때문에 문화재가 극히 풍부합니다. 이게 자본이기도 하지만 사실 부담이기도 하지요. 역사적인 도시이기 때문에 공무원들이나 시민들 할 것 없이 생각이 상당히 보수적이고, 따라서 경제 건설이나 발전도 연해 지역 각 도시에 비해 낙후되어 있는 게 현실입니다. 이런 상황에서 전임 시장들같이 이것저것 잔뜩 벌여 놔 봐야 100프로의 힘을 써도 2, 30프로밖에 효과를 볼 수 없습니다. 게다가 시장이 바뀌면 정책도 바뀌는 게 보통이라서 불과 몇 년 안 되는 임기 동안 장기 발전 계획을 세운다는 것도 사실 실현 불가능하지요. 그러느니 단기간에 효과를 볼 수 있는 사업에 집중 투자하는 것이 훨씬 바람직할 겁니다. 이를테면 각종 문화재를 이용한 관광 사업 육성 따위가 단시일 내에 효과를 톡톡히 볼 수 있는 정책이 되겠습니다.

시장은 그의 말에 귀가 솔깃해 황더푸를 원래 근무하던 학교에서 빼내 자신의 업무 비서로 발탁하고 사업 진행을 맡겼습니다. 황더푸는 당장 사업을 추진해 시안 거리 곳곳에 민속 거리를 조성하는가 하면, 옛 성터를 복원하고 도시 외곽을 흐르는 하천도 깨끗하게 정비했습니다. 사업이 성공적으로 진행되자 시안은 유동 인구가 늘고, 그로 인해 치안 문제가 심각하게 대두되었습니다. 고색창연한 문화 도시가 범죄가 줄을 잇고 곳곳에서 마약 밀매와 매음이 성행하는 각종 범죄의 온상으로 변모한 것입니다. 이러한 현실은 소설의 서두에 등장하는 실성한 듯 보이는 넝마주이 영감의 노래에서 적나라하게 드러납니다.

공무원이란 자들은 저 높은 곳에서 호의호식하고요.
정경유착 브로커들은 아무리 투기를 해도 뒤탈 없고요.
기업인이란 자들은 주색잡기를 해도 회사 돈으로 긁고요.
점포 상가를 세놓은 자들은 누워서 임대료 착착 거두고요.
법관이란 자들은 원고 피고 막론하고 모두 등쳐 먹고요.
의사란 자들은 앞뒤 호주머니에 돈 봉투 빡빡하고요.
연예인이란 자들은 엉덩짝만 흔들어도 돈다발 굴러 오고요.
학교 선생이란 자들은 하루 세 끼도 연명하기 바쁘고요.
일반 백성은 뼈 빠지게 일이나 하면서 나라 주인이라 떠든대요.

결국 이런 현실에 대해 쫭즈톄는 어떤 절망감을 느꼈던 것이고, 그 나름대로 분노를 표출합니다.

쫭즈톄는 창살을 통해 비쳐 들어오는 햇빛이 식탁에 가지런히 흩어지는 모양을 물끄러미 바라보았다. 입가에 씁쓸한 미소를 흘리며 입을 열었다.
"그래 맞아. 나는 현재 부족한 게 없지. 그렇지만 나는 현재 상황을 파괴하고 싶다네."

그러나 아름다운 여인 탕완얼唐宛兒(당완아)을 만나 그와 불꽃같은 사랑을 나누면서 현실에 대한 분노는 오히려 자기 파멸의 계기로 작용합니다. 쫭즈톄는 유부녀인 탕완얼과의 사랑으로 무기력 상태에서 벗어나 일시적으로 자신감을 회복합니다.

당신을 처음 보는 순간 왠지 나는 가슴이 쿵하고 내려앉았고, 나도 모르게 대담무쌍하게 변해 버렸지……. 더욱이 내가 감격스러운 것은 당신이 나의 사랑을 기꺼이 받아들여 주었던 점이야. 우리가 함께 있을 때 나는 내가 남자임을 새롭게 느낄 수 있었고, 또한 지칠 줄 모르고 솟아오르는 격정은 내게 아직도 희망이 있다는, 훌륭한 작품을 쓸 수 있다는 자신감을 심어 주었어!

쟝즈뎨는 본래 보수적인 성격이 강했기에 탕완얼을 만나기 전까지는 부인인 뉴웨칭밖에 몰랐습니다. 하지만 탕완얼과의 사랑을 시작으로 점차 아찬阿燦(아찬)과 류웨柳月(유월)로 여성 편력을 넓혀 갑니다. 이러한 여성 편력은 사실상 쟝즈뎨가 겪고 있는 정신적인 방황을 은유하는 것이기도 한데, 쟝즈뎨는 여인들과의 사랑을 통해 삶에 대한 각성을 추구했던 것입니다. 그러나 뒤에 이런 사실을 알게 된 쟝즈뎨의 본처 뉴웨칭이 가출하고, 탕완얼은 원래의 남편에게 납치되어 떠나고, 아찬 역시 그를 떠나고 류웨가 결혼을 함으로써 쟝즈뎨 혼자 남자, 쟝즈뎨는 더 이상 자신을 지탱하지 못하고 무너져 버립니다. 그의 파멸은 자신의 집에 가정부로 들였다가 그와 사랑을 나누었고, 나중에는 시장의 불구자 아들에게 시집가는 류웨가 그에게 던진 말에 예시되어 있습니다.

애당초 선생님은 완얼 언니와 제게 새로운 생명을 불어넣어 주셨어요. 그리하여 저희로 하여금 새로운 생활을 할 수 있는 용기와 자신감을 심어 주었어요. 그래 놓고선 최후에는 도리어 저희를 파멸시키고 말았어요! 하지만 선생님이 저희를 파멸시키는 과정에서 선생님 자신을 파멸시켰을 뿐 아니라 선생님의 이미지와 명예까지도 파멸시키고, 또한 사모님과 이 가정까지도 파멸시켰습니다.

마침내 좡즈뎨는 스스로 절필을 선언하고 모든 것을 잃은 채 '황폐해진 도시'廢都를 떠납니다. 결국 현실을 파괴하고자 했던 좡즈뎨는 점차 자신이 파괴하고자 하는 현실 속에 휘말려 들었다가 자신을 파멸시킴으로써 현실에 저항한 것입니다. 그런 의미에서 보자면 그의 이름은 의미심장한 측면이 있습니다. 곧 '좡쯔莊子(장자)의 나비'莊之蝶라는 뜻을 가진 그의 이름은 꿈과 현실을 오가며 혼란스러워 하는 좡쯔를 내세워 이러지도 저러지도 못하는 그 자신의 상황을 은유하고 있습니다. 둘의 차이는 좡쯔는 나비의 꿈에서 깨어나지만, 좡즈뎨는 꿈속에 갇혀 현실로 돌아오지 못한다는 것입니다.

소설의 결말 부분에서 좡즈뎨는 환각 상태에 빠져 그동안 명예훼손을 둘러싼 소송으로 자신을 괴롭혔던 옛 연인 징쉐인과 만나 결혼하고 이혼을 합니다. 밤새 환각에 시달렸던 좡즈뎨는 다음 날 눈을 뜬 뒤에도 자신이 징쉐인과 결혼했다 이혼한 게 환각인지 사실인지 구분하지 못합니다. 그러다가 뜬금없이 돼지 쓸개가 먹고 싶어 들른 정육점에서 미친놈 취급을 받는데, 마침 그곳을 지나던 길에 자동차 안에서 그를 주시하던 시장은 외면하며 한마디 내뱉습니다. "좡즈뎨가 어쩌다 저렇게 되었지?"

진정한 혁명으로의 길, 계몽啓蒙인가 구망救亡인가?

아리스토텔레스는 남들보다 뛰어난 재능을 가진 주인공이 파국을 맞는 것은 '하마르티아'Hamartia, 곧 선천적인 결함이나 단점 때문이라고 말했습니다. 그런 결함으로 인한 비극적 상황은 아버지를 죽이고 어머니와 결혼하는 오이디푸스처럼 운명적으로 결정되기도 하지만, 때로 주인공의 성격적인 측면에서 비롯되기도 합니다. 좡즈뎨는 돈만을 추구하는 사회 현실을 냉소적으로 바라봅니다. 하지만 사람 좋은 성격 때문에 이런저런 청탁을 거절하지 못하고, 결국 인간관계의 그물에 얽혀 듭니다. 이를테면 농약 공장을 경영하는 농민 기업가가 좡즈뎨에게 자기 공장을 선전하는 글을 신문에 발표해 달라고 청탁을 넣었을 때도 딱 부러지게 거절하지 못하고 결국 자신의 이름값 '5천 위안'에 팔려 글을 써 줍니다. 결국 그를 파멸로 이끈 것은 부조리한 현실에 견결하게 맞서 싸우지 못한 채 이러지도 저러지도 못하면서 끌려갔던 그의 성격 때문이라 할 수 있습니다.

　개혁 개방 이후 전개되는 중국의 현대사는 지금도 진행 중입니다. 어느 시대나 마찬가지로 지식인들은 시대의 아픔을 남보다 앞서 아파하고, 사회가 안고 있는 문제들을 누구보다 앞서 간파해 냅니다. 그들은 때로 개인적인 이유가 아닌 사회적인 문제 때문에 스스로 파멸의 길을 걷기도 합니다. 그것은 중국의 전통적인 지식인들이 갖고 있던 "세상 사람들의 근심을 그들보다 앞서 근심하고, 세상 사람들이 즐거워하는 바는 그들보다 나중에 즐긴다"先天下之憂而憂 後天下之樂而樂는 '우환'憂患 의식의 발로라고 해도 좋을 것인데, 신해혁명 이후 새로운 중국의 수립을 위해 분투노력했던 많은 지식인 역시 '망해 가는 조국을 구하겠다'는 의미의 '구망'救亡 의식에 사로잡혀 있었습니다.

그러나 세상에는 그와 정반대의 생각을 가진 사람들도 엄연히 존재하는 게 사실입니다. 아니, 대부분의 사람은 현실에 영합하고 자기 자신의 이익에만 충실한 경우가 더 많습니다. 그것이 옳고 그름을 떠나 각자가 살아가는 하나의 삶의 방식이라고 한다면, 자신의 치적 쌓기에만 골몰하던 시장의 눈에 쟝즈뎨의 행동이 이해할 수 없는 기행으로 비치는 것은 어쩔 수 없는 것인지도 모릅니다. 그런 관점에서 보자면 신해혁명 이후 중국의 지식인들이 우매한 민중을 '몽매한 상태에서 일깨운다'는 의미에서 사상적 '계몽'에 힘을 쏟은 이유를 알 수 있습니다. 혁명은 단순히 정권 교체에만 머물지 않습니다.

애당초 중국인들은 오랜 역사적 전통에 바탕한 자신들의 정신문명에는 별 문제가 없고, 단지 물질문명이라는 측면에서만 서구에 뒤떨어졌다고 생각했습니다. 이것이 이른바 '중체서용'中體西用이라는 생각이며, 이런 인식 아래 견고한 군함과 포탄 등으로 대변되는 서구의 물질문명을 받아들이고자 했던 것이 '양무운동'洋務運動이었습니다. 그 뒤에 민주주의와 의회제도 등으로 대표되는 서구의 정치제도를 도입해 사회를 개혁하고자 했던 '변법유신운동'變法維新運動이 잇따라 일어났습니다. 그러나 이러한 시도들은 수구 세력에 의해 제대로 시행되지 못하거나 방해를 받아 실패로 돌아갔습니다. 이러한 과정을 통해 중국의 지식인들은 단순한 물질문명의 도입과 제도의 도입만으로는 진정한 혁명이 이루어질 수 없다고 생각해,

사회를 이루는 심층 구조라 할 사상과 의식의 혁명이 필요하다는 인식에 도달했습니다. '5·4신문화운동'은 그러한 사상 혁명의 시발점이 되는 일대 사건이었습니다.

그러나 '5·4운동'은 개인적인 차원에서 진행된 계몽 운동의 성격을 갖고 있었기에, 운동이 진행되는 과정에서 어떤 새로운 전망을 제시하고 그것을 집단의 이상으로 묶어 내 물리적인 힘으로 전환시키는 데 실패했습니다. 그리하여 등장한 것이 마르크스 레닌주의라는 현실 이데올로기였고, 중국인들은 이것을 무기로 삼아 일정한 성과를 올리는 데 성공했습니다. 그러나 그로 인한 폐해 또한 적지 않았으니, 문혁이라는 가혹한 시련을 거친 뒤 이른바 '신시기'에 접어들어 지난 시간에 대한 반성적 사유를 진행했습니다. 그런 과정을 거쳐 개혁과 개방의 시대를 맞이했으나, 이번에는 역으로 사람들이 '돈의 바다에 뛰어드는' 물질만능주의에 빠져 정신의 황폐화를 겪었습니다.

그런 의미에서 중국 역사에서, 아니 인류 역사에서 혁명 운동은 그 종착점이 정해져 있는 고정불변의 과정이 아니라 현재도 진행되고, 또 앞으로도 진행되어 나아갈 변화와 극복의 과정인지도 모릅니다. 그런 까닭에 누군가는 중국의 '문화혁명'은 '5·4신문화운동' 이래 현재까지도 진행되고 있는 모든 일련의 과정을 포괄하는 것이라고 말하기도 했습니다. 쟈핑와의 『폐도』는 새로운 세기가 시작되는 시점에서 바라본 중국 사회에 대한 암울한 보고서라 할 수 있습니다. 쟈핑와는 '황폐해져 가는 도시'에 일말의 동정 어린 시선이나 근거 없는 낙관을 거부하고 담담한 마음으로 중국 사회의 미래를 조망하고 있습니다.

결국 그 사회를 형성하는 결정적인 요인이 현재 그곳에서 살아가는 사람들의 사상과 의식이라면, 그 사회는 그들이 생각하고 마음먹은 대로 만들어질 것입니다. 그러나 이게 끝이 아닙니다. 누군가의 말대로 '존재가 의식을 규정한다'*면, 그렇게 만들어진 사회에 살고 있는 사람들은 다시 그 사회 존재에 의해 자신의 의식을 규정받을 것입니다. 그렇다면 이 물고 물리는 순환 속에서 결정적인 역할을 하는 것은 무엇일까요? 이것은 『폐도』의 주인공 이름인 '쫭쯔의 나비' 비유와 같이 그 경계를 확연히 구분하기 어려운 것이 될 터입니다. 결국 인류 역사의 흐름은 그런 순환 속에서 무한 반복되는 것일까요? 분명한 것은 그럼에도 사람들은 악다구니 속에서 오늘을 살아갈 것이라는 사실입니다.

---

* "종교, 철학의 견지에서, 또는 일반적으로 이데올로기적 견지에서 나오는 공산주의에 대한 비난은 진지하게 검토할 가치도 없다. 인간의 관념, 견해, 생각, 한마디로 인간의 의식이 그의 물질적 존재 조건, 사회관계, 사회생활이 변함에 따라 변화한다는 것을 이해하는 데 그리 깊은 직관을 요하는가? 사상의 역사는 바로 물질적 생산이 변화하는 정도에 따라 정신적 생산이 그 성격을 변화시킨다는 것을 증명하고 있지 않은가? 모든 시대의 지배적인 사상은 항상 지배 계급의 사상이었다. 사람들은 흔히 사회를 변혁하는 사상에 대해 이야기하지만, 그것은 곧 낡은 사회 안에서 새로운 사회의 요소들이 창조된다는 사실, 낡은 사상의 해체는 항상 낡은 존재 조건의 해체와 보조를 같이한다는 사실을 표현하는 것일 뿐이다."
마르크스·엥겔스, 남상일 역, 『공산당선언』, 백산서당, 1989, 110~111쪽.